Anne Parpan-Blaser

Innovation in der Sozialen Arbeit

VS RESEARCH

Anne Parpan-Blaser

Innovation in der Sozialen Arbeit

Zur theoretischen und empirischen Grundlegung eines Konzepts

VS RESEARCH

Bibliografische Information der Deutschen Nationalbibliothek
Die Deutsche Nationalbibliothek verzeichnet diese Publikation in der Deutschen Nationalbibliografie; detaillierte bibliografische Daten sind im Internet über <http://dnb.d-nb.de> abrufbar.

Die vorliegende Arbeit wurde von der Philosophischen Fakultät der Universität Zürich im Herbstsemester 2010 auf Antrag von Prof. Dr. Reinhard Fatke und Prof. Dr. Peter Rieker als Dissertation angenommen.

1. Auflage 2011

Lektorat: Dorothee Koch | Marianne Schultheis

VS Verlag für Sozialwissenschaften ist eine Marke von Springer Fachmedien.
Springer Fachmedien ist Teil der Fachverlagsgruppe Springer Science+Business Media.
www.vs-verlag.de

Umschlaggestaltung: KünkelLopka Medienentwicklung, Heidelberg
Gedruckt auf säurefreiem und chlorfrei gebleichtem Papier
Printed in Germany

ISBN 978-3-531-18171-4

Dank

Verbunden bin ich zunächst den Interviewpartnerinnen und -partnern, die mir im Austausch und in ausführlichen Gesprächen Einblicke in ihre Institution und in dort angesiedelte Veränderungsprozesse gewährt haben.

Zum Gelingen dieser Dissertation haben zudem etliche Personen aus meinem beruflichen und privaten Umfeld beigetragen:

Besonderer Dank gilt Prof. Dr. Reinhard Fatke und Prof. Dr. Peter Rieker (Universität Zürich). Herr Reinhard Fatke hat die vorliegende Dissertation umsichtig begleitet und durch konstruktive Hinweise deren gutes Voranschreiten ermöglicht. Seine Anregungen forderten mich heraus, auch die Prämissen meines Vorhabens gründlich zu bedenken. Herr Peter Rieker hat es übernommen, sich als Zweitgutachter mit der Arbeit auseinanderzusetzen und wichtige Ratschläge zum methodischen Vorgehen anzufügen. Zu grossem Dank verpflichtet bin ich auch Prof. Dr. Daniel Gredig (Hochschule für Soziale Arbeit, Fachhochschule Nordwestschweiz), der mein Dissertationsvorhaben stets unterstützt hat und mir ermöglichte, es neben dem Arbeitsalltag nicht aus den Augen zu verlieren. Dankend erwähnt seien an dieser Stelle ebenfalls Dr. Elena Wilhelm und Dr. Esther Forrer: Die Zusammenarbeit mit ihnen hat den Grundstein für diese Arbeit gelegt.

Äusserst erkenntlich bin ich Luzia Jurt und Andreas Pfister für ihre Ratschläge methodischer Art, Eva Büschi für die Unterstützung bei der vergleichenden Analyse und die freundschaftlichen Gespräche, Melanie Hirtz für die kritische Durchsicht einzelner Textteile, Matthias Hüttemann für die anregenden Auseinandersetzungen um Begrifflichkeiten, Christophe Roulin für seine sachverständigen Hinweise und Roland Baur für den unkomplizierten Support technischer Art. Judith Steiner und Regula Strübin sei herzlich für die wertvolle Lektoratsarbeit und die stilistischen Anregungen gedankt.

Schliesslich gilt ein grosser Dank meinem Partner Mario Parpan und meinen Hausgenossen für ihre Geduld und die Bereitschaft, mir zuweilen den Rücken frei zu halten. Meiner Mutter Käthi Blaser bin ich für die Transkriptionen in französischer Sprache erkenntlich; viel wertvoller noch war ihr ermunterndes Interesse am Fortgang der Arbeit. Denis Michaud und Laura Gomes danke ich für die geschenkte Zeit.

Inhaltsverzeichnis

Tabellenverzeichnis

Abbildungsverzeichnis

1 Ausgangslage und Verortung der Fragestellungen

> Die Zukunft denken erfordert Wissen und Imagination, einen Wechsel zwischen Ernsthaftigkeit und Spiel, Wissenschaft und Ironie. (Nowotny 2005: 16)

Innovation ist zu einem Leitbegriff moderner Gesellschaften geworden. Ungeachtet seiner beinahe schon penetranten Präsenz werden bei genauerem Hinsehen rasch Unklarheiten und Verkürzungen bzw. eigentümliche Diskrepanzen zwischen Innovationsdiskurs und sachlicher Analyse deutlich. Auch in die Soziale Arbeit hat der Begriff Eingang gefunden und taucht in vielerlei Zusammenhängen auf – so ist beispielsweise von Innovationsfonds in grösseren Organisationen, von innovativen Projekten in Praxisinstitutionen oder von Innovationsmanagement als Thema der Aus- und Weiterbildung die Rede. Die Suche nach theoretischen oder empirischen Arbeiten zum Thema führt hingegen zu einem eher dürftigen Ergebnis. Die vorliegende Dissertation nimmt dies zum Anlass, um aus der Perspektive der Sozialen Arbeit zu thematisieren, was mit Innovation konkret gemeint ist, und wie es um deren Realisierung steht. Das Ziel besteht darin, Klärungen zum Innovationskonzept für die Soziale Arbeit vorzunehmen und zu prüfen, welche Implikationen seine Verwendung hat. Dazu wird eine theoretische mit einer empirischen Herangehensweise kombiniert.

Das Thema Innovation ist unweigerlich verbunden mit einem allgemeinen Verständnis von Neuheit. Obwohl nicht alles Neue auch Innovation bedeutet, und Neuheit nur ein Merkmal von Innovation unter anderen ist, steht zu Beginn der Auseinandersetzung die Frage nach der gesellschaftlichen Bedeutung des Neuen. Das Neue wurde nicht seit jeher dem Althergebrachten, Traditionellen und Bewährten vorgezogen. Die dezidierte Hinwendung zum Neuen ist vielmehr ein Phänomen jüngerer

Zeit. „Wenn das Reden über Innovationen eine sozialstrukturelle Verankerung hat, dann in der Erfahrung der Moderne als sich selbst erschaffender und selbstdeutender Prozess." (Bechmann/Grunwald 1998: 6) Um zu verstehen, weshalb Innovation ganz allgemein und auch für die Soziale Arbeit relevant wird, ist der Blick auf gesellschaftliche Entwicklungen zu richten, die als ‚reflexive Modernisierung' oder auch unter dem Schlagwort ‚Wissensgesellschaft' gefasst werden.

Die Einleitung widmet sich in einem ersten Teil denn auch der gesellschaftstheoretischen Verortung des Innovationsdiskurses (Kapitel 1.1), um anschliessend auf die Ausgangslage einzugehen, die sich daraus für die Soziale Arbeit ergibt (Kapitel 1.2). Nach einer kurzen Einführung in Theorien zur Entstehung des Neuen (Kapitel 1.3) werden Fragestellungen und Ziele der Arbeit (Kapitel 1.4) sowie das gewählte Vorgehen (Kapitel 1.5) dargelegt.

1.1 Die veränderte gesellschaftliche Bedeutung von Wissen

Die Merkmale und Auswirkungen des gesellschaftlichen Wandels von der Moderne zur Postmoderne sowie seine spezifischen Ausprägungen in den sogenannten Industriestaaten wurden bereits vielfach beschrieben und analysiert (vgl. beispielsweise Baumann 1995; Beck 2001; Sennett 1998; Stehr 1994). In der gebotenen Kürze soll hier auf diese Konstellationen und auf ihren Bezug zu Innovation, zu Wissen sowie zur Sozialen Arbeit eingegangen werden.

Gesellschaften gliedern sich in eine Vielzahl von unterschiedlichen Domänen. Diese Differenzierung hat in den letzten Jahrzehnten exponentiell zugenommen und zu hoch spezialisierten Sphären und entsprechenden Wissensbeständen geführt. Spezialisiertes Wissen indes bedeutet sowohl bei der Lösung von Problemen wie auch bei der Beschreibung der in immer feinerer Auflösung erfassbaren Folgeprobleme eine Komplexitätserhöhung. Die Institutionen der modernen Gesellschaft und insbesondere die Wissenschaften geraten als treibende Kräfte dieser Modernisierung unter Druck und in Legitimationsschwierigkeiten (Sommerfeld 2005: 12), denn es fragt sich, ob sie in der Lage sind, die anstehenden Probleme kompetent anzugehen und entscheidend zu ihrer Lösung beizutragen. Die Debatte zu diesem Thema hat die Grenzen der Wissenschaften und Professionen längst überschritten und ist zu einer öffentlichen geworden.

Der hier beschriebene gesellschaftliche Wandel wurde zusammenfassend als reflexive Modernisierung bezeichnet (Beck/Giddens/Lash 2003) und ist durch Unsicherheiten und Risiken, durch die Freisetzung des Individuums bzw. die Individualisierung, durch Liberalismus und Globalisierung gekennzeichnet. Mögliche Risiken – so Willke – nehmen zu, weil das dem Wissen korrespondierende Nichtwissen sich nicht mehr auf „abgegrenzte Parzellen überschaubarer Ignoranz beschränkt, sondern sich zu einem systemischen Nichtwissen ausbreitet" (Willke 2002: 35). Eindeutigen Lösungen und klaren Differenzierungen werden Gegenmodelle, mögliche Alternativen und insbesondere die Beschreibung vorstellbarer Nebenfolgen entgegengehalten (Briken 2006: 3). Neues Wissen hervorzubringen, erhält in diesem Kontext eine doppelte und in gewissem Sinne widersprüchliche Funktion: Einerseits besteht ein hoher Bedarf an wissensbasierten und wissensintensiven Lösungen für drängende Probleme, und andererseits bedürfen diese Lösungsvorschläge einer Legitimation – nicht zuletzt innerhalb des politischen Systems (Sommerfeld 2005: 16). Wissen hat auf diese Weise eine veränderte Bedeutung und einen ungleich grösseren Stellenwert als eigenständige Ressource erhalten (Willke 2002: 12); kostbar nicht aufgrund ihrer zunehmenden Knappheit, sondern im Gegenteil aufgrund ihrer weiter fortschreitenden Differenzierung und Spezialisierung, welche Bündelungen notwendig machen und Träger von Wissen zu Schlüsselfiguren werden lassen.

In einem alltäglichen Verständnis bedeutet Wissen ‚Kenntnis von etwas haben'. Diese Kenntnis birgt die Fähigkeit zum Handeln und damit die Möglichkeit „etwas in Gang zu setzen" (Stehr 1994: 208). Allerdings ist Wissen keine subjektive oder beliebig konstruierbare Vorstellung der Wirklichkeit, sondern stets der Erwartung ausgesetzt, aufgrund widersprechender Sachverhalte und Erkenntnisse revidiert zu werden. Die Vorstellungen des Menschen über die Wirklichkeit sind dadurch nicht unverrückbar festzuschreiben, sondern als „lernbereite Deutungsschemata“ (Heidenreich 2003: 46) zu verstehen, die sinngebend wirken und praktisches Handeln gestaltend leiten. Wissen wird in sozialen Prozessen konstruiert, hervorgebracht, erworben und weitergegeben.

Die gesellschaftlichen Transformationen von der Industrie- zur Wissensgesellschaft, in der Wissen und Expertise zum entscheidenden Faktor für gesellschaftliche Problemlösung und Modernisierung geworden sind (Homfeldt/Schulze-Krüdener 2000: 9), bedeuten einen gleichermassen folgenreichen Wandel der Formen von Wissensproduktion und Wissensverwendung. Drei wesentliche Diagnosen stehen dabei im Vordergrund: Wissensproduktion gestaltet sich erstens zunehmend über die Grenzen von Disziplinen und Praxisdomänen hinweg. Deswegen findet Wissenschafts- und Technologieentwicklung zweitens vielfach in Netzwerken und unter Mitwirkung unterschiedlichster individueller und institutioneller Akteure statt, von denen keiner per se eine dominierende Rolle beanspruchen kann. Drittens bedingt die Implementierung von Wissen vielfältige Prozesse der Transformation, der Übersetzung und des Lernens (Bender 2001: 9). In einem veränderten Verhältnis von Gesellschaft und Wissenschaft gestalten sich Kontexte der Wissenserzeugung also „offener für gesellschaftliche Anforderungen, reflexiver und in höherem Masse zu gesellschaftlicher Verantwortung (social accountability) bereit“ (ebd.: 13). Die enge Verzahnung von wissenschaftlichem Erkenntnisprozess und gesellschaftlicher Praxis gerät berechtigterweise auch zum Kritikpunkt: Wissenserzeugung soll nicht verkürzt unter einer Nutzenperspektive oder gar als Prozess der Wertschöpfung gedacht werden (Willke 2002: 67), denn die Fokussierung auf die Anwendung und Verwertbarkeit von Wissen beraubt die Wissenschaften ihrer kritischen Funktion und nimmt ihnen demnach ein Stück ihrer Autonomie. Wenn eine gesellschaftliche Auseinandersetzung mit Wissen und wissenschaftlicher Erkenntnis unter anderen Vorzeichen gelingen soll, ist dem von Nowotny vorgeschlagenen Agora-Modell zur Kontextualisierung von Wissen ("[...] the public space in which 'science meets the public', and in which the public 'speaks back' to science", Nowotny 2000: 236), die Diskussion um Kriterien im Umgang mit Wissen voranzustellen. Denn im Möglichkeitsraum von Wissenschaft und Entwicklung vermag neues Wissen „nicht zu sagen, wie die Dinge sein werden, noch wie sie sein sollen" (Nowotny 2005: 62), ist aber gleichzeitig eine Quelle von Macht. Trotz des wissenschaftlichen Ethos, dass Wissen allen zugänglich sein soll, ist dieser Zugang faktisch nicht schrankenlos und unterliegt einer Logik gesellschaftlicher Strukturierung: Auch in der Wissensgesellschaft reproduzieren sich soziale Ungleichheiten (Gemperle/Streckeisen 2007).

Diese gesellschaftstheoretischen Eckpunkte umreissen, in welchem Kontext heute Innovation thematisiert wird. Der Begriff und das Konzept der Innovation sind im wissenschaftlichen und politischen Diskurs von Gesellschaften zu verorten, in denen die Grenzen zwischen der wissenschaftlichen Erkenntnissuche und der nutzenorientierten Anwendung von Wissen als zunehmend permeabel gelten. Gemeinhin wird Innovation als Nutzung von Wissen verstanden oder Wissen umgekehrt als „Substanz von Innovation" (Voss 2003: 16). Als Produktivkraft soll Wissen nutzbar gemacht werden können, und dazu bietet Innovation eine Form und eine Metapher. Deren Lesarten jedoch könnten kaum unterschiedlicher sein: Ist Innovation eine Möglichkeit, den turbulenten Umweltanforderungen und der wachsenden Bedeutung von Wissen sachlich Rechnung zu tragen? Ist sie eine Formel menschlicher Selbstvergewisserung in unsicheren Zeiten? Gründet Innovation weniger in Unzulänglichkeiten und Schwachstellen des Bisherigen als vielmehr in einem (ökonomischen) Ansinnen, den Prozess des Veraltens (und damit den Konsum) in Gang zu halten (Braun-Thürmann 2004: 7)? Oder ist Innovation ganz einfach Ausdruck von Kreativität und dem menschlichen Bedürfnis, die Welt zu gestalten? Weiter wird die Frage bedeutsam, welches Wissen innovationsrelevant ist: Ist Kocyba (2000: 35) beizupflichten, wenn er für Innovation neben wissenschaftlichem Wissen auch Erfahrungswissen, Routinen, Kreativität, implizites Wissen (*tacit knowledge*) und Spielarten sozialer Kompetenz für wichtig hält?

1.2 Soziale Arbeit und gesellschaftlicher Wandel

Theorien der Sozialen Arbeit erörtern unter anderem auch die historischen Voraussetzungen und Bedingungen zur Entstehung der Disziplin und beleuchten die Zusammenhänge zwischen gesellschaftspolitischen Fragen und professionellen Diskursen. In Analysen und Bearbeitungsformen sozialer Problemlagen nimmt die Soziale Arbeit eine intermediäre Funktion im Schnitt- und Spannungsfeld von Individuum und Gesellschaft ein (Füssenhäuser/Thiersch 2001: 1882f). Thema sind ferner – und ganz aktuell wieder vermehrt – die Möglichkeiten und Aufgaben der Sozialen Arbeit in einem sozialstaatlichen Kontext und unter bestimmten sozial- und gesellschaftspolitischen Rahmenbedingungen.

Die Etablierung der Sozialen Arbeit als Wissenschaft und Profession ist und kann über zwei unterschiedliche Pfade geschehen: Über die Bestimmung ihres genuinen Gegenstandes (z.B. soziale Probleme, gesellschaftliche Integration, Gestaltung des Sozialen) oder über die Definition der spezifischen Perspektive, unter der menschliches Handeln betrachtet wird. Sofern Soziale Arbeit als Wissenschaft konzipiert wird, deren theoretischen und wissenschaftlichen Auseinandersetzungen eine professionelle Praxis zugeordnet ist, werden Aspekte der Wissensproduktion und der Wissensverwendung besonders relevant. Deren Wandel betrifft die Soziale Arbeit dann in doppelter Hinsicht: Als Disziplin, die sich mit dem Verhältnis von Individuum und Gesellschaft befasst, sieht sie sich einem veränderten Objekt gegenüber und hat in der Folge auch ihre Analysen zu aktualisieren. Als Profession steht die Soziale Arbeit überdies nicht nur für die Beschreibung und Analyse ihres Gegenstandes, sondern auch für die Entwicklung, Diskussion, Umsetzung und Verbesserung ihrer Herangehensweisen an soziale Probleme und erschwerte Lebenslagen. In diesem Sinn hat sie sich mit Modi des Wissenstransfers zu befassen. Es ist deshalb mit Blick auf die Weiterentwicklung der Disziplin durchaus naheliegend und angemessen für die Soziale Arbeit, von Innovation zu sprechen und darin ein chancenreiches Konzept zu vermuten, um dem Wissensbezug Nachdruck zu verleihen: „For those who have a professional and a scientific view of social work, the knowledge society and the added value to applied knowledge represents a tremendous opportunity (...) Why should we not try to make use of this conditions in our own way, in a way that follows the goals of emancipation, of striving for better living conditions for our clients and our society?" (Sommerfeld 2005: 22f) Sofern also der Begriff der Innovation aufgrund der damit verbundenen gesellschaftlichen Semantik nicht grundlegend kritisiert und folglich abgelehnt wird, geht seine Verwendung für die Soziale Arbeit mit der Notwendigkeit einher, ihn konzeptionell zu füllen und auch mögliche problematische Punkte auszuleuchten. Dieses Ansinnen verfolgt die vorliegende Arbeit.

Um eine Grundlegung des Innovationskonzepts für die Soziale Arbeit vorzunehmen, ist zunächst eine Abgrenzung zu einer strategisch-rhetorischen oder metaphorischen Verwendung des Innovationsbegriffs zu leisten, die vor allen Dingen ein Tätigwerden im Geiste von Modernität, Offenheit und Leistungsfähigkeit signalisiert (Roth 2009: 7) und einer begrifflichen Schärfung wenig zuträglich ist. In einem weiteren Schritt erweist sich die Revision des Begriffs auf deskriptiver Ebene als notwendig. Dabei gilt es zu reflektieren, was für die Soziale Arbeit im Vergleich mit anderen Bereichen der Wissenserzeugung und -verwendung spezifisch und deshalb im Zusammenhang mit Innovation relevant ist. Zu denken ist hier beispielsweise an eine grundlegende Differenz zwischen Geistes- und Naturwissenschaften: Anders als in Wissenschaftszweigen, in welchen wissenschaftliches Wissen zu Entwicklungen unter Patentschutz und zu deren Vermarktung führt, gilt Wissen aus den Geistes- und Sozialwissenschaften als öffentliches Gut, das über Publikationen, Bildungsangebote und Verfahren zurück in Praxis und Gesellschaft gelangt. Für die Soziale Arbeit ist die Ausgangslage nochmals leicht anders, da ihre Praxis nicht an der Erwirtschaftung von Gewinn interessiert ist, sondern sich um wirksame Problembearbeitung ausgerichtet an gesellschaftlichen Zentralwerten bemüht. Forschung und Entwicklung in der Sozialen Arbeit sind unter diesen Voraussetzungen auf öffentliche Gelder angewiesen (Sommerfeld/Kundert 2000). Es braucht für die Soziale Arbeit also ein Innovationsverständnis, das unter anderem dieser Logik der Wissensproduktion angemessen Rechnung trägt.

1.3 Wie Neues in die Welt kommt

Die Thematisierung von Innovation beinhaltet nicht zuletzt die grundlegende Frage nach dem Ursprung und dem Auftreten von Neuem. Die wissenschaftliche Diskussion dazu bewegt sich, vereinfacht ausgedrückt, zwischen den Polen der Erschaffung durch äussere Kräfte in einem bestimmten Augenblick (Kreation) und dem prozesshaften Hervorgehen aus Bestehendem (Evolution). Hinsichtlich des Auftretens von Neuem in einem sozialen Kontext stehen entweder die Persönlichkeit einer kreativen Einzelfigur, deren Einfall die Welt verändert, oder kollektive Formen des Entwickelns im Fokus. Bevor das konkrete Vorhaben dieser Arbeit vorgestellt wird, soll dieses einführende Kapitel mögliche theoretische Zugänge zur Frage nach dem Neuen kurz erörtern[1] und den eigenen Standpunkt dazu klären. Die Auswahl der darzustellenden theoretischen Sichtweisen folgt einem zentralen Kriterium: Angesichts des thematischen Fokus der Arbeit kommen nachfolgend Theorien zum Zug, die Neues, das *durch Menschen* in die Welt kommt, betrachten, ohne sich dabei auf einen bestimmten Lebensbereich zu konzentrieren. Die dargestellten Positionen (Pragmatismus, Materialismus, Systemtheorie) sind damit für eine sozialwissenschaftliche Herangehensweise zumindest anschlussfähig. Auf der Achse zwischen Evolution und Kreation sind die drei theoretischen Ansätze je anders positioniert, und die Bedeutung der menschlichen Schöpfungskraft wird damit je unterschiedlich eingeschätzt.

Neue und neuartige Dinge oder Gedanken sind – und gerade dies macht ihre Neuheit bzw. Neuartigkeit aus – nicht unmittelbar zu benennen oder zu begreifen. Neu ist, was bisher nicht war; und ist eine Bezeichnung dafür gefunden, ist es nicht mehr ganz neu. Die Schwierigkeit,

---

1 Theorien zur Entstehung des Neuen greifen auf philosophische oder erkenntnistheoretische Positionen zurück, die hier in einem Detaillierungsgrad zusammengefasst werden, welcher der Anbindung an das Thema Innovation und der sozialwissenschaftlichen Ausrichtung der Arbeit Rechnung trägt. Eine vertiefte Auseinandersetzung mit den philosophischen Grundannahmen oder eine umfassende Darstellung der jeweiligen Theorien würde den Rahmen der vorliegenden Arbeit sprengen. Deshalb wird der Blick darauf gerichtet, wie das Erscheinen des Neuen dargestellt bzw. die Existenz von Neuem erklärt wird.

adäquat über Neues zu sprechen, verdeutlicht, dass es sich um einen Übergang handelt, der für Schwellenbegriffen, wie sie auch ‚Suchen' oder ‚Lernen' darstellen, schwer zu fassen ist (Sukale 2008: 11f). Im Begriff des Neuen verbinden sich zudem eine ontologische und eine erkenntnistheoretische Dimension: Das Neue ist neben dem, was es noch nicht gab, auch das, was noch nicht bekannt war. Die Dimensionen Sein/Nicht-Sein sowie Wissen/Nicht-Wissen beziehen sich auf die Instanz, die das Prädikat ‚neu' verwendet, und auf ihre Relation zu Zeit, Raum und Bewusstsein. Die möglichen Kombinationen der beiden Dimensionen bezeichnet Sukale neben dem Neuen als das Alte, das Erwartete und das Unentdeckte, wie aus der untenstehenden Darstellung ersichtlich wird.

	bekannt	unbekannt
schon da gewesen	Altes	Unentdecktes
(noch) nicht da gewesen	Erwartetes	Neues

Tabelle 1: Dimensionen des Neuen (Sukale 2008: 42)

Über die nachfolgend dargelegten Theorieansätze hinaus ist deshalb mit Rosenmayr auf Weber zu verweisen, der das Neue für unberechenbar und unvorhersehbar hielt, und entsprechend auch die Begriffe zur Bestimmung gesellschaftlich-geschichtlicher Entwicklung nur als temporär gültig betrachtet hat (Rosenmayr 2000: 270). So differiert das Vokabular im Zusammenhang mit Neuem beträchtlich: In den referierten Ansätzen ist von Kontingenz, Kreativität, Evolution oder Revolution die Rede.

1.3.1 Die situative Verankerung des Neuen im amerikanischen Pragmatismus

In Abgrenzung zu einer idealistischen Epistemologie entwickelten die amerikanischen Pragmatisten zu Beginn des 20. Jahrhunderts einen ausserordentlich variablen theoretischen Rahmen, um Wissen und Handeln im gesellschaftlichen Kontext zu analysieren (Prus/Puddephatt 2009: 72). Realität wird dabei als kontinuierlicher Konstitutionsprozess verstanden, bei dem den Herausforderungen der physischen und sozialen Umwelt handelnd begegnet wird. Das Hervorbringen von Neuem gilt als Ausdruck der integrativen Funktion psychischer Aktivität, bei der geistige Prozesse zwar zweckbestimmt vollzogen werden, jedoch zugleich in höchstem Masse undeterminiert und plastisch sind (Pape 1994: 22–33). Die entwickelten Lösungen eines Handlungsproblems werden – so die pragmatische Sicht – erst in zweiter Linie im Bewusstsein gespeichert und primär als neue Handlungsweise in ein derart sich wandelndes Repertoire aufgenommen (Joas 1992: 190). Der amerikanische Pragmatismus hebt sich damit wesentlich von einer cartesianischen Denkweise ab, die davon ausgeht, dass Zweifel und Rationalität den Menschen zur Wahrheit führen. Plädiert wird im Pragmatismus amerikanischer Provenienz für die Verankerung des Zweifels und des Erkennens in realen Situationen. Nützlichkeit, Wert und Erfolg werden somit zu Kriterien der Wahrheit. So plädiert Peirce für einen intersubjektiven Wahrheits- und Realitätsbegriff: „The real, then, is that which, sooner or later, information and reasoning would finally result in, and which is therefore independent of the vagaries of me and you. Thus, the very origin of the conception of reality shows that this conception essentially involves the notion of a ‚community' without definite limits, and capable of a definite increase of knowledge." (Peirce 1934: 311) Die Entstehung des Neuen wird in realen Problemsituationen verankert, die nach Lösungen jenseits von Handlungsgewohnheiten verlangen. „Gelingt es, durch die veränderte Wahrnehmung die Handlung umzuorientieren und damit wieder fortzufahren, dann ist etwas Neues in die Welt gekommen." (Joas 1992: 190) Wissen ist in diesem Verständnis kontinuierlich Modifikationen unterworfen und überformt in einem prinzipiell offenen Prozess die physischen Komponenten von Vergangenheit, Gegenwart und Zukunft (Prus/Puddephatt 2009: 73).

Die Grundlage für das Wissen ist das Handeln, und für neues Handeln ist die Denkfähigkeit des Menschen entscheidend: „Das Denken nimmt seinen Ausgang (...) von einer Situation, die mehrdeutig ist, die Alternativen enthält, ein Dilemma darstellt" (Dewey 2002: 14) und damit das subjektive Gefühl einer Schwierigkeit auslöst. In Deweys Auffassung setzt das Zusammentreffen von innerem Antrieb und Umwelt bei Menschen einen mit Gärung vergleichbaren Prozess in Gang, dessen Ergebnis über ein Ausdrucksmedium wie der gesprochenen bzw. geschriebenen Sprache oder anderen Formen des Handelns hervortritt. Das Handeln wird dabei so geformt, dass etwas Neues entsteht, das weder auf die Wirklichkeit noch auf die auslösenden Faktoren reduziert werden kann. „Wo Denken stattfindet, fungiert Gegebenes als Zeichen, als Hinweis auf etwas anderes, das noch nicht angetroffen wurde. Ein denkendes Wesen kann daher *auf Basis des Nichtgegebenen und des Künftigen handeln*." (ebd.: 17, Hervorhebung im Original) Aufgrund der Tatsache, dass jeder Mensch das Leben aus einer individuellen Perspektive erlebt, sind seine daraus erwachsenden Ideen von denen aller anderen verschieden (Joas 1992: 203). Dies führt zur Kritik, dass Handeln in einer pragmatischen Sichtweise als Anpassungsleistung konzipiert sei. Indessen entspricht es nicht der Auffassung des Pragmatismus, dass Situationen Handlungen als blosse Reaktionen auslösen oder einzig das Terrain für die Exekution von Intentionen bereitstellen. Deweys Position liegt vielmehr zwischen diesen beiden Polen: „Unsere Wahrnehmung der Situation ist vorgeformt in unseren Handlungsfähigkeiten und unseren aktuellen Handlungsdispositionen: Welche Handlung realisiert wird, entscheidet sich dann durch eine reflexive Beziehung auf die in der Situation erlebte Herausforderung." (ebd.: 236)

Eine pragmatische Sichtweise auf das Neue bewirkt dessen Normalisierung. Die Stärke des amerikanischen Pragmatismus ist es, die Auslöser für die Entstehung des Neuen zu benennen und spezifisch für menschliches Handeln plausibel zu machen. Weniger deutlich herausgearbeitet wird, wie die inhaltlichen Aspekte des Neuen sich ergeben, ob reale oder simulierte Krisen die einzig möglichen Anknüpfungspunkte für Erkenntnisgewinn und Neues sind, oder ob Neues auch anderweitig absichtsvoll erstrebt werden kann. Neues in einem alltäglichen Kontext zu verorten, verweist für das Erkennen und Bestimmen von Neuartigkeit darauf, diese weniger im Besonderen und Herausragenden als im Naheliegenden zu suchen.

Wie der Pragmatismus ist auch der Materialismus am menschlichen Handeln ausgerichtet. Die weiteren individual- und gesellschaftstheoretischen Überlegungen führen freilich, wie im Anschluss dargelegt wird, zu gänzlich anderen Schlüssen in Bezug auf die Entstehung von Neuem.

1.3.2 Die materialistische Produktion des Neuen

Zentrale Prämisse des Materialismus ist die bestimmende Rolle der Materie gegenüber dem Bewusstsein und ihre Setzung als letztinstanzliche Grösse. Das Bewusstsein gerät dabei zu einer vom Sein bestimmten Kraft, die ihrerseits wiederum schöpferisch und qualitativ verändernd wirkt (Hillmann 2007: 541f). Menschliche Arbeit stellt in einer materialistischen Auffassung eine ausschliesslich gegenständliche (und nicht eine abstrakt geistige) Tätigkeit dar und gilt als Entäusserung menschlichen Willens, Neues in der Welt hervorzubringen. Im Begriff der Produktion wird das handelnd hervorgebrachte Neue somit aufs Engste mit dem materiellen Leben der Menschen verbunden und mit dem schöpferischen Akt schlechthin gleichgesetzt (Joas 1991: 357). Auch Erkenntnis wird auf der Grundlage der praktischen Auseinandersetzung mit der Materie erlangt (Störing 1995: 643). Arendt unterscheidet dabei zwischen der Arbeit, deren Produkt verbraucht wird, und dem Herstellen, dessen Produkt „die Tätigkeit selbst überdauert und zu einem greifbaren, bleibenden Teil der Welt wird" (Arendt 1996: 164).

Ausgangspunkt der Geschichts- und Gesellschaftsanalyse ist in diesem Verständnis die materielle Produktion, welche die entscheidenden gesellschaftlichen Lebensprozesse widerspiegelt (Fuchs-Heinritz et al. 2007: 418). Entsprechend sollen auch Strukturen des politischen und ideologischen Überbaus, wie beispielsweise des Rechts oder der Moral, aus den Strukturen der materiellen Basis heraus erklärt und entwickelt werden (ebd.: 76). Beim historischen Materialisten Marx wird deshalb alle Kreativität der Arbeit zugeschrieben und alle gesellschaftlichen Phänomene – einschliesslich der kulturellen – gelten als Resultate des Arbeitens zum Zweck der Überlebenssicherung bzw. des immerwährenden Stoffwechsels zwischen Mensch und Natur. In einer streng materialistischen Denkweise sind demnach im weitesten Sinne existenzielle ökonomische Interessen die Quelle des Neuen. In Abgrenzung zu Marx plädiert Arendt dafür, im Denken die Inspiration zu höchster weltlicher Produktivität zu sehen. Während Erkennen für die Vermittlung von Wissen und für die Ansammlung und Ordnung des Gewussten steht, durchdringen „Gedankengänge das Gesamte der menschlichen Existenz, (...) und dieses Denken hat weder Anfang noch Ende" (Arendt 1996: 206). Das Denken emanzipiert den Menschen vom Brauchen und Gebrauchen so weit, dass er auch nutzlose Dinge herstellen kann. Das heisst, der Mensch kann über seine Bedürfnisse hinauswachsen. Eine exemplarische Form dafür ist die Revolution. Revolutionäres Denken und Handeln verbindet die Möglichkeit des Neubeginns mit der Idee der Freiheit bzw. der Befreiung: „Nur wo dieses Pathos des Neubeginns vorherrscht und mit Freiheitsvorstellungen verknüpft ist, haben wir das Recht, von Revolution zu sprechen." (Arendt 1994: 41)

Auch Castoriadis hat sich auf der Basis eines materialistischen Verständnisses mit individuellem und gesellschaftlichem Handeln auseinandergesetzt (Joas 1992: 170). Im Zentrum seiner eigenen Überlegungen steht die Revolution: Am Modell des revolutionären Handelns arbeitet er die Kreativitätsdimension allen Handelns heraus. Ausgangspunkt ist, dass das menschliche Subjekt durch Reflexivität und Wille charakterisiert ist. Reflexivität ist dabei die Fähigkeit, das eigene Tun zum Objekt zu machen und damit eine innere Entgegensetzung und Infragestellung vorzunehmen. Den Willen setzt Castoriadis mit beschliessendem Tun gleich (Castoriadis 1991: 37f). Allerdings können – und hier wird die materialistische Herkunft des Philosophen deutlich – Reflexivität und Kreativität durch gesellschaftliche und politische Institutionen eingeschränkt und zunichte gemacht oder hingegen durch autonome Strukturen ermöglicht werden. Die Fähigkeit zur psychischen Selbsterweiterung des Menschen steht also in Interdependenz zu gesellschaftlichen Institutionen (ebd.: 50). „Gesellschaft ist das Resultat eines Institutionalisierungsprozesses, und dieser hat, weil er aus dem Imaginären, der Fähigkeit zum Sinnentwurf hervorgeht, eine irreduzibel kreative Dimension." (Joas 1991: 350) Zentrales Element von Castoriadis' Konzept des Neuen und der Bedingung zur Möglichkeit der Reflexivität ist die Einbildungskraft, die für die Entfunktionalisierung der menschlichen Psyche steht: „Man muss anderes als das, was ist, einbilden können, um wollen zu können; und man muss anderes als das, was ist, wollen, um die Einbildungskraft zu befreien." (Castoriadis 1991: 40) Allerdings ist die Vorstellungskraft in qualitativer wie in quantitativer Weise selektiv, indem das jeweils Wahrgenommene bzw. Gedachte eine unendlich viel grössere Masse an Nicht-Wahrgenommenem und Nicht-Gedachtem verdrängt (ebd.: 22). Neues beinhaltet einen selektiven Aspekt, der neben der reinen Ausformung auch eine normative Setzung aufweist. „Einrichtung und Bezeichnung eines identischen Etwas oder Jemand bedeutet immer auch ‚Institution von Norm'" (Waldenfels 1991a: 61). Ein zentraler Kritikpunkt an Castoriadis' Konzept bezieht sich auf die Kriterien, nach welchen einzelne Akte der Schöpfung sich aus der unendlichen Fülle von Möglichkeiten herauskristallisieren: „Eine absolute Schöpfung, die nur aus sich selbst schöpft, kann nicht verständlich machen, wieso gerade dieses oder überhaupt etwas geschehen soll." (ebd.: 76)

Was lehrt uns der Materialismus also zum Neuen? Es entsteht in einer materialistischen Sichtweise aus einem Interesse heraus, produktiv auf die sozialen Realitäten Einfluss zu nehmen und diese durch grundlegende Veränderungen so zu gestalten, dass wiederum Autonomie realisiert werden kann. Oder mit den Worten von Waldenfels: „Als produktiv verstehe ich ein Handeln, das selber beteiligt ist an der Schaffung der Ordnung, in der es sich bewegt, und an der Formulierung der Fragen, auf die es antwortet." (ebd.: 92) Vorausgesetzt wird in einem materialistischen Verständnis der rational agierende Mensch, der seine Existenzbedingungen (re)produziert und zu kollektivem Handeln fähig ist. Die materialistische Position zeigt zudem auf, dass geistige Prozesse, die als neu angesehen werden können, dies nicht allein aufgrund ihrer immanenten Qualitäten sind, sondern ebenso in Abhängigkeit von ihrer historischen Position (Pape 1994: 42). Historisch entstandene und revolutionierbare Strukturen wiederum definieren den Möglichkeitsraum für Entstehendes.

Während materialistischen Ansätzen nicht zuletzt im Zusammenhang mit den politischen Entwicklungen der letzten Jahrzehnte weniger Bedeutung beigemessen wird, stützt sich ein bedeutender Strang der aktuellen ökonomischen und sozialwissenschaftlichen Diskussion um gesellschaftliche Veränderung auf die Systemtheorie. Wie aus systemtheoretischer Sicht die Entstehung des Neuen dargestellt und erklärt wird, soll deshalb nachfolgend erörtert werden.

1.3.3 Die Evolution in der Systemtheorie

Vor dem Hintergrund ihrer Prämissen (Differenz zwischen System und Umwelt, operational geschlossene Systeme) beschäftigt sich die Systemtheorie auch mit der Entstehung neuer Merkmale in organischen, psychischen oder sozialen Systemen, mit den Mechanismen der Selektion zur Auswahl und Durchsetzung evolutionärer Veränderungen und mit dem Erhalt bzw. der Ausbreitung von Systemen (Röpke 1977: 65). In einem systemtheoretischen Verständnis vollzieht sich Wandel im Zuge der Strukturreproduktion von Systemen. Die prinzipielle Offenheit von Wandel umfasst das Potential, nicht Notwendiges möglich werden zu lassen (Kontingenz). Neues markiert damit im steten Wandel die Brüche in der Strukturreproduktion (John 2002: 13). Veränderung in Systemen stellt sich über Variation, Selektion und Restabilisierung ein: Im autopoietischen Operieren des Systems tritt Variation als Widerspruch zu den Systemerwartungen auf, wenn Umwelteinwirkungen systemintern repräsentiert und bearbeitet werden (Luhmann 1998: 790–793). Die so entstehende Irritation ist ein systemeigener Zustand, der zur Fortsetzung der Autopoiese anregt, aber zunächst offen lässt, ob eine Veränderung der Systemstruktur notwendig ist oder nicht. Es sind im Wesentlichen drei Konstellationen im Evolutionsgeschehen zu identifizieren, die Neues hervorbringen: Nicht vorhersehbare Änderungen der Umwelt (von der

Umwelt präsentierte Probleme), durch Systemmotivation angetriebene Umweltexploration (entdeckte Probleme) und zufälliges Auftreten von Mutationen (Röpke 1977: 79–81). Unter diesen Voraussetzungen entstehen systemimmanente Variationen, deren Selektion und Einbindung nachfolgend zu einem veränderten Strukturaufbau des Systems führen. Variationen werden nach Massgabe ihrer Wiederverwendbarkeit unter anderen, sich vom Ausgangszustand unterscheidenden Bedingungen selektioniert (John 2002: 16). Wird Neues in das strukturdeterminierte System eingebaut, kommt es zu einer erneuten Stabilisierung des Systems. Selbst in dem Fall, in dem Evolution zu keiner Veränderung des Operierens führt, ändert sich der Systemzustand. Denn durch die reine Verfügbarkeit einer Variation erhöht sich die Komplexität, was zwar nicht zwingend Fortschritt bedeutet, aber trotzdem eine Transformation der Möglichkeiten darstellt (ebd.: 17). Aus systemtheoretischer Sicht ist deshalb das Neue eine inhärente Eigenschaft von Systemen. Gewiss liegt in einem systemtheoretischen Verständnis der Begriff der Veränderung jedoch näher als derjenige der Neuheit. Luhmann versteht dies wie folgt: „Neuheit ist jedenfalls Abweichung. Das Erfordernis neu zu sein, destabilisiert mithin den Begriff der Abweichung und damit den Begriff der Regel." (Luhmann 1997: 327) Und: „Ein System lebt immer auch von nichtrealisierten Potentialitäten. Es braucht sie als Sinnüberschuss, als Redundanz, als Horizont, gegen den sich die eigene Strukturbildung und das eigene Verhalten als Selektion abzeichnen. Die Erfahrung und die Behauptung, etwas sei neu, markieren daher nur den Entschluss, bisher redundante Möglichkeiten zur Strukturbildung heranzuziehen. Die Etikettierung ‚neu' ist mithin ein Moment der Selbstbeschreibung des Systems." (Luhmann 1987: 319f)

Welches Fazit ergibt sich aus einer systemtheoretischen Perspektive zur Frage nach dem Neuen? Die Systemtheorie erklärt Neues als systemimmanente Strukturänderung. Das Auftreten von genuin Neuartigem wird in dieser Sichtweise entweder ganz abgelehnt oder nur zögerlich bejaht, denn im Vordergrund steht Veränderung und nicht Neuheit. Letztere ergibt sich einzig über die Unterscheidung durch Beobachtung und keineswegs in der Operation selbst. „Aber auf der Ebene der Operationen, und das gilt auch für beobachtende Operationen, geschieht, was geschieht. Die Operation des Unterscheidens diskriminiert, sie erzeugt, dadurch dass sie geschieht, eine Differenz; und nur wenn dies Geschehen beobachtet wird (sei es später vom selben System, sei es gleichzeitig oder später von einem anderen), wird die Unterscheidung als Form relevant." (Luhmann 1997: 57) Die Hauptkritik an einem systemtheoretischen Zugang – auch im Zusammenhang mit Innovation – bezieht sich deshalb auf die funktionale Analyse, die Relationen mit dem Ziel herstellt, Vorhandenes als zufällig und Verschiedenartiges als vergleichbar zu erfassen (Joas 1992: 310), ohne jedoch kausale Verknüpfungen im Sinne von Ursache und Wirkung herzustellen. Systemtheorie beschreibt zwar Innovation und liefert dadurch heuristische Konzepte, erlaubt jedoch keine Aussagen zu Bedingungen und Implikationen der selektiven Auseinandersetzung mit einer Innovation (Bormann 2010: 122). Beantwortet wird von systemtheoretischer Seite demnach weniger, wie Neues entsteht, als vielmehr, welche Funktion Neues erfüllt.

Den drei vorgestellten Ansätzen ist gemeinsam, dass die Entstehung des Neuen an einen Kontext rückgebunden wird – ob dieser Kontext nun als Systemumwelt, als Herausforderungen der Realität oder als Existenzbedingungen des Menschen gefasst ist. In jedem Fall wird darauf verwiesen, dass die Entstehung von Neuem voraussetzungsvoll ist und darauf basiert, dass etwas bereits Existierendes umgeformt wird, sei dies in einem moderaten Prozess kontinuierlicher Evolution oder in einem durch revolutionäre Brüche gekennzeichneten Verlauf. Implizit vorhanden ist in allen oben referierten Positionen eine Instanz, die das Vorhandensein des Neuen konstatiert. Neues ist also nicht nur hinsichtlich seines Kontextes relativ, sondern auch hinsichtlich des Subjekts, das innerhalb dieses Kontexts eine vergleichende Einschätzung vornimmt. Das Erkennen von Neuem bedingt also erstens eine Relationierung: Neuheit und Neuartigkeit lassen sich nur mit Bezug auf einen gewissen Kontext bestimmen, der historisch, sozial und kulturell definiert ist. Zweitens ist das Neue gebunden an ein Gedächtnis und die Pflege der Tradition als geteilte Erinnerung. „Das Neue ohne Gedächtnis und Geschichte bleibt ein Fall folgenloser Momenthaftigkeit." (Assmann 1994: 49) Das Erkennen von Neuem und Neuartigem setzt drittens die profunde Kenntnis des Erscheinungskontexts voraus. Erst die entsprechende Expertise ermöglicht eine konsensfähige Bestimmung des Neuen in einem bestimmten Bereich (Maier et al. 2007: 815). Zu explizieren ist viertens der Bezug und die Differenz des Neuen zum bereits Bestehenden sowie die Möglichkeit, dass neben der Reproduktion von Gleichem Neues auftaucht. Wenn überdies die menschliche Kapazität zur Schaffung von Neuem postuliert wird, ist fünftens das Verhältnis von Denken, Wissen und Handeln klärungsbedürftig. Aus den dargestellten Theorien sind also weniger eindeutige Kriterien zur Bestimmung des Neuen abzuleiten als vielmehr Hinweise, die bei der Betrachtung, Beschreibung und Erfassung des Neuen zu beachten sind, wenn sie umfassend und angemessen erfolgen sollen.

1.4 Fragestellungen und Ziele

Im Zusammenhang mit den Innovationskonzept in der Sozialen Arbeit sind gegenwärtig in erster Linie Klärungen theoretischer und empirischer Art notwendig. Es gilt zu prüfen, was Innovation in der Sozialen Arbeit ausmacht bzw. von neuartigen Entwicklungen in anderen Bereichen unterscheidet. Es bedarf erster Ansätze, die aufzeigen, wie das Konzept für die Soziale Arbeit definitorisch zu fassen ist. Und angesichts eines beträchtlichen Forschungsmankos zu Innovation in der Sozialen Arbeit ist im Sinne empirischer Grundlagen zu ermitteln, was Innovation in der Praxis der Sozialen Arbeit für eine Bedeutung hat. Die Intention dieser Arbeit besteht also darin, Wissen zu Innovation zu bündeln und für die Soziale Arbeit zu spezifizieren, sowie weiteres Wissen zu Innovationsprozessen in der Sozialen Arbeit zu erschliessen. In Bezug auf Innovation und Innovationsprozesse in der Sozialen Arbeit soll deshalb den folgenden Fragen nachgegangen werden:

- Was sind die Merkmale von Innovation in der Sozialen Arbeit?
- Wodurch werden Innovationsprozesse in der Sozialen Arbeit ermöglicht und/oder begünstigt?

Ziel der vorliegenden Arbeit ist es, das Innovationskonzept für die Soziale Arbeit theoretisch und empirisch zu fundieren sowie eine Definition von Innovation für die Soziale Arbeit vorzuschlagen. Dies erfolgt in zwei Schritten: Während eine erste begriffliche Klärung es möglich macht, das Feld mit einem theoretisch geschärften Blick zu betrachten, führt die Verbindung von theoretischen und empirischen Erkenntnissen hernach zu weiteren Präzisierungen des Konzepts für die Soziale Arbeit. Die empirische Untersuchung zu Entwicklungsprozessen in der Sozialen Arbeit, erlaubt darüber hinaus Aussagen zu Grundlagen, Verfahren, Einflüssen, Erfolgsaspekten und institutionellen sowie personalen Faktoren im Bedingungsgefüge von Entwicklungen, die von Fachpersonen als Innovationen eingeschätzt werden. Wieweit die Arbeit auch Hinweise zur Gestaltung von Innovationsprozessen in der Sozialen Arbeit hervorbringt, wird sich zeigen. Ein für die Soziale Arbeit geklärtes Innovationskonzept gibt dem fachspezifischen Innovationsdiskurs jedenfalls eine (neue) Basis und ermöglicht dessen kritische Reflexion. Zugleich ist damit die Grundlage für weitere Innovationsforschung und die Konzeption von Innovationsmodellen gelegt.

1.5 Vorgehen

Zur Bearbeitung der im Zentrum des Erkenntnisinteresses stehenden Fragen wird ein Vorgehen gewählt, das die theoretische und empirische Auseinandersetzung mit Innovation verbindet. In einem ersten Schritt werden theoretische Bestimmungsmerkmale von Innovation auf der Basis einer breit angelegten Literaturrecherche hergeleitet, zusammenfassend dargestellt und kritisch diskutiert (Kapitel 2). Eingegangen wird dabei aus gegebenem Anlass auch auf soziale Innovation. Zur Erhellung der Thematik von Innovation in der Sozialen Arbeit wird in weiteren zwei Kapiteln der derzeitige Stand der Forschung und des Diskurses aufgearbeitet. Weil Innovationsforschung für die Soziale Arbeit bisher nicht vorliegt, und in der Innovationsforschung Zugänge zu technologischen und ökonomischen Aspekten von Innovation bzw. zu gewinnorientierten Innovationen überwiegen (Fagerberg et al. 2005; Aderhold/John 2005), werden hier empirische Arbeiten aus Bereichen beigezogen, für die Berührungspunkte mit der Sozialen Arbeit bestehen: Aufgearbeitet werden die empirischen Erkenntnisse zu Innovation in Non-Profit-Organisationen, im öffentlich-staatlichen Bereich und im Dienstleistungssektor (Kapitel 3). Anschliessend wird der derzeitige Diskussionsstand zu Innovation in der Sozialen Arbeit zusammengefasst (Kapitel 4). Dies erlaubt, zum Schluss des ersten Teils eine Definition von Innovation in der Sozialen Arbeit vorzuschlagen und Thesen zu Einflussfaktoren auf Innovationsprozesse in diesem Bereich zu formulieren.

Den zweiten Teil der Arbeit bildet die Darstellung einer empirischen Studie zu Innovationsprozessen in der Sozialen Arbeit, die im Jahr 2008 von der Autorin durchgeführt wurde. Sie erfolgte in einem ersten Teil im Auftrag der Förderagentur für Innovation des Bundes KTI (früher Kommission für Technologie und Innovation) und wurde danach erweitert. Die Förderagentur KTI ist Teil des Schweizerischen Bundesamtes für Berufsbildung und Technologie und agiert an der Schnittstelle von Wissenschaft und Wirtschaftsförderung. Die von der KTI in Auftrag gegebene Studie hatte zum Ziel, deren im ökonomischen Kontext verankertes und einer produktorientierten Logik verpflichtetes Innovationskonzept (vgl. Profil unter www.kti.admin.ch) auf andere Disziplinen hin zu öffnen und Aufschluss darüber zu geben, welchen Besonderheiten der Sozialen Arbeit im Gesuchsverfahren Rechnung getragen werden müsste. Für die vorliegende Dissertation wurde zum einen die empirische Datenbasis mit sechs weiteren Experteninterviews erweitert. Zum anderen erfuhr die qualitative Auswertung eine Ergänzung durch zusätzliche vergleichende Analysen. Dieser zweite Teil umfasst die Kapitel 5 und 6: Zunächst wird das methodische Vorgehen zur Erhebung und Auswertung der Daten erläutert und begründet und anhand einer Fallbeschreibung exemplarisch dargestellt (Kapitel 5). Danach erfolgt die ausführliche Darlegung und Erörterung der Ergebnisse aus der inhaltsanalytischen sowie der vergleichenden Analyse (Kapitel 6).

Die theoretisch und empirisch gewonnenen Erkenntnisse werden in Kapitel 7 zusammengefasst und diskutiert. Nachgegangen wird dabei den zentralen Fragestellungen der Arbeit und den im Weiteren hergeleiteten Thesen, so dass die für die Soziale Arbeit vorgeschlagene Definition von Innovation in einzelnen Punkten Präzisierungen erfährt. Mit den Implikationen, die sich aus den gewonnenen Erkenntnissen für die Soziale Arbeit und für die weitere Innovationsforschung ergeben, schliesst dieser Teil und mit ihm die Arbeit: Im Fokus stehen hierbei die Entwicklungsmöglichkeiten für das Innovationskonzept, dessen Einbettung in die Soziale Arbeit als Disziplin und Profession und der enge Bezug zwischen Innovationen und dem Erkenntnisstand des Fachs.

2 Innovation und soziale Innovation

> Wir sind wie Zwerge, die auf den Schultern von Riesen sitzen. Wir sehen also mehr und sehen weiter als die Alten; aber es liegt nicht an der Schärfe unseres Auges und nicht an unserer Statur, sondern einfach daran, dass sie uns tragen und wir ihre Grösse nutzen dürfen. (John von Salisbury zitiert aus Acham 2003: 26)

Der Begriff der Innovation weist trotz einer langen sowohl lebensweltlich als auch wissenschaftlich geprägten Geschichte (Fagerberg/Mowery/Nelson 2005: 1) bislang eine hohe semantische Unschärfe auf (Bormann 2011: 43), und es fehlt eine übergeordnete theoretische Perspektive, um die unterschiedlichen Stränge der Innovationsforschung zu integrieren (Rickards 2003: 1095). Da auch eine einheitlich anerkannte Definition des Begriffes fehlt (Kaudela-Baum et al. 2008: 6), verdeutlicht das vorliegende Kapitel einerseits, wie Arbeiten unterschiedlicher disziplinärer Provenienz den Begriff verwenden. Andererseits zielen die nachfolgenden Ausführungen darauf hin, die in unterschiedlichen Diskussionszusammenhängen genannten grundlegenden Merkmale von Innovation aus der Fülle des Materials herauszuarbeiten und zusammenfassend darzustellen, um damit zum ‚hard core' von Innovation vorzudringen. Abschliessend wird der Begriff ‚soziale Innovation' näher betrachtet, um zu klären, inwiefern er zur Bezeichnung von Innovationen in der Sozialen Arbeit geeignet ist.

2.1 Der Innovationsbegriff im Diskurs

Nicht seit jeher wurde Neuartiges als Innovation bezeichnet, und so erweist es sich als notwendig, eine Abgrenzung gegenüber sozialem Wandel, Modernisierung, Entwicklung, Fortschritt oder Reform vorzunehmen. Gillwald liefert in ihren konzeptionellen Überlegungen zum Innovationsbegriff einige hilfreiche Klärungen hinsichtlich dieser benachbarten Begriffe. Zum einen unterscheidet sie Innovation von der *Reform*, die sich auf staatliches Handeln und Eingreifen in das gesamtgesellschaftliche Regel- und Institutionsgefüge bezieht (beispielsweise Verfassungsreform, Bildungsreform, Verwaltungsreform). Reformen sind gemäss Gillwald also diejenigen Teilmengen von Innovationen, die vom politisch-administrativen System ausgehen (Gillwald 2000: 7). Umfassender als Innovation ist hingegen der *soziale Wandel*, der „die Gesamtheit der Veränderungsprozesse einer Gesellschaft, insbesondere ihrer Gliederung, ihrer Einrichtungen, Handlungszusammenhänge und Arbeitsteilung, ihrer Integration und Machtverhältnisse" bezeichnet (ebd.). Mit *Entwicklung* ist in allgemeiner Weise der Veränderungsprozess von Objekten in einem grösseren Zeitraum und mit relativ stabilem Resultat gemeint; wobei die Ergebnisse von Entwicklung im Vergleich zum Ausgangszustand einen höheren Grad an Differenziertheit und Komplexität aufweisen (Fuchs-Heinritz et al. 2007). Entwicklung ist somit gleichbedeutend mit Wandel und umfasst Veränderung und Entstehen ohne dabei menschliche Einflussnahme vorauszusetzen. *Fortschritt* dagegen ist eine minder neutrale Bezeichnung und meint eine Entwicklung hin zu positiv bewerteten Zuständen. In der Bedeutung eines einheitlichen, unilinearen und zielgerichteten Prozesses ist Fortschritt zudem ein zentrales Konzept der Aufklärung und Ausdruck eines ungetrübten Glaubens an die menschliche Vernunft. Mit Bezugnahme auf die soeben definitorisch umrissenen Begriffe weist Briken in ihren diskursanalytischen Arbeiten darauf hin, dass Innovation als eine der heute bestimmenden Leitsemantiken die oben genannten Begriffe ersetzt, im Bedeutungsgehalt durch das Aufgreifen des Leistungsaspektes jedoch über sie hinausweist (Briken 2006: 6).

Im deutschen Sprachraum fand der Innovationsbegriff erst relativ spät und mit der Ausprägung der Sozialwissenschaften eine fachliche Verankerung (Prechtl/Burkard 2008: 317). Eine in aktuellen Diskursen nach wie vor sehr präsente Prägung geht auf den Nationalökonomen Schumpeter zurück, der eine Innovationstheorie zur Erklärung von Konjunkturzyklen entwickelte. Schumpeter sah in der Innovation als Neukombination von Ressourcen die Antriebskraft wirtschaftlicher Entwicklung im kapitalistischen System.

Der Zusammenhang von Innovation und Wirtschaftswachstum ist auch heute und vor allem in der politischen Öffentlichkeit von grosser Relevanz. Regierungen sehen sich in diesem Zusammenhang veranlasst, durch politische Massnahmen und finanzielle Unterstützung die Erfolgsbedingungen namentlich für technologische Innovationen zu fördern (Braun-Thürmann 2005: 17).[2] Im Zuge dieser Form von Wirtschaftsförderung ist vor über 60 Jahren in der Schweiz die Agentur für Innovationsförderung des Bundes KTI (früher: Kommission für Technologie und Innovation) entstanden. Vertreten wird hier, wie auch in ähnlichen Gremien der Innovationsförderung auf europäischer Ebene, unter dem Motto „science to market" (vgl. Profil der Förderagentur für Innovation KTI unter www.kti.admin.ch) vorwiegend das in Ökonomie und Technik verankerte Verständnis von Innovation, das Forschung und Entwicklung vor allem im Zusammenhang mit ihrem wirtschaftlichen Potential erfasst. Eine Öffnung hin auf andere sich mit Innovation befassende Disziplinen und Praxen und eine Erweiterung des Innovationskonzepts erfolgen nur langsam. Demgegenüber ist jedoch auch eine ganz andere Tendenz zu beobachten: Innovation ist zu einem gesellschaftspolitischen Schlagwort geworden (Bechmann/Grunwald 1998: 7), das eine bestimmte Art wissensgestützter Problembearbeitung signalisiert: „Die kollektive Wette, die wir auf die Zukunft geschlossen haben, heisst Innovation. Doch auch diese vermag nicht zu sagen, wie die Dinge sein werden, noch wie sie sein sollen. Dazu bedarf es der gesellschaftlichen Auseinandersetzung darüber und strategischer Orte, um einen Konsens zu finden." (Nowotny 2005: 62f) Dieses Verständnis von Innovation eignet sich für den wissenschaftlichen Diskurs nur bedingt, vielmehr muss, was unter

2 Auf Initiative der Europäischen Kommission wurde 2001 das *European Innovation Scoreboard* geschaffen. Der alle zwei Jahre erstellte Report vergleicht nationalstaatliche Innovationsleistungen anhand von 29 Indikatoren und verdeutlicht die enge Verbindung, die zwischen Innovation und dem Wachstums-, Produktivitäts und Wettbewerbspotential gemacht wird. Der Report 2009 findet sich unter: www.proinno-europe.eu/page/european-innovation-scoreboard-2009

Innovation zu verstehen ist, an ebendiesen strategischen Orten in detaillierter Kleinarbeit konkretisiert werden.

2.2 Definitionen von Innovation

Bevor auf die Merkmale von Innovation eingegangen wird, sollen hier einige Definitionen von Innovation aufgegriffen und in ihrer theoretischen Verortung dargestellt werden. Damit wird anschaulich, wie unterschiedlich die aktuell dem Diskurs unterlegten Definitionen sind, und welche inhaltliche Heterogenität sich hinter dem oft unhinterfragten Gebrauch des Begriffs verbirgt. Eine Heterogenität, die kaum transparent gemacht oder gar schlüssig aufgelöst wird.

Wie erwähnt, hat Schumpeters Definition von Innovation viel Beachtung gefunden und wird auch heute oft zur Klärung beigezogen. Schumpeter verwendet den Begriff im Rahmen einer Konjunkturtheorie, die zum Zeitpunkt ihrer Veröffentlichung 1912 im Widerspruch zu den klassischen statischen Theorien stand, weil sie nicht eine gleichförmige Abfolge von Aufschwung und Abschwung sondern eine diskontinuierliche wirtschaftliche Entwicklung postulierte (Blättel-Mink 2006: 296). Zur Erklärung von Konjunkturzyklen im kapitalistischen Wirtschaftsystem versteht Schumpeter Innovation primär als Neukombination von Ressourcen und unterscheidet dabei fünf Arten: Die Herstellung eines neuen Produkts, die Einführung neuer Produktionsmethoden, die Erschliessung eines neuen Absatzmarkts, die Erschliessung eines neuen Beschaffungsmarkts und die Neuorganisation der Firmenstruktur (Schumpeter 1912: 101). Der Erfolg des Neuen sichert dem jeweiligen Unternehmen in der Folge eine herausragende Marktstellung, bis andere Unternehmen das Konzept übernehmen und die Innovation im Markt diffundiert (Blättel-Mink 2006: 71; John 2002: 6). Innovation ist gemäss Schumpeter nicht als kumulativer Prozess zu betrachten, bei dem durch Aufschichtung von Wissen Neues entsteht, sondern die Neukombinationen stellen Vorhandenes in Frage und erwirken durch sogenannte schöpferische Zerstörung und die Verdrängung des Alten in einem evolutionären Prozess erst den

Raum und die Offenheit zu ihrer Existenz. Eine wichtige Rolle kommt in Schumpeters Innovationstheorie dem Unternehmer (Entrepreneur) zu, der durch Innovationen seine wirtschaftliche Position sichern und verbessern will. Innovationen entstehen dadurch, „dass manche Individuen über die wirtschaftliche Erfahrung und die gewohnte und erprobte Erfahrung hinausgehend in den gegebenen Verhältnissen des Wirtschaftslebens neue Möglichkeiten erkennen und durchsetzen" (Schumpeter 1928: 483, zitiert in Blättel-Mink 2006: 69). In einem solchen Verständnis erzeugt Unternehmergeist Innovationen und treibt damit Wirtschaftswachstum und sozialen Wandel voran. Allerdings bleibt der weitere Zusammenhang zwischen Innovationstätigkeit und den Mechanismen marktwirtschaftlicher Verbreitung der Innovationen bei Schumpeter ungeklärt. Die Nachfrage nach und das Scheitern von Innovationen sind kein Thema (Blättel-Mink 2006: 76). Trotz ihrer ökonomischen Verankerung ist Schumpeters Definition offen gehalten und vielfältig anwendbar: Innovation betrifft nicht nur technische Artefakte oder neue Konsumgüter, sondern bezieht auch Produktionsprozesse und damit Veränderungen in Institutionen und Organisationen sowie im Verhalten mit ein. Ausserdem ist es Schumpeters Verdienst, durch den schöpferischen Unternehmer einen Akteur in den Prozess der wirtschaftlichen Entwicklung einzuführen. Den reinen Unternehmer unterscheidet Schumpeter anhand seiner wirtschaftsfremden Motive wie Kampf- und Siegeswille oder Freude am Gestalten vom rein wirtschaftlich Handelnden (Schumpeter 1912: 138f).

Die Kritik an dieser Konzeption des Entrepreneurs als Einzelfigur führt Edquist im Nachgang zu Schumpeter dazu, in komplexen Prozessen ein wesentliches Charakteristikum von Innovation zu sehen: „Innovations are new creations of economic significance. They may be brand new but are more often new combinations of existing elements. Innovations may be of various kinds (e.g. technological and organizational). The processes through technological innovations emerge are extremely complex; they have to do with the emergence and diffusion of knowledge elements (i.e. with scientific and technological possibilities), as well as the 'translation' of these into new products and production processes." (Edquist 1997: 3) Die Grundlage für Innovationen bildet neues Wissen oder die neuartige Kombination bestehenden Wissens sowie die Umformung von Wissen in ökonomisch signifikante Produkte und Prozesse. Edquist verweist in diesem Zusammenhang auf die Bedeutung von Lernen und Forschen, aber auch auf Lernprozesse, die in alltägliche Erfahrungen und Aktivitäten eingebettet sind (learning-by-doing, learning-by-using, learning-by-interacting) (ebd.: 18). Edquists Definition zeigt eine hohe Sensibilität für die Komplexität von Innovationsprozessen. Sie ist in einem ökonomischen Ansatz verortet, dessen Interesse Innovationssystemen auf unterschiedlichen sozialen Ebenen (Organisation, Sektor, Region, Nation) gilt. Den Hintergrund für diese Ausrichtung bildet die Beobachtung, dass unternehmerische Kompetenzen, organisatorische Formen und Performanz je nach Nationalökonomie oder Sektor erheblich variieren. Bezeichnend ist, dass die Definition den Aspekten von Interaktion und Lernen eine grosse Bedeutung beimisst. Der ökonomische Stellenwert von Innovationen dagegen ist sehr offen gefasst, was vielfältige Anschlussmöglichkeiten eröffnet, die neben einem unternehmerischen Markterfolg ebenfalls den volkswirtschaftlichen Nutzen einer Innovation umfassen.

Stellvertretend für eine anthropologische Ausrichtung steht Popitz, der in einem historischen Überblick einen Innovationsbegriff entwickelt, welcher sich an den technischen Neuerungen orientiert, die jeweils die Weichen für eine neue Epoche der Menschheitsgeschichte gestellt haben. Im Zentrum steht die These, dass die Co-Evolution von Technik und Gesellschaft sieben technologischen Neuerungen geschuldet ist: Dem Werkzeug, der Agrikultur, der Feuerbearbeitung, dem Städtebau, der Maschine, der Chemie und der Elektrizität. Neuere technische Entwicklungen von hoher Bedeutung wie die mikroelektronische Informationsverarbeitung oder die Kerntechnologien klammert Popitz bewusst aus, da sie sich noch nicht überblicken lassen und ihre Folgeprobleme den Bezugsrahmen der Technikgeschichte überschreiten (Popitz 1995: 13–18). Innovationen sind im Verständnis von Popitz fundamentale Technologien, die die gesamte Logik des Produzierens von der gedanklichen Grundlage über Mittel und Methoden bis hin zum Typus des hergestellten Artefakts umfassen. „Jede dieser Technologien beruht auf einer neuen Idee des Herstellen-Könnens, der Entdeckung einer prinzipiell neuen Möglichkeit der Umwandlung des Gegebenen in Verwendbares. Es wird nicht nur etwas Neues gemacht, es wird eine neue Ebene der Machbarkeit erschlossen. Es entsteht ein neuer Modus technischen Handelns." (ebd.: 13) Popitz betont in seiner Lesart von Innovation die Verschränkung technischer, sozialer und wirtschaftlicher Entwicklungsschritte. Weiter hebt er hervor, dass Innovationen durch den ihnen innewohnenden qualitativen Sprung nicht nur dem bisher Bekannten etwas hinzufügen, sondern dieses transzendieren, indem sie eine neue Möglichkeitsebene erschliessen.

Auch der Soziologe Aderhold entfernt sich in seiner Definition von Innovation von der Beschreibung des eigentlichen Innovationsgegenstands. Er stellt die Attribuierung von Innovationen in den Mittelpunkt: „Innovation ist das Ergebnis eines sozialen Urteils, das erst a posteriori gefällt werden kann." (Aderhold 2005: 31) Ihm gelten Innovationen aus einer systemtheoretischen Sicht als Abweichungen vom Strukturprinzip; sie sind weniger als einzelne Gegenstände oder Prozesse zu verstehen denn als Strukturveränderungen, die die Gesamtgesellschaft oder ihre Teilsysteme (Wirtschaft, Politik, Recht usw.) auf nachhaltige Weise verändern (Aderhold 2005: 26). Zum Verständnis von Innovation ist das Augenmerk folglich weniger auf die Idee und das Wesen einer Neuerung zu richten als auf den individuellen und gesellschaftlichen Umgang mit Abweichung und Neuerung. Dazu ist es notwendig, relevante Erwartungsstrukturen und kommunikativ strukturierte Beobach-tungsprozesse zu beschreiben, an denen individuelle und kollektive Akteure beteiligt sind (ebd.: 25). Für Aderhold besteht dadurch ein wechselseitiges Bedingungsverhältnis zwischen Innovation und Gesellschaft. Er kritisiert, dass moderne Gesellschaftstheorien diese Entwicklungsdynamiken zu wenig durchdringen bzw. sozialwissenschaftliche Beiträge zum Thema Innovation gesellschaftstheoretisch dürftig abgestützt sind. Aderhold betrachtet es als wesentliche Aufgabe der Innovationsforschung, den unterschiedlichen Umgang mit Abweichung und Innovation in den einzelnen gesellschaftlichen Funktionssystemen zu untersuchen, ohne dabei zu vernachlässigen, dass viele Aspekte in und von den jeweiligen Funktionssystemen selbst geregelt werden.

Neueren Datums ist die Definition von Innovation, die Grasshoff in der Einleitung eines 2008 erschienen Sammelbandes zu Innovationskultur vorlegt. Aufgrund der thematischen Breite der Beiträge, soll der Begriff Innovation „auf einen insgesamt erfolgreichen Prozess bezogen werden, der von einer technologisch-wissenschaftlichen Entwicklung ausgehend bis zu einer erfolgreichen Vermarktung eines daraus abgeleiteten Produkts führt" (Grasshoff 2008: 13). Grasshoff vertritt ein Drei-Phasen-Modell von Innovation, in welchem der Grundlagenforschung die Rolle der Wissensproduktion zukommt. In der anschliessenden Technologieentwicklung wird dieses Wissen ausgerichtet an Markterfordernissen verwendet. Das Ergebnis – in diesem Falle neuartige Technologien – muss schliesslich den Durchbruch zu einer breiten Anwendung finden (Phase der Marktentwicklung) (ebd.: 16–19). In dieser klar linearen Ausrichtung verdeutlicht die im Schnittfeld von Wissenschaft und Wirtschaft angesiedelte Definition, dass die Grundlegung von Innovationen durch den Zuwachs an (wissenschaftlichem) Wissen erfolgt.

Über die Unterschiedlichkeit der in den Wirtschaftswissenschaften und anderen sozialwissenschaftlichen Disziplinen postulierten Definitionen von Innovation hinweg kristallisiert sich zweierlei heraus: Erstens die Unterscheidung zwischen Innovation als lineares Geschehen, das als Prozess[3] oder als Resultat dieses Prozesses (Grasshoff 2008: 15; Wendt 2005: 14–18; Zerfass 2005: 20), zu beschreiben ist, und Innovation als soziales Geschehen (Aderhold 2005; Vordank 2005; Kehrbaum 2009). Verbreitet ist bei der Betrachtung von Innovation als Prozess, diesen analytisch in Phasen der Entstehung, Entwicklung, Implementierung und Verbreitung zu gliedern (Kaudela-Baum et al. 2008: 13). Auf theoretischer Ebene setzt sich jedoch zunehmend eine Perspektive durch, die von einer linearen Modellierung dieser Phasen absieht und von einem komplexen iterativen Prozess ausgeht, der sich „an der Rekursivität von Innovationsentscheidungen und innovativem Handeln sowie an der Reziprozität von

3 Dieser ist nicht gleichzusetzen mit Prozessinnovation, die den Prozess als Gegenstand erneuert.

Innovation, innovierender Organisation und dem individuellen, innovativen Handeln als Transporteur des Neuen" orientiert (Vordank 2005: 33f). Jenseits der Systematisierung unterschiedlicher Innovationsgegenstände als Produktinnovation oder Prozessinnovation, als technische oder organisationale Innovationen usw. zeigt sich zweitens, dass die unterschiedlichen Auffassungen und Definitionsversuche von Innovation sich um einen Kern wesentlicher Merkmale gruppieren, auf die im folgenden Kapitel eingegangen wird.

2.3 Disziplinübergreifende Merkmale von Innovation

Unabhängig von ihrer disziplinären Verortung weisen Konzeptionen und Definitionen von Innovation die nachstehenden gemeinsamen bzw. wiederkehrenden Merkmale auf: Neuheit, Neuartigkeit, Unsicherheit, Erzeugungsgeschehen, Relativität und Plastizität. In welcher Weise diese Merkmale den Kern von Innovation fassen, wird im Folgenden näher ausgeführt.

Neuheit

Ein zentrales Merkmal von Innovationen ist deren Neuheit. Damit ist in erster Linie ein zeitlicher Aspekt der Erstmaligkeit gemeint, der die fliessende Bewegung von Vergangenheit, Gegenwart und Zukunft fassbar macht: Etwas vorher nicht Bekanntes wird gedacht oder getan, so dass nun ist, was zuvor nicht war (Nowotny 1997: 33; Zerfass 2005: 20). Verwiesen wird damit in zweiter Linie auf die reale Existenz eines Artefakts, dem im Weiteren Bedeutung und Sinn attribuiert werden kann. Grundlegend für eine Innovation ist also, dass etwas Neues in die Welt tritt. Für das Entstehen einer Innovation ist insofern bedeutsam, dass Wissen Gestalt annimmt und zu einem signifikanten materiellen oder immateriellen Produkt umgeformt wird. Bezüglich des Neuheitsgrades wird zwischen radikaler Basisinnovation und inkrementeller Verbesserungsinnovation unterschieden, wobei erstere auf eine Zäsur zwischen Vergangenheit und

Gegenwart hinweist, letztere hingegen auf Kontinuität. Verdeutlichen lässt sich diese Unterscheidung am Beispiel des Rads, dessen Erfindung eine radikale Innovation darstellt, während seine weitere Verbesserung hinsichtlich Material, Nabe, Speichen oder Reifen als inkrementelle Innovationen zu beschreiben sind (Kaudela-Baum et al. 2008: 9f). Im Hinblick auf das später noch auszuführende Merkmal der Relativität ist im Zusammenhang mit Neuheit anzufügen, dass sich diese mit Bezug auf einen bestimmten Kontext zeigt, woraus sich der Gegensatz zwischen der absoluten Neuheit (zum ersten Mal in der Welt) und der relativen Neuheit (neu für das entsprechende System) ergibt (Blättel-Mink 2006: 30).

Neuartigkeit, Erwartungswidrigkeit

Die Neuheit einer Innovation erschöpft sich nicht in der Tatsache, dass sie zu einem früheren Zeitpunkt noch nicht da war. Bei Innovationen geht es nicht nur um Neues, sondern im Wesentlichen um Neuartiges, dem angesichts seiner Erwartungswidrigkeit und des vollzogenen qualitativen Sprungs immer auch ein Überraschungsmoment eigen ist (Aderhold 2009: 167). Innovationen sind somit zwar anschlussfähig an Bekanntes – erst dies lässt die Bewertung als innovativ zu – und passen demnach in einen gegebenen Rahmen; gleichzeitig transzendieren sie diesen in ihrer Radikalität. „Innovation bricht mit der Vergangenheit, indem sie sie fortsetzt, und setzt sie fort, indem sie den Gang der Dinge unterbricht" (Waldenfels 1991b: 96). Als Grenzgänge zwischen Bekanntem und Unbekanntem lassen Innovationen auch Rückschlüsse auf vorhergehende Grenzziehungen und Erwartungshorizonte zu (Briken 2006: 1), denn die Erwartungswidrigkeit des Neuartigen wird aufgrund von Erfahrungen innerhalb eines bestimmten Orientierungsrahmens beurteilt. Innovation kann deshalb als „kontrainduktiver Entscheidungsprozess" (Aderhold 2005: 24) verstanden werden, dessen Resultat eine andere als die erwartete oder erwartbare Entscheidung ist. Ähnlich fasst es Ibert: „Innovation heisst demnach Handeln im Widerspruch zu zeitgebundenen gesellschaftlichen Erwartungen. Trotz dieses Regelbruchs stellt sich Innovation in der sozialen Praxis als ausserordentlich funktionstüchtig heraus" (Ibert 2004a: 21). Dies wird im Wesentlichen darauf zurückgeführt, dass Innovationen nicht nur neuartige Antworten auf gesellschaftliche Herausforderungen darstellen, sondern dass ihnen Fragen zugrunde liegen, die in ebenso neuartiger Weise gestellt werden (Waldenfels 1991: 96). An dieser Stelle öffnet sich die Perspektive auf eine personale Ebene und damit auf Arbeiten zu Kreativität (z.B. Boden 1994), die ebenfalls auf die Bedeutung konzeptueller Räume hinweisen, die es maximal zu explorieren und zu transformieren gilt.

Relativität

Innovation lässt sich infolge ihrer Neuartigkeit nur im Vergleich als solche erkennen. Dieser Vergleich basiert zugleich auf der Ähnlichkeit wie auch auf der Differenz und Andersartigkeit des betrachteten Objektes zum Vorangegangenen. Innovationen sind also anschlussfähig an Bekanntes und können lediglich als solche erkannt werden, wenn sie vergleichbar sind (Briken 2006: 26). Während sich der Vergleich auf bestehende Kategorien bezieht, wird gleichzeitig die als Folie verwendete Ordnung durch die Innovation verändert (Wetzel 2005: 114).[4] Ein Paradox der Innovation liegt darin, „dass sie etwas voraussetzt, das sie erneuert" (Waldenfels 1991b: 96) und gleichzeitig das Potential besitzt, den Lauf der Dinge zu verändern. Diese Gemengelage führt dazu, dass die Attribute ‚Innovation' oder ‚innovativ' das Resultat eines Vergleichs sind. Bedingung ist, dass das Neue als solches wahrgenommen und als Verbesserung gegenüber dem Bestehenden anerkannt wird (Braun-Thürmann 2005: 6; Briken 2006: 27). Diese Erkenntnis – so Baitsch (2000) – erfolgt durch eine vom generierenden System unabhängige Instanz. Gillwald schliesst hier mit der Frage an, ob die Bezeichnung als Innovation an objektivierbare Dimensionen, Indikatoren und Schwellenwerte geknüpft ist, oder ob vielmehr die Beteiligten mit ihren jeweiligen Moti-

4 Wetzel zeigt exemplarisch auf, wie die Erfindung der Integrationsfirma den Diskurs über Behinderung reformiert hat.

ven und Interessen für die Attribuierung massgebend sind (Gillwald 2000: 10–13). Relativität bedeutet in diesem Zusammenhang, dass Innovation nicht nur ihrem Wesen nach als solche zu bestimmen ist, sondern auch ein Produkt sozialer Aushandlungsprozesse darstellt und dadurch in einen räumlich-zeitlichen Kontext eingebettet ist (Aderhold 2005: 25; Hauschildt 2004: 22f; Tuomi 2002: 13). „The characteristics of the innovation vary with the specific structures of the respective systems" (Aderhold 2009: 164). Ob das Vorliegen einer Innovation ausschliesslich ex post auszumachen oder ob in Kenntnis des Bestehenden bereits eine Bewertung von Innovationspotential möglich ist, darüber gehen die Meinungen auseinander. Erstere Position vertritt Wendt (2005: 14). Für letztere schlägt Ibert folgende Indikatoren vor: Kreative Problemdefinition, Widerstände gegen die Infragestellung des Bewährten, Sonderbedingungen aufgrund unbekannter Grössen (Ibert 2004b: 102; Wendt 2005: 14). Kontrovers diskutiert wird ebenfalls die Frage, ob eine Innovation sich über die Zeit zu bewähren hat (z.B. anhand ihrer Wirksamkeit oder ihrer Verbreitung) oder ob das blosse Vorliegen einer Idee bereits eine Innovation darstellt. Durchgesetzt hat sich hierzu die Ansicht, dass Innovationen zum einen die Umsetzung einer Idee darstellen und zum anderen darüber hinaus zudem einen Nutzen erzeugen. Beide Aspekte fasst Wendt als Erfolg: „Scheitert eine Neuerung bei ihrer Einführung und erweist sie sich als nicht fruchtbar, spricht man nicht von Innovation. Sie ist an ihren Erfolg gebunden." (Wendt 2005: 14)

Unsicherheit

Mit dem schöpferischen aber auch zerstörerischen Veränderungspotential von Innovationen, mit dem Schritt hin zum Möglichkeitsraum jenseits des Bekannten sowie mit der grundsätzlich offenen Ausgangslage im Hinblick auf den Erfolg des Unterfangens, ist stets Unsicherheit verbunden (Aderhold 2009: 188; Bechmann/Grunwald 1998: 5; Zerfass 2005: 29). Das „Risiko des Scheiterns" (Bechmann/Grunwald 1998: 8; Ibert 2004a: 39) bedingt eine beträchtliche Offenheit und die Inkaufnahme von Fehlern als Voraussetzung für Innovation. Neben dieser Unsicherheit des Gelingens, bergen Innovationen auch Unsicherheiten hinsichtlich ihrer Folgen, denn obwohl Innovationen grundsätzlich als Verbesserungen angesehen werden, ist der weitere Verlauf oft nur teilweise einschätzbar. Deshalb sind mit dieser Unsicherheit Fragen der Verantwortlichkeit verknüpft, die den mit der positiven Konnotation von Innovation verbundenen Optimismus einschränken (Bechmann/Grunwald 1998: 8): Welche (nicht intendierten) Folgen zeitigt eine Innovation? Welche unvorhersehbaren Nebeneffekte treten auf? Welche Risiken bringt sie mit sich? Welche weiteren Prozesse werden von ihr in Gang gesetzt? Diese Aspekte des Unbekannten können in die Forderung nach sogenannten Risikoabschätzungen münden (Sedmak 2008: 105) und die Anwendung bzw. breite Umsetzung von Innovationen behindern, indem Unsicherheit in Zurückhaltung, Skepsis, Ängsten und/oder Ablehnung endet (Zerfass 2005: 28).

Plastizität

Innovation ist das Resultat eines Erzeugungsgeschehens, das Sachverhalte von neuer Qualität hervorbringt (Gillwald 2000: 31; Gutmann/Weingarten 1998: 5; Ibert 2004a). Hinsichtlich der Intentionalität dieser Erzeugung finden sich zwei grundlegend unterschiedliche Auffassungen: Innovation gilt aus systemtheoretischer Sicht als „evolutionäre Errungenschaft" (John 2002: 18), die sich in einem Selektionsprozess bewährt und gegen Altes durchsetzt. Aus einer handlungstheoretischen Perspektive gilt Innovation als bewusst herbeigeführtes bzw. herbeiführbares Produkt menschlichen Handelns, das an bestimmte soziale Bedingungen gekoppelt ist (Gutmann/Weingarten 1998). In beiden Fällen tritt allerdings etwas Neues „in die Welt bzw. in das System" (Blättel-Mink 2006: 30) ein. Entweder indem ein einzelner Akteur oder eine Gruppe dieses handelnd und Entscheidungen treffend erschaffen hat, oder weil es in einem rekursiven Prozess ohne teleologische Gerichtetheit quasi zufällig verursacht wurde und sich verfestigen konnte. Allerdings verändern sich Innovationen im Zuge ihrer Nutzung. Braun-Thürmann hält dazu fest, dass eine Innovation bei ihrer Implementierung selten identisch damit ist, wie sie anfänglich entworfen und intendiert wurde (Braun-Thürmann 2004: 4). Dies weil Innovationen einen Lernprozess veranlassen, der sich in einer suchenden Bewegung vorantastet. Zuweilen geht in diesem Prozess einiges vom Innovationsgehalt zugunsten der Umsetzbarkeit verloren (Wetzel 2005: 114). Erst Wechselwirkungen zwischen Kontext und Innovation führen zur Verankerung von Innovationen in einer praktikablen Form. In einer dekontextualisierten Entwicklung von Innovationen, das heisst in einer von der direkten Anwendung noch freigestellten Entwicklung, muss also bereits deren gelingende Rekontextualisierung bedacht werden. Innovationen können nur erfolgreich sein, wenn eine Einbettung in Verwendungskontexte gelingt (Sauer 1999: 17). Dies bedeutet auch, dass zwischen unterschiedlich ergiebigen Innovationsregimes je nach Feld und Phase unterschieden werden kann (Blättel-Mink 2006: 46). Angesprochen ist hiermit das Verhältnis von Erfindung und Innovation: Die Erfindung verweist auf den kognitiven Gehalt neuartiger Lösungen, während die Innovation die Umsetzung von Wissen im Fokus hat. Eine Erfindung ist zwar einzigartig, muss sich aber nicht zwingend in der Umsetzung bewähren. Oder wie Conger dies fasst: „Inventions are original creations. The same product can only be invented once. Innovations are taken from one situation and introduced into another.“ (Conger 2002: 53) Innovationen sind nicht zuletzt gebunden an die Akzeptanz der relevanten Personen und sollten verschiedene Voraussetzungen erfüllen: Sie bringen einen Vorteil oder Nutzen und sind gleichzeitig kompatibel mit Wertvorstellungen sowie Erfahrungen; sie sind verständlich und praktikabel, können in Versuchen geprüft werden und erweisen sich dabei erkennbar als Erfolg (Rogers 2003).

2.4 Kritik am Innovationskonzept

Um die allgemeinen Ausführungen zu Innovation abzuschliessen, werden hier diejenigen Punkte zusammengefasst, die den Tenor der Einwände gegen Innovation als Konzept ausmachen. Im Vordergrund stehen dabei der Konnex zwischen gesellschaftlichen Bedingungen und wissenschaftlichem Diskurs sowie die dem Innovationskonzept inhärenten Paradoxien.

Mit Innovation ist in der öffentlichen und zuweilen auch in der wissenschaftlichen Diskussion oft eine normative Setzung (Innovationen als Optimierung) oder sogar ein Imperativ verbunden, was kritisch zu betrachten ist (Braun-Thürmann 2004: 7, Suchman/Bishop 2000: 327, Ortmann 1999: 259). Denn das Neue und Neuartige ist nicht zwangsläufig das Bessere, und es gilt zu prüfen, welches seine Vor- und Nachteile sind. Ohne diese kritische Prüfung wird Innovation „zum universalen Attribut mit einer legitimatorischen Funktion, weil offen bleiben kann, was mit dem Attribut 'innovativ' gemeint ist, man benötigt keine weitere Begründung. Unklar kann auch bleiben, für wen etwas innovativ ist und auch in welcher Hinsicht und vor allem, was hierdurch möglicherweise verloren geht“ (Aderhold/John 2006b: o.S.). Am selben Punkt setzt auch die Kritik von Suchman/Bishop an, die eine permanente Innovation nicht als wünschbar erachten, sondern vielmehr für die Suche nach bleibendem Wert und Nachhaltigkeit plädieren (Suchman/Bishop 2000: 332), was ein verbindliches Engagement für langfristige Veränderungen bedingt und damit zeit- und kostenintensiv ist. Thematisiert wird hiermit eine unterkomplexe neophile Semantik der Verwertbarkeit von Wissen, die mit dem Innovationskonzept in Verbindung gebracht wird bzw. der man sich mit dessen Verwendung aussetzt (Willke 2002: 67). Mit der theoretischen Unschärfe vorhandener Innovationskonzepte kann zudem in Verbindung gebracht werden, dass in der gesellschaftstheoretisch ausgerichteten Reflexion der Innovationsthematik das Verhältnis von Gesellschaft, Staat, Wirtschaft und Technik eher unspezifisch problematisiert wird, was einer rein metaphorischen Verwendung des Innovationsbegriffes Vorschub leistet. Kritische Beiträge betonen, wie fragil die Balance zwischen Neuerungen und Verbesserungen im Interesse des Gemeinwohls und den als Innovation etikettierten Rationalisierungen unter den Bedingungen des sozialstaatlichen Strukturwandels ist (Bode 2005; Wetzel 2005).

Es stellen sich im Zusammenhang mit Innovation auch Fragen nach Dynamik und Tempo: Die schnelle Abfolge immer neuer Innovationen zieht diesen den ‚Boden unter den Füssen' weg, denn mit der Menge des Neuen pro Zeiteinheit nimmt dessen Neuigkeitswert rapide ab (Bechmann/Grunwald 1998: 5). Der gesellschaftlich verankerte Vorzug für Neues steht in den Augen von Bechmann/Grunwald in enger Verbindung mit Fortschrittsglauben und einer latenten Abwertung des Bestehenden. Angesichts der kritisierten unvoreingenommenen Präferenz für Neues stellt sich, in Anlehnung an Schumpeter, sodann die dringliche Frage nach der gesellschaftlichen Offenheit für den mit Innovation einhergehenden Akt schöpferischer Zerstörung: Wie steht es um die Fähigkeit und Bereitschaft, Bekanntes in Frage zu stellen und Neues aufzunehmen bzw. einzusetzen?

Das Innovationskonzept weist – dies ist ein weiterer Kritikpunkt – nach wie vor eine stark technisch-wirtschaftliche Ausrichtung auf (u.a. Braun-Thürmann 2005, Roth 2009), für die nicht zuletzt auch die Sozialwissenschaften und ihre enge thematische Ausrichtung in der Bearbeitung des Themas verantwortlich gemacht werden (u.a. Aderhold/John 2006a). Dies hat zur Folge, dass mit der Verwendung des Innovationsbegriffs teilweise noch immer die gleichzeitige Übernahme einer ökonomischen Logik assoziiert wird, und dass kritische Beiträge betonen, wie fragil die Balance zwischen Neuerungen und Verbesserungen im Interesse des Gemeinwohls und den als Innovation etikettierten Rationalisierungen unter den Bedingungen eines neoliberalen Strukturwandels ist (Bode 2005; Wetzel 2005). Obwohl seit den 1980er Jahren eine Erweiterung der Fragestellungen erfolgte (z.B. auf den prozessualen Aspekt von Innovationen oder die kritische Analyse sozialer Folgen von technischen Innovationen) und erste Schritte dazu gemacht wurden, soziale Innovation als theoretische Kategorie zu etablieren (Gillwald 2000; Zapf 1989), ist es bis heute weder gelungen, diese Assoziation gänzlich zu entkräften, noch ein breites Verständnis von Innovation zu etablieren. Dies zeigt sich eindrücklich an der weithin als Definition von Innovation referenzierten Formulierung der OECD im sogenannten *Oslo Manual*: „An innovation is the implementation of a new or significantly improved product (good or service), or process, a new marketing method, or an new organisational method in business practices, workplace organisation or external relations" (Organisation for economic co-operation and development OECD/Eurostat 2005: 46). Ferner wird von der OECD präzisiert, dass sich die Neuheit minimal auf die Firma beziehen muss und dass mit der Implementierung die Einführung auf dem Markt gemeint ist (ebd.: 46f).

Ein weiterer Kritikpunkt im Zusammenhang mit Innovation ist das ungeklärte Verhältnis zwischen Individuum und Kollektiv. Im Zentrum steht die Frage, ob individuelle Kreativität (z.B. Nowotny 1997; Röpke 1977) oder soziale Prozesse (z.B. Ortmann 1999: 252; Schaffer 1994: 18; Svetlova 2008) für die Entstehung von Innovation höher zu bewerten sind. Die Antwort auf diese Frage hat Auswirkungen auf den Zuschnitt der empirischen Herangehensweise an Innovation. Geht es primär um individualpsychologische Prozesse schöpferischen Denkens oder um das Zusammenspiel vielfältiger Faktoren und Entscheidungen in einem bestimmten sozialen Kontext? Oder geht es um die akkurate Verbindung individueller und sozialer Faktoren? Bezeichnenderweise haben die beiden Theorie- und Forschungsstränge zu Kreativität und zu Innovation bisher kaum aufeinander Bezug genommen (Mumford/Moertl 2003: 261; Sonnenburg 2007: 189). Dies obwohl ein ebenso einfacher wie annehmbarer Vorschlag zur Vermittlung der beiden Aspekte vorliegt: Sowohl die Sichtweisen von Wissensproduzenten und Entscheidungsträgern wie auch der Verlauf des Innovationsprozesses sollen erfasst und analysiert werden, da individuelle Produktivität in einem organisatorischen Rahmen zu verorten ist bzw. ein Innovationsprozess stets von Menschen getragen wird (Schaffer 1994: 33). Neuere Untersuchungen bestätigen dieses komplexe Zusammenspiel sozialer und personaler Einflussfaktoren in Innovationsprozessen (Beelitz/Schulz 2000), so dass rationalistisches Konzept von Innovation und Innovationsmanagement theoretisch wenig überzeugend und praktisch wohl zum Scheitern verurteilt ist (Kaudela-Baum et al. 2008: 16).

2.5 Soziale Innovationen

Dass dem Begriff Innovation ein Adjektiv vorangestellt wird, birgt den grundsätzlichen Hinweis auf verschiedene mögliche Felder oder gar Arten der Innovation. ‚Sozial' verweist auf den Bezug von Innovationen zu den Bedingungen menschlichen Zusammenlebens. Es ist die „wertneutrale Bezeichnung für prozesshafte zwischenmenschliche Beziehungen, für wechselseitig orientiertes Handeln und für Gebilde, die aus relativ dauerhaften zwischenmenschlichen Beziehungen hervorgehen" (Hillmann 2007: 797).

Es scheint naheliegend, Erkenntnisse zu sozialen Innovationen in den Sozialwissenschaften zu suchen. Die sozialwissenschaftliche Auseinandersetzung mit Innovation hat bisher freilich nur in beschränktem Mass ein Gegengewicht zur technologischen und ökonomischen Prägung des Begriffs geschaffen. Die Thematisierung von Innovation durch die Sozialwissenschaften bleibt im Wesentlichen auf vier Diskussionsstränge beschränkt, die entweder das Soziale als Bedingung technischer Innovation betrachten (z.B. Heidenreich 1997), Management und Kommunikation von Innovationen fokussieren (z.B. Mast/Zerfass 2005), die soziale Einbettung von Innovationsprozessen in Organisationen beleuchten (z.B. Blättel-Mink 2006: 193–201) oder soziale Folgen der Techniknutzung untersuchen (z.B. Sauer/Lang 1999). Gesellschaftstheoretisch fundierte Analysen, wie Aderhold sie beispielsweise fordert (siehe Kapitel 2.2), bleiben weitgehend aus.

Die folgenden Ausführungen dienen dazu, das Konzept sozialer Innovation zu umreissen, so weit als möglich zu klären und die Positionen unterschiedlicher Autorinnen und Autoren darzulegen. Sie bilden die Basis zur Prüfung der Frage, was der Bezug zwischen Innovation in der Sozialen Arbeit und sozialer Innovation ist oder sein kann.

Ohne die systematische Abarbeitung am Konzept vorwegzunehmen, seien hier vorab zur Verdeutlichung drei Beispiele genannt, die in der Literatur als soziale Innovation Erwähnung finden, und die auf verschiedenen gesellschaftlichen Ebenen angesiedelt sind. Für sie alle gilt, was treffend und kurz zusammengefasst im elektronischen Nachschlagewerk *Wikipedia* als soziale Innovation beschrieben ist: Soziale Innovation bezieht sich auf Strategien, Konzepte, Ideen und Organisationen, die sozialen Bedürfnissen aller Art begegnen, sei es im Bereich von Arbeitsbedingungen, von Erziehung, von Gesundheit oder Gemeinwesenentwicklung, und damit die (zivile) Gesellschaft stärken (en.wikipedia.org/wiki/Social_innovation).

So beschreibt Rosenbrock den *Public Health Ansatz* als soziale Innovation auf der Makroebene und streicht dabei die neue Form des gesellschaftlichen Managements von Gesundheitsrisiken hervor. Er nennt dabei verschiedene Ebenen der Differenz zwischen herkömmlichem Umgang mit Gesundheitsproblemen und dem innovativen *Public Health Ansatz*: Problemdefinition, Risiko- und Ressourcenkonzept, Ätiologiemodell und damit verbunden ebenfalls eine andere Interventionslogik, die eine zielgruppen- und lebensweltspezifische Aktivierung und Mobilisierung (*Enabling* und *Empowerment*) in den Vordergrund stellt (Gillwald 2000: 19; Rosenbrock 1995). Soziale Innovation bedeutet in diesem Sinne auch die Veränderung gesellschaftlicher Prioritäten und Normen sowie ein Ersetzen herkömmlicher Handlungsabläufe in den Institutionen durch neue bzw. andere Steuerungsinstrumente, andere professionelle Zuständigkeiten oder gar andere Steuerungsbereiche (Rosenbrock 1995: 143).

Als Beispiel von sozialer Innovation auf sozialer Mesoebene sei auf Ibert verwiesen, der sich über die Beschreibung des *Wohnbauprojektes Habitat* (Ibert 2004b) dem Thema der Innovationserzeugung durch Instanzen öffentlich-rechtlicher Planung widmet (z.B. Quartierentwicklung zur Vermeidung von Segregationsprozessen, Integration von Migrantinnen und Migranten, Stadtentwicklung unter dem Vorzeichen ökonomischer und demographischer Schrumpfung). Bei *Habitat* handelt es sich um eine Wohnanlage in Hannover, die als dezentrales Projekt an der Weltausstellung 2000 präsentiert wurde und die Integration von Migrantinnen und Migranten über eine multikulturelle Nachbarschaft fördert. Geeignete Bauformen, halböffentliche Räume und attraktive Grünflächen bilden den baulichen Rahmen, und eine handverlesene Bewohnerschaft unterschiedlicher kultureller Herkunft stellt die soziale Komponente dar. Ibert erachtet das Modellprojekt als gelungen, macht sich aber Gedanken zur Realisierung von Folgeprojekten unter weniger ausseralltäglichen Bedingungen (Ibert 2004b: 109).

Soziale Innovation auf gesellschaftlicher Mikroebene sei hier am Beispiel eines neuartigen Angebots illustriert: Jaeckel (2003) hebt den Innovationsgehalt von *Elternzentren* hervor, die als forschungsinitiierte Innovation zu bezeichnen sind. Die Elternarbeitsstudie des Deutschen Jugendinstituts eruierte, dass viele institutionelle Angebote der Elternarbeit ihre Zielgruppe nicht erreichen, weil die Beratung durch Professionelle und eine für die Teilnehmenden anmeldepflichtige Durchführung im Kurssystem den Zugang erschweren. Auf diesen Erkenntnissen basierend wurde das Konzept der Mütter- oder Elternzentren entwickelt, das verschiedene innovative Aspekte aufweist: Es orientiert sich an Selbsthilfe statt an Beratung durch Professionelle und ermöglicht damit informelles Lernen unter Gleichgestellten in einem offenen Rahmen. Dies führt zu niederschwelligen und kostengünstigen Angeboten (ebd.: 51). Auf gesellschaftlicher Ebene werden Kinder vermehrt als Teil der Öffentlichkeit wahrgenommen. Und schliesslich können Eltern den Kompetenzgewinn aus ihrem Engagement in kommunale Entscheidungsprozesse einbringen. Elternzentren verbreiteten sich in Deutschland bundesweit und wurden auch in anderen Ländern umgesetzt; die Autorin geht weltweit von mehr als 750 solchen Zentren aus. Weitere institutionelle Veränderungen und die Weiterentwicklung des Konzepts (Öffnung zum Stadtteil hin, Kooperation mit professionellen Einrichtungen, Integration weiterer Zielgruppen) machen Elternzentren zu nachhaltigen Einrichtungen.

2.6 Soziale Innovation als wissenschaftliches Konzept

Die Traditionslinie der wissenschaftlichen Auseinandersetzung mit sozialer Innovation geht zurück auf Ogburn und seine Theorie des sozialen Wandels aus dem Jahre 1923 (Braun-Thürmann 2005: 18), deren Ziel die Erklärung kultureller Entwicklungsunterschiede von Gesellschaften ist. Ogburn unterscheidet zwei komplementäre Elemente, die den gesellschaftlichen Wandel bestimmen: Zum einen die materielle Kultur, die auch technologische Produkte umfasst und zum anderen die nicht-materielle Kultur der Praktiken, Lebensweisen und Regeln. Ogburn beschreibt den Ausgangspunkt sozialen Wandels als Anpassungsdefizit der beiden Kulturen (*cultural lag*): „Zwischen der sich schneller entwickelnden materiellen und der vergleichsweise ‚trägen' immateriellen Kultur klafft eine Lücke, weil beide Kulturen aufgrund der unterschiedlichen Entwicklungsgeschwindigkeiten nicht mehr aufeinander abgestimmt sind." (ebd.: 19) Brooks verfeinert diese Trennung, indem er sozio-technische Innovationen (z.B. die Infrastruktur für motorisierten Privatverkehr) hinzufügt und bei den sozialen Innovationen zwischen Marktinnovationen (z.B. Leasing), Managementinnovationen (z.B. neue Arbeitszeitmodelle), politischen Innovationen (z.B Gipfeltreffen) und institutionellen Innovationen (z.B. Selbsthilfegruppen) differenziert (Zapf 1989: 177).

Auf Ogburn und Brooks folgte eine längere Phase ohne neue Beiträge zum Thema, und so galt der Primat technischer Neuerungen gegenüber sozialen Entwicklungen lange Zeit als gegeben. „Verschiedene Forschungsrichtungen zum sozialen Wandel kritisierten diese Sichtweise ohne jedoch den Begriff der Innovation dabei neu zu definieren." (John 2002: 8) Der Gedanke der gesellschaftlichen Innovation ist allerdings in diejenigen Theorien des sozialen Wandels eingeflossen, die in den 1980er Jahren auf diese Konzepte zurückgegriffen haben. Zu nennen ist hier Polsby, der unterscheidet zwischen Reformen in den geordneten Bahnen offizieller Politik und Innovationen „als Anstrengungen eines Kollektivs, durch die Ausserkraftsetzung von Routinen einen sozialen Prozess in Gang zu bringen, der eine nachhaltige institutionelle Veränderung der Gesellschaft bewirkt" (Braun-Thürmann 2005: 20).

Im deutschen Sprachraum nimmt Zapf den Faden Ende der 1980er Jahre wieder auf und definiert soziale Innovationen als „neue Wege, Ziele zu erreichen, insbesondere neue Organisationsformen, neue Regulierungen, neue Lebensstile, die die Richtung des sozialen Wandels verändern, Probleme besser lösen als frühere Praktiken, und die deshalb wert sind, nachgeahmt und institutionalisiert zu werden" (Zapf 1989: 177). Ungenau bleibt Zapf hinsichtlich der normativen Vorstellung einer besseren Lösung. Als Optimierung ist denkbar, dass innovative Problemlösungen zielführender, nachhaltiger, kostengünstiger, bedürfnisgerechter und damit präziser oder schneller sind. Hervorzuheben sind an der Definition drei Punkte: Soziale Innovationen haben eine verändernde Wirkung auf einen umfassenden gesellschaftlichen Kontext; ihre dominierende Zieldimension ist die Lösung von Problemen und ihre Entstehung ist einem nicht institutionalisierten Rahmen zuzuordnen. Soziale Innovationen sind für Zapf, so seine Ergänzung in einem Nachsatz, hauptsächlich neue Organisationsformen, Regulierungen und Lebensstile, die als Voraussetzungen, Begleitumstände oder Folgen technischer Innovationen auftreten (ebd.). Durch Zapf wurde die Dominanz technischer Innovationen zwar aufgeweicht, dennoch bewegt er sich in einer Dichotomie von sozialer und technischer Innovation (John 2002: 9). Zapf ist der Ansicht, dass Angebots- und Nachfragefaktoren zeitgleich vorkommen: Schwierigkeiten, offensichtlich neue Möglichkeiten und der Druck politischer Forderungen können Suchprozesse in Gang bringen, die in Innovationen resultieren. Neben diesen definitorischen Aussagen fragt Zapf im Zusammenhang mit sozialer Innovation auch nach der Rolle der Sozialwissenschaften. Er sieht sie darin, Entscheidungshilfen zu bieten, Sozialtechnologien zu entwickeln und Ansätze zu einer allgemeinen Theorie der Innovation zu liefern (Zapf 1989: 182f).

Eine dezidiert andere Position zum Verhältnis von technischer und sozialer Innovation vertritt dagegen Braun-Thürmann. Er legt schlüssig dar, weshalb gesellschaftliche Innovationen nicht als kompensatorisches Pendant des naturwissenschaftlichen Wandels zu betrachten sind: Wie menschlichem Handeln in jeglichem Bereich eine soziale Bedeutung bzw. ein sozialer Sinn zukommt, so ist auch technisch-wirtschaftliches Handeln soziales Handeln. Jede Innovation weist soziale Komponenten auf, weil Akteure, Motive, Kontexte in Prozessen wechselseitiger Beeinflussung neue Gegebenheiten schaffen (Braun-Thürmann 2005: 29). Hinsichtlich gesellschaftlicher Innovationen schlägt Braun-Thürmann eine Zuordnung bezüglich der verschiedenen Ebenen sozialer Ordnungsbildung vor: Innovationen im Mikrobereich der Gesellschaft (z.B. Konkubinatspaare, Wohngemeinschaften), im Mesobereich des Sozialen (z.B. Jahresarbeitszeit, Car-Sharing-Modelle) und im gesellschaftlichen Makrobereich (z.B. Sozialversicherungen, Umweltbewegung, Einrichtung des internationalen Strafgerichtshofs) (ebd.: 21f). Die Vielschichtigkeit des Konzepts sozialer Innovation – so legen die Ausführungen von Braun-Thürmann nahe – bedingt eine genauere Bestimmung der Innovationsebene und eine adäquate theoretische Rahmung (z.B. Comeau/Duperré/Caillouette 2007: 369).

Mit einer konzisen Beschreibung sozialer Innovation schliessen Kraan et al. (1991) hier an. Die Autoren grenzen soziale Innovation von sozialem Wandel und sozialen Reformen ab. Gegenüber Ersterem, da sie klar intendiert ist, gegenüber Letzteren, weil soziale Innovation an unterschiedlichen Orten des Sozialen und damit im Gegensatz zu Reformen dezentralisiert erfolgt. Betont wird in diesem Zusammenhang, dass für die Initiierung von sozialen Innovationen eine bestimmte Menge lernender Akteure vorhanden sein muss (Kraan et al. 1991: 87). Dabei ist zwischen *bottom-up und top-down* Innovationen zu unterscheiden. Innovationen von unten stellen Bearbeitungsformen für ein bisher unerfülltes Bedürfnis dar, ohne dass dabei zwingend die Konsequenzen auf das gesamte bestehende Hilfesystem mit bedacht werden. Innovationen von oben suchen zumeist nach effizienteren Bearbeitungsformen für bereits erkannte Bedürfnisse und erproben diese in strukturierten Pilotprojekten. In beiden Fällen stellt sich die Frage nach dem Passungsverhältnis von strukturellen Bedingungen des Feldes und dem innovativen Projekt. Rigidität und Selektivität können dazu führen, dass sich Generalisierungen von Innovationen als nicht möglich erweisen (ebd.: 89). Im Übergang von innovativen Initiativen zu professionellen Konzepten gilt es deshalb, ein eigentliches Innovationsmanagement zur Anwendung zu bringen: „Finally, the question is then not just one of replicating the initial innovation, shaped by missing ressources, but to construct an innovative model which takes into account the needs and rights of those engaged, potentially neglected in the design of the first pioneering innovation." (ebd.: 90)

Ein im Vergleich zu dieser begrifflichen Bestimmung breiteres Verständnis von sozialer Innovation wird von Mumford und Moertl im Zusammenhang mit der Analyse zweier historischer Beispiele (Taylors

Managementansatz, Einführung eines einheitlichen Schuleignungstests in den USA) vertreten. Sie definieren soziale Innovationen als Generierung und Implementierung neuer Ideen über Menschen und deren Interaktion in sozialen Systemen, und sehen soziale Innovation als besondere Form der Kreativität, die zu neuen Institutionen, neuen Industrien, neuen Praxen und Politiken und speziell zu neuen Formen sozialer Interaktion führt (Mumford/Moertl 2003: 261). Innovation unterscheidet sich in ihren Augen von anderen Formen der Kreativität dadurch, dass die Entwicklung und Implementierung neuer Ideen eine grosse Zahl von Menschen erfasst. Dies bedingt auf Seiten der zentralen Akteure nicht nur visionäre Führerschaft sondern auch eine beträchtliche Überzeugungskraft, die „early adaptors" anzieht und zur Verbreitung der neuen Idee führt. Die Entwicklung sozialer Innovationen erfordert von den Innovatoren fundierte Expertise im entsprechenden System, gleichzeitig muss das bestehende Wissen ohne Rücksicht auf bestehende Verpflichtungen revidiert werden (ebd.: 265). Mumford/Moertl geben schliesslich zu bedenken, dass soziale Innovationen komplexe Geschehen über einen beträchtlichen Zeitraum hinweg darstellen, was ihre empirische Erfassung und die Identifikation ihres Ursprungs erschwert. Es erstaunt angesichts dieser Feststellung, dass die beiden Autoren ein personengebundenes Verständnis von sozialer Innovation vertreten.

Eine systematische Auseinandersetzung mit sozialer Innovation legt Gillwald vor. Dazu muss einschränkend erwähnt werden, dass Gillwald nicht immer klarmacht, ob sie sich auf spezifische Quellen zu sozialer Innovation bezieht, oder ob sie allgemeine theoretische Überlegungen zu Innovation auf soziale Innovation hin zuspitzt. Dennoch sind ihre Präzisierungen aufschlussreich, weil neben einer eigenen Definition von sozialer Innovation fünf Hauptstränge im wissenschaftlichen Diskurs zu sozialer Innovation herausgearbeitet und unterschieden werden. Diese Positionen sind mit den folgenden Schlagworten zu fassen: Soziale Innovation als gesellschaftliche Errungenschaft (Vertreter: Aregger 1976; Neuloh 1977; Zapf 1989), soziale Innovation als Krise (Vertreter: Deutsch 1985), soziale Innovation als Form gesellschaftlichen Handelns (Vertreter: Henderson 1993; McGrath 1985; Van de Ven 1988), soziale Innovation als

Phase und Phasenablauf (Vertreter: Rogers 2003; Rogers/Kim 1985) sowie soziale Innovation als Ergänzung zur technischen Innovation (Vertreter: Freeman 1996; Ogburn 1923). Während oben auf die Ansätze von Zapf und Ogburn bereits eingegangen wurde, sollen hier die drei anderen Positionen zusammenfassend referiert werden.

Soziale Innovation als Krise steht einerseits für den Übergang von gewohntem Verhalten zu neuen Handlungsweisen infolge des Aussetzens von Routinen und andererseits für das damit verbundene Potential an neuen Spannungen und Problemen. Soziale Innovation setzt ein, wo bestehende Praktiken sich nicht mehr bewähren und von neuen Verhaltensweisen und Handlungsabläufen abgelöst werden. Dies bedeutet nicht nur, dass Individuen sich neue Umgangsformen aneignen, sondern auch, dass diese sich auf übergeordneter sozialer Ebene verfestigen. „Innovation involves new behaviour, new habits, new interlocking expectations which we call roles in social theory, and it even involves new interlocking patterns of roles, which we call institutions or practices." (Deutsch 1985: 19f) Dabei entstehen, wie Grossmann anhand von semantischen Entwicklungen im Diskurs zu Innovation beschreibt, neben der neuen gesellschaftlichen Praxis ebenfalls neue Begrifflichkeiten (Grossmann 2005). Innovationen bringen trotz ihres gesellschaftlichen Nutzens auch partielle Nachteile, Risiken, Nebenwirkungen mit sich, so dass damit Spannungen, Konflikte und neue Krisen verbunden sein können. „There are costs and benefits involved, but these costs and benefits are not equally distributed." (Deutsch 1985: 22) Die innovationsbedingten Umschichtungen und die von Deutsch monierte ungleiche Verteilung von Innovationsgewinn und Innovationsverlust bezeichnet Gillwald als „gesellschaftlicher Zündstoff" (Gillwald 2000: 20).

Soziale Innovation als Form gesellschaftlichen Handelns verweist auf den Kontext von Innovation. Die gesellschaftlichen Bedingungen beeinflussen die Anerkennung und Durchsetzung von Innovationen über darin eingelagerte Werthaltungen und Problemsichten, wirken sich fördernd oder hemmend auf deren Entstehung aus und sind zuweilen selbst Gegenstand von Innovationen (Gillwald 2000: 24). Bei den involvierten Parteien ist zu unterscheiden zwischen treibenden Kräften der Innovation, den von ihr adressierten Personen und weiteren Beteiligten wie beispielsweise Multiplikatoren. Gerade bei sozialen Innovationen bzw. deren Konzeption kommt die tragende Rolle nicht immer beruflichen Kräften zu. Oft haben sowohl soziale Bewegungen wie Bürgerinitiativen bei der Entwicklung und Durchsetzung sozialer Innovationen grosse Bedeutung und eine zentrale Funktion. Ihre Macht liegt in der Möglichkeit, an Schnittstellen sozialer Strukturen anzusetzen, die bestehende Ordnung in Frage zu stellen, mit informeller Rückmeldung in Entwicklungsprozessen korrigierend zu wirken und soziale Entwicklung in nicht voraussagbarer Weise kreativ zu beeinflussen (Henderson 1993: 326–331). Dabei wählen soziale Bewegungen für ihr Unterfangen durchaus auch konfliktträchtige Formen der Einflussnahme.

Soziale Innovation als Phase und Phasenablauf stellt die Prozesshaftigkeit sozialer Innovation in den Vordergrund: „An innovation should be conceived of not as a fixed, invariant, and static quality in the innovation process, but as a flexible and adaptable concept that is consecutively defined and redefined through increasing specification as the innovation process gradually unfolds." (Rogers/Kim 1985: 96) Von den anfänglichen Ideen bis zu ihrer Stabilisierung in alltäglichen Verhaltenszusammenhängen durchlaufen soziale Innovationen mannigfache Prozesse der Umsetzung, Anpassung und Verbreitung, die vor allem auf ihre vielfältigen Verflechtungen im sozialen System zurückzuführen sind. Dabei sind auch die Motive zur Anwendung von Innovationen von Belang, die Rogers zu fünf Motivgruppen bündelt: Der relative Vorteil gegenüber vorangehenden Lösungen, die Vereinbarkeit mit bestehenden Werten, Erfahrungen und Bedürfnissen, die Möglichkeit zu testen, ein ausgewogenes Verhältnis zwischen Komplexität und Verständnisaufwand sowie die Fassbarkeit der Innovation und ihrer Ergebnisse (Rogers 2003: 229–264). Gillwald ergänzt diese Motive im Zusammenhang mit sozialer Innovation zu Recht um den strategischen Aspekt der Macht (Gillwald 2000: 28).

In ihrer eigenen Definition von sozialer Innovation bezeichnet Gillwald diese als Einzelprozess, explizit ausgerichtet an gesellschaftlich hoch bewerteten Zielen und geeignet, gesellschaftlichen Herausforderungen zu begegnen. In diesem Sinne führen soziale Innovationen zu

Verhaltensänderungen und stiften einen Nutzen sozialer, ökologischer, kultureller, politischer oder ökonomischer Art. Soziale Innovationen können in allen gesellschaftlichen Bereichen und in unterschiedlichen Grössenordnungen vorkommen; sie betreffen organisatorische, strukturelle, institutionelle oder prozedurale Ordnungsmuster bezogen auf interne Angelegenheiten der Beteiligten oder ausgerichtet auf Dritte (Gillwald 2000: 41f). Soziale Innovationen als gesellschaftliche Errungenschaften werden nicht an wirtschaftlicher Rentabilität gemessen, sondern an ihrer Wirksamkeit bei der Realisierung gesellschaftlicher und damit oft rechtlich verbriefter Grundwerte (ebd.: 14). Mit dieser normativen Komponente ist eine Abgrenzung gegenüber Ansätzen gezogen, die soziale Innovationen als gesellschaftliche Entwicklungsprozesse beschreiben, diese aber nicht bewerten. Im Hinblick auf die Wirkungen einer sozialen Innovation unterscheidet Gillwald diese nach berührten Ressourcen (ökonomische, soziale, ökologische, kulturelle, politische), nach beabsichtigten und unvorhergesehenen Folgen und Wirkungen sowie nach betroffenen gesellschaftlichen Bereichen (ebd.: 20).

Eine fundierte Auseinandersetzung mit dem Konzept der sozialen Innovation hat in den letzten Jahren für den französischsprachigen Raum in Kanada und rund um das Centre de recherche sur les innovations sociales (CRISES) stattgefunden. Präsentiert wird im Rahmen der eigenen Publikationsreihe eine umfassende Definition: „Une innovation sociale se définit par son caractère novateur ou hors normes et par l'objectif général qu'elle poursuit soit celui de favoriser le mieux-être des individus et des collectivités. Elle se caractérise tout autant par un processus de mise en œuvre impliquant une coopération entre une diversité d'acteurs que par les résultats obtenus, immatériels ou tangibles. A plus long terme, les innovations [sociales] peuvent avoir une efficacité sociale qui dépasse le cadre du projet initial (entreprise, associations, etc.) et représenter un enjeu qui questionne les grands équilibres sociétaux. Elles deviennent alors sources de transformations sociales et peuvent contribuer à l'émergence d'un nouveau modèle de développement." (Cloutier 2003: o.S.) Neben Aspekten der Neuartigkeit und der Orientierung am Wohlbefinden von Individuen und Kollektiven wird vor allem die den Entstehungskontext überschreitende Wirkung hervorgehoben. Soziale Innovationen gelten somit als mögliche Quelle gesellschaftlichen Wandels. Es handelt sich bei sozialer Innovation um eine neuartige Lösung, Problembearbeitung oder Präventionsmassnahme, die es erlaubt, auf eine als nicht zufrieden stellend beurteilte soziale Situation, wie sie sich in allen gesellschaftlichen Bereichen manifestieren kann, einzuwirken (Cloutier 2003: 41). Cloutier differenziert unterschiedliche Arten sozialer Innovation: „L'innovation sociale peut être procédurale et concerner notamment les pratiques, les procédés et les services. Elle peut être d'ordre organisationnel et faire référence à l'organisation sociale des activités. (...) D'ordre institutionnel, l'innovation sociale fait principalement référence aux législations, aux politiques, aux normes et aux règles du jeu" (ebd.). Angesichts der heterogenen Formen sozialer Innovationen sind diese Kategorien freilich nur bedingt zur Distinktion geeignet, denn der Entstehungskontext von Innovationen wird weder benannt noch beschrieben.

Zentral ist in diesem Diskussionszusammenhang ferner der 2007 von Harrisson und Klein herausgegebene Sammelband zu sozialer Innovation. Darin stützt sich Tremblay bei ihrer Definition von sozialer Innovation ausdrücklich auf das allgemein gehaltene, von der OECD vertretene Verständnis von Innovation, da dieses ihrer Einschätzung nach den wesentlichen Vorteil der Operationalisierung bietet. Tremblay versteht soziale Innovation als ein Ergebnis, dessen Innovationscharakter erst durch nachträgliche Bewertung festgestellt werden kann. Dies bedeutet, dass sowohl die empirische Erforschung sozialer Innovation wie auch die Möglichkeit des Transfers nur mit einer beträchtlichen zeitlichen Verschiebung möglich sind. Soziale Innovation muss, um der Bezeichnung gerecht zu werden, Abnehmer finden. Der Grad der Neuartigkeit ist gemäss Tremblay hingegen nicht zwingend zu präzisieren; soziale Innovationen können radikal oder marginal sein. Ebenfalls muss soziale Innovation laut Tremblay nicht an ihrer Finalität gemessen werden; ein Wertebezug wird also dezidiert abgelehnt. Desgleichen ist die Art und Weise, wie es zu einer sozialen Innovation kommt, sekundär, das heisst an den Prozess ihrer Entstehung werden keine weiteren Bedingungen gestellt. Die Autorin verweist in diesem Zusammenhang auf die Valorisierung von Wissen, die sich über seine Verwendung ergibt, unabhängig von der Form (wissenschaftliches Wissen, implizites oder explizites Wissen, Handlungswissen, Erfahrungswissen) oder der institutionellen Verankerung des Wissens (Universität, Industrie, Verwaltung, etc.) (Tremblay 2007: 338). Zusammenfassend wird soziale Innovation als neue Herangehensweise, Praxis oder Ware verstanden, die eine soziale Situation verbessert oder ein soziales Problem löst und auf der Ebene von Institutionen, Organisationen und Gemeinwesen Akzeptanz findet (ebd.: 331f).

Neben dem CRISES haben sich weitere Institute etabliert, die sich für ihre disziplinübergreifende Arbeit den Begriff der sozialen Innovation auf die Flagge geschrieben haben. So beispielsweise das Center for Social Innovation der Stanford Universität, das Institut für Sozialinnovation (isinova) in Berlin oder das Zentrum für soziale Innovation (ZSI) in Wien, das folgende Definition von sozialer Innovation vorlegt: „Soziale Innovationen sind Ideen und Massnahmen zur Lösung sozialer Herausforderungen mit zwei zusätzlichen Merkmalen: Neuheit zur Bewältigung von entweder schon bekannten oder im Zug des sozialen Wandels neu entstandenen Problemen; Annahme und Anwendung von Innovation seitens der betroffenen sozialen Gruppen." (www.zsi.at/de/institut/).

Grundsätzlich kann festgehalten werden, dass soziale Innovation, sofern sie die Abgrenzung zu technischer Innovation signalisieren soll, eine wenig sinnvolle Bezeichnung darstellt, da technische Innovationen immer auch soziale Aspekte und Wirkungsformen aufweisen. Ebenso wenig sinnvoll ist es, soziale Innovationen lediglich als kompensatorische Ergänzung technischer Innovationen zu betrachten, da eine Vielzahl technikunabhängiger Innovationen auf gesellschaftlicher Ebene benannt werden kann.

Die Spezifizierung von Innovationen als ‚soziale' verortet sie vielmehr einem bestimmten Kontext der Entstehung und der Wirkung. Soziale Innovationen haben ihren Ursprung in sozialen Bedürfnissen und sozialen Problemen, welchen in neuartiger Weise begegnet werden soll. Gelingt dies, dann erfolgt nicht nur die Problembearbeitung in unvorhersehbar neuer Art, sondern es verändert sich darüber hinaus ebenso die Wahrnehmung des Problems. Allerdings umfasst die Bezeichnung ‚sozial' eine ganze Spannbreite zwischenmenschlicher Beziehungen, wechselseitig orientierten Handelns und daraus entstehender Strukturen, wie die Definition von Mumford/Moertl (2003) verdeutlicht. Im Anschluss an Wendt, der postuliert, dass Innovationen, die als soziale bezeichnet werden, sich auf gesellschaftliche Aggregate wie Produkte, Prozesse, Strukturen und Institutionen beziehen, nicht aber auf persönliches Handeln und informelles Alltagsgeschehen (Wendt 2005: 14), ist zu fragen, wie soziale Innovationen, die auf einer gemeinschaftlichen Ebene angesiedelt sind, auch auf der Ebene individueller Handlungsvollzüge und Lebenspraxen wirken. Hervorzuheben ist schliesslich der nicht von allen Autorinnen und Autoren gleich beurteilte Wertebezug sozialer Innovation. Der implizite oder explizite Verweis auf Verbesserung, die mit sozialen Innovationen einhergeht, ist in engem Zusammenhang mit der notwendigerweise durch jemanden vorgenommenen Beurteilung dieser Verbesserung zu sehen. Es ist im Zusammenhang mit der Relativität und dem Unsicherheitsaspekt von Innovation zweifellos so, dass unterschiedliche personale oder historische Perspektiven zu unterschiedlichen Ergebnissen führen. Daraus folgt, dass entgegen der Position von Gillwald der emanzipatorische Charakter von sozialen Innovationen nicht per se als gegeben betrachtet werden kann.

2.7 Fazit für die Soziale Arbeit

Was kann nun aus der Bestimmung allgemeiner Merkmale von Innovation (Neuheit, Neuartigkeit bzw. Erwartungswidrigkeit, Relativität, Unsicherheit und plastisches Erzeugnis) und aus der Klärung des Konzepts sozialer Innovation für die Auseinandersetzung mit Innovation in der Sozialen Arbeit gewonnen werden?

Die Bestimmung von Neuem und Neuartigem in der Sozialen Arbeit setzt gute Kenntnisse des Feldes voraus und macht den Anspruch plausibel, Innovation spezifisch für die Soziale Arbeit zu definieren. Neuartiges als solches zu identifizieren, bedingt vertieften Einblick in den aktuellen Stand der Disziplinbildung und der professionellen Praxis, denn die relevanten Vergleichsdimensionen ergeben sich aus dem Stand des Diskurses in der *professional* und der *scientific community* und dem daraus sich ergebenden Erwartungshorizont. Um das Vorliegen eines neuartigen Elements festzustellen und Selbstdeklarationen kritisch zu prüfen, ist zudem eine gewisse zeitliche und institutionelle Distanz zum Innovationsphänomen notwendig.

Die Bezeichnung eines Vorgehens, eines Projektes, eines neuen Angebots als innovativ ist nicht zuletzt das Resultat sozialer Zuschreibungsprozesse. Aufschlussreich ist aus diesem Grund, wer diese Attribuierung vorantreibt, beeinflusst, behindert und mit welchen Motiven dies geschieht. Es kann im Anschluss an Aderhold davon ausgegangen werden, dass sich ein brauchbares Verständnis von Innovation in der Sozialen Arbeit nur erarbeiten lässt, „wenn einerseits relevante Erwartungsstrukturen und andererseits kommunikativ strukturierte Beobachtungsprozesse unterschieden werden" (Aderhold 2005: 25). Doch führen die Wertorientierung und der Professionsstatus der Sozialen Arbeit zu einer normativen Begrenzung der Relativität. Der Orientierungsrahmen ergibt sich implizit aus den Zielgrössen Sozialer Arbeit (wie Emanzipation, Autonomie oder gelingender Alltag), wobei zu bedenken ist, dass sich wandelnde gesellschaftliche Verhältnisse zu unterschiedlichen Auslegungen derselben führen können. Die Argumentationsbasis zur Identifikation von Innovationen in der Sozialen Arbeit ist hingegen immer durch reale Problemlagen und deren möglichst wirksame Bearbeitung gegeben. Als Innovation bezeichnete Veränderungen müssen sich deshalb in erster Linie daran messen lassen, ob für Adressatinnen und Adressaten der Sozialen Arbeit ein Mehrwert entsteht. Dieses Kriterium bildet den Brennpunkt der inhaltlichen Diskussion um Innovation in der Sozialen Arbeit.

Die Unsicherheit als weiteres Charakteristikum von Innovationen unterstreicht für die Soziale Arbeit als personenbezogene Profession die Angemessenheit einer handlungstheoretischen Herangehensweise an das Thema. Zum einen steht das Innovationspotenzial der Sozialen Arbeit in engem Zusammenhang mit ihrem Entwicklungs- und Erkenntnisstand als Disziplin und Profession und dem Gestaltungsspielraum, den sie in diesem Zusammenhang in einem Feld zu beanspruchen vermag. Wendt geht hier noch weiter, wenn er postuliert, dass nur eine „wissensbasierte und mit Forschung verbundenen Profession von sich aus zu Innovation fähig" ist (Wendt 2005: 6). Innovationen in der Sozialen Arbeit geraten aufgrund der ihnen inhärenten Unsicherheit zu einer „One-Shot-Operation" (Ibert 2004b: 107), weil sie stets unter Realbedingungen stattfinden und unweigerlich eine Wirkung entfalten, die nicht rückgängig gemacht werden kann. Deshalb muss der Unsicherheitsfaktor von Innovationsprozessen durch deren professionelle und umsichtige Ausgestaltung kompensiert werden. Auswege ergeben sich über Innovationsvorhaben, die als Modellprojekte für kleine, deutlich begrenzte Ausschnitte der Realität konzipiert sind oder nur Adressatinnen und Adressaten einbeziehen, die Interesse an einer neuen Lösung haben. Dabei gilt es allerdings zu bedenken, dass solche Projekte im Extremfall zu Modellen zu verkommen drohen, die wegen der Sonderbedingungen ihres Entstehens keine weitere Wirkung zu entfalten vermögen (Ibert 2004b: 108).

Dies und die Ausgangslage der Sozialen Arbeit als sozialstaatliche Leistung veranschaulicht, wie problematisch die Plastizität von Innovationen unter Umständen sein kann: Die Entwicklung einer Innovation bedeutet noch nicht deren Umsetzung und die erfolgreiche Umsetzung eines innovativen Projekts garantiert noch keine dauerhafte Veränderung des Regelbetriebs.

Ist nun der Begriff ‚soziale Innovation' unter diesen Umständen geeignet, Innovationen in der Sozialen Arbeit zu benennen? Wird mit ‚sozial' wie oben ausgeführt in erster Linie der gesellschaftliche Ursprung und Wirkungskreis einer Innovation umschrieben, dann ist damit weder eine disziplinäre Verortung noch eine inhaltliche Qualität der Innovation thematisiert: Innovationen in verschiedenen gesellschaftlichen Kontexten sind bezüglich Bedingungen, Prozessen, Produkten und Beteiligten sehr unterschiedlich (Becker-Lenz 2007: 82).

Soziale Arbeit betrachtet als Wissenschaft und Profession den Bezug von Individuum und Gesellschaft, bearbeitet in dieser Perspektive soziale Probleme und unterstützt Personen in erschwerten Lebenslagen. Es gilt, zwei mögliche Haltungen im Zusammenhang mit Innovation zu differenzieren: Geht es um eine professionspolitische Positionierung und um strategische Überlegungen, setzt die spezifische Bezeichnung von Innovationen, die in der Sozialen Arbeit entwickelt wurden, und die affirmative Inanspruchnahme des Konzeptes sozialer Innovation, ein selbstbewusstes Signal: Soziale Arbeit hat in der Bearbeitung sozialer Probleme ihren gesellschaftlichen Auftrag und ihre besonderen Kompetenz. Soll die Zuständigkeit der Sozialen Arbeit für die Entwicklung innovativer Herangehensweisen an soziale Probleme unter Nutzung des vorhandenen und neu generierten (wissenschaftlichen) Wissens betont und auf besondere Bedingungen für Innovationsprozesse in der Sozialen Arbeit und damit verbundene Anforderungen an Professionelle zu deren Initiierung, Steuerung und Ausgestaltung verwiesen werden, empfiehlt es sich, von Sozialer Innovation (entsprechend der Bezeichnung Soziale Arbeit mit einem grossen S) zu sprechen. Geht es dagegen um das Einnehmen einer breiteren gesellschaftspolitischen Sichtweise, kann nur von sozialer Innovation die Rede sein, wenn Innovationen der Sozialen Arbeit über das Funktionssystem Sozialer Arbeit hinaus wirken. Dass es der Sozialen Arbeit gelingt, über eine von ihr entwickelte Innovation einen massgeblichen Beitrag zur Gestaltung sozialen Wandels beizutragen, ist zwar anzustreben aber nicht als gegeben anzusehen (Becker-Lenz 2007: 83). Es ist mithin bereits als Erfolg zu werten, wenn es der Wissenschaft und Profession Sozialer Arbeit gelingt, Prozesse gesellschaftlichen Wandels kritisch zu hinterfragen. Der umfassende Begriff ‚soziale Innovation' ist für Innovationen in der Sozialen Arbeit demnach nur bedingt zutreffend, denn trotz ihrer spezifischen Perspektive auf Individuum und Gesellschaft ist Soziale Arbeit bei weitem nicht der einzige Ort, an dem soziale Themen und Problemstellungen bearbeitet und Impulse zu sozialer bzw. gesellschaftlicher Innovation gesetzt werden. Im Folgenden wird deshalb von Innovationen in der Sozialen Arbeit die Rede sein, unabhängig davon, ob diese das Potential zu sozialen Innovationen haben oder nicht.

Im Zusammenhang mit sozialer Innovation ist zudem deutlich geworden, dass die Bestimmung der Innovationsebene ein wichtiges Desiderat darstellt. Soziale Arbeit ist in ihrer Praxis an einer verbesserten

Lebensqualität und neuen Möglichkeiten selbstverantwortlichen Handelns ihrer Adressatinnen und Adressaten orientiert und damit an Veränderung und Entwicklung. Dennoch ist die Veränderung im individuellen Dasein, und möge sie noch so radikal sein, nicht als Innovation zu bezeichnen. Für diese Präzisierung kann auf Wendt zurückgegriffen werden, der klärend ausführt, Innovation in der Sozialen Arbeit beziehe sich nicht auf individuelles Verhalten und den Zuwachs individueller Optionen, sondern auf gesellschaftliche Konglomerate (Wendt 2005: 17). Innovationen in der Sozialen Arbeit zielen folglich auf überindividuelle Gegebenheiten und finden sich auf der Ebene der Gestaltung von Bildungs-, Erziehungs- und Beratungsprozessen sowie der Erneuerung der Sozialen Arbeit auf struktureller, organisatorischer und methodischer Ebene.

3 Innovation im öffentlichen Sektor, im Non-Profit- und Dienstleistungsbereich

> Sobald die Bedeutung eines Dinges verstanden wurde, ist sie ein praktisches Werkzeug für weitere Wahrnehmungen und ein Instrument zum Verständnis anderer Dinge. (Dewey 2002: 95)

Nachdem im vorangehenden Kapitel theoretische und konzeptuelle Rahmungen für das Thema Innovation dargestellt und besprochen wurden, gilt es nachfolgend, den Stand der Forschung zu Innovation zu resümieren. Da für die Soziale Arbeit – wie in Kapitel 4 deutlich wird – kaum empirische Arbeiten vorliegen, soll der Horizont zunächst weiter gespannt werden. So beziehen sich die folgenden Ausführungen auf Innovationsforschung im Allgemeinen (Kapitel 3.1) sowie auf die theoretisch-konzeptionelle und empirische Auseinandersetzung mit Innovation in nicht-gewinnorientierten Organisationen (Kapitel 3.2), im öffentlich-staatlichen Bereich (Kapitel 3.3) und im Dienstleistungssektor (Kapitel 3.4). Die Auswahl der drei Bereiche ist durch mögliche Bezüge zur Sozialen Arbeit begründet. Eingangs ist deshalb zu klären, inwiefern Dienste der Soziale Arbeit dem Non-Profit-Sektor oder dem politisch-administrativen System zuzurechnen sind oder als Dienstleistung charakterisiert werden können. Dazu sollen die drei genannten Bereiche und ihre Rationalitäten näher beleuchtet und kurz umrissen werden. Die Aufarbeitung des Forschungsstands verfolgt sodann das Ziel der weiteren theoretischen Sensibilisierung und der Gewinnung sektorspezifischer Erkenntnisse als Basis für Annahmen, die zu Innovation in der Sozialen Arbeit getroffen und anschliessend am empirischen Material weiterentwickelt werden können.

Zum Non-Profit-Sektor zählen nicht-staatliche Organisationen, die soziale, politische, kulturelle und wissenschaftliche Belange ohne kommerzielle Zwecke abdecken. Der sogenannte Dritte Sektor agiert dementsprechend zwischen Staat und privaten Unternehmungen. Folgende Merkmale kennzeichnen Non-Profit-Organisationen: Die Trägerschaft hat meist die juristische Form eines Vereins oder einer Stiftung und ist damit in der Schweiz privatrechtlich geregelt. Die obersten Steuerungsorgane sind durch ehrenamtliche Funktionsträger besetzt. Ferner besteht der Auftrag von Non-Profit-Organisationen in der Erbringung spezifischer Leistungen (Selbsthilfe, Interessenvertretung, Hilfe, Förderung) für eine bestimmte Gruppe von Leistungsempfängern, die entweder Mitglieder oder Dritte sind. Die bedarfs- oder förderungsorientierte Logik der Leistungserbringung (Schwarz et al. 2005: 19) beinhaltet, dass allfällige Gewinne wiederum zum Vorteil der Leistungsadressaten zu nutzen sind bzw. Zwecke nur im Rahmen der beschafften Finanzmittel verfolgt werden können (ebd.: 22). Obwohl Non-Profit-Organisationen möglicherweise Gewinn erzielen, haben sie grundsätzlich keinen Erwerbscharakter (Helmig/Bärlocher/von Schnurbein 2009: 4). Schwarz et al. unterscheiden sodann soziokulturell ausgerichtete Non-Profit-Organisationen wie Sportvereine, Kirchen und Clubs; politische Organisationen ohne Gewinnorientierung wie Parteien, organisierte Bürgerinitiativen, Natur-, Heimat- und Umweltschutzorganisationen sowie soziale Non-Profit-Organisationen, deren Zweck die „Erbringung karitativer oder unentgeltlicher Unterstützungsleistungen an bedürftige Bevölkerungskreise im Sozial- und Gesundheitsbereich" ist (Schwarz et al. 2005: 21). Non-Profit-Organisationen bestehen meist unter Konstellationen, die nicht als Markt zu bezeichnen sind. Vielmehr gilt, dass Leistungsabnehmende und Zahlende nicht identisch sind, und dass kostenlos oder gegen nicht kostendeckende Gebühren abgegebene Leistungen durch andere Finanzmittel gedeckt werden (ebd.: 24f). Schwarz et al. erachten, dass die von Non-Profit-Organisationen bereitgestellten Güter vorwiegend Dienstleistungscharakter haben.

Obwohl auch der staatliche Bereich in der Erfüllung öffentlicher Aufgaben keine erwerbswirtschaftlichen Ziele verfolgt, wird die öffentliche Verwaltung und der sogenannte Service public (öffentlicher Verkehr, Spitäler, Heime und Anstalten, Schulen und Universitäten, Museen und Theater) nicht den Non-Profit-Organisationen im engeren Sinne zugerechnet (Schwarz et al. 2005: 21). Diese Aktivitäten sind im Rahmen des öffentlichen Rechts geregelt. Das Handeln der Verwaltung basiert auf den Gesetzesgrundlagen des öffentlichen Rechts und muss innerhalb der jeweiligen Verwaltungskompetenz stattfinden. Die öffentliche Verwaltung übernimmt Tätigkeiten, die der Staat zur Erfüllung seiner Aufgaben entfaltet und setzt rechtsstaatliche Regelungen in der Praxis und im Einzelfall um. Im Zusammenhang mit dem in der Schweiz hoch gehaltenen Subsidiaritätsprinzip, wonach übergeordnete gesellschaftliche Einheiten (z.B. Staat) nur diejenigen Aufgaben übernehmen sollen, deren Durchführung untergeordnete Einheiten (z.B Gemeinde, Familie) nicht realisieren können, ergibt sich für die Bereiche Soziales, Kultur und Bildung eine enge Verbindung zwischen staatlichen Aufgaben und Non-Profit-Organisationen. Vereinzelt ist sogar zu beobachten, dass staatliche Aufgaben in Non-Profit-Organisationen ausgelagert werden (so beispielsweise die Forschungsförderung an den Schweizerischen Nationalfonds oder die Kulturförderung an Pro Helvetia) (Helmig et al. 2009: 11).

Was kennzeichnet indes Dienstleistungen? Eine beinahe schon legendäre Beschreibung besagt, dass Dienstleitungen Dinge sind, die gekauft und verkauft werden, jedoch niemandem auf den Fuss fallen können („that could be bought or sold, but not dropped on one's foot", Boden/Miles 2000: 7). Kunden und Kundinnen erhalten also vom Dienstleistungserbringer den Gegenwert ihrer Auslagen als immaterielles Gut. Diese Leistung unterscheidet sich von einer Sachleistung dadurch, dass sie weder lagerfähig noch übertragbar und transportierbar ist (Bauer 2001: 77). Indem Kundinnen und Kunden am Dienstleistungsprozess teilnehmen und in einem Interaktionsprozess mit den Dienstleistenden zusammenwirken, erbringen sie selbst einen Teil der Leistung. Gemäss dem *Uno-actu*-Prinzip fallen dabei Produktion und Konsumtion oft zusammen (Flipo 2001: 31; Schwarz et al. 2005: 57). Der Grad der Integrativität erfasst dabei die Intensität dieser Mitwirkung: Eine Uhr zur Reparatur zu bringen, erfordert beispielsweise eine geringere Mitwirkung des Dienstleistungsnehmers, als sich einer Psychotherapie zu unterziehen. Bei personenbezogenen Dienstleistungen wie Pflege, Erziehung oder Beratung wird demnach Dienstleistungsnehmern ein erheblicher Grad an Mitwirkung abverlangt (Miles/Boden 2000: 8). Entsprechend bedeutsam werden die Interaktionen zwischen Dienstleistungserbringenden und -nehmenden und darin eingebettete relationale Aspekte (Flipo 2001: 32). Dies besagt, dass Dienstleistungsorganisationen ihre Leistungsbereitschaft (Mitarbeitende, Infrastruktur, Management, finanzielle Mittel) vorab bereitstellen und den Kunden, die Klientin oder das Mitglied gewinnen müssen, bevor die Leistung erbracht werden kann (Schwarz et al. 2005: 46). Dienstleistungen sind trotz oder gerade aufgrund ihrer Immaterialität informationsintensiv, so dass ihre Qualität entscheidend von Wissen und Motivation der Mitarbeitenden abhängt. Gleichzeitig ist es unter diesen Umständen schwierig, das geistige Eigentum an Dienstleistungen zu schützen oder gar das Produkt vorab zu demonstrieren. In diesem Zusammenhang erhält die Reputation des Dienstleistungserbringers für seinen Erfolg eine hohe Bedeutung. Dienstleistungen können in einer gewinnorientierten Ausrichtung erbracht werden, wie dies beispielsweise für Versicherungen, Telekommunikation oder Gastronomie zutrifft oder für zahlreiche Dienstleistungen, die in direkter Verbindung mit Sachgütern stehen. Zum Dienstleistungssektor gehören ausserdem Bereiche, die nicht gewinnorientiert wirtschaften, so zum Beispiel die öffentliche Verwaltung, das Bildungswesen oder Teile des Sozialwesen (ebd.: 21). Salamon et al. charakterisieren Dienstleistungen, die im Rahmen staatlicher Aktivitäten oder im Rahmen von Non-Profit-Organisationen erbracht werden, folgendermassen: Sie sind allgemein zugänglich, also unabhängig davon, ob dafür bezahlt wurde oder nicht, denn Personen, die dieser Dienstleitung bedürfen, fehlt es oft an finanziellen Ressourcen (Salamon/Hems/Chinnock 2000: 5).

Für die Soziale Arbeit trifft zu, dass sie eine Tätigkeit ist, die keinen (markt)wirtschaftlichen Erfolg anstrebt, sondern eine Sachzielorientierung verfolgt (Purtschert et al. 2005: 56). Aufgrund ihrer vielfältigen

Praxisfelder und unterschiedlichster institutioneller Organisationsformen ist Soziale Arbeit nicht durchgängig mit der Logik von Non-Profit-Organisationen zu erfassen. Gewisse Praxisfelder (öffentliche Sozialhilfe, Bewährungshilfe, Erwachsenen- und Kindesschutz) sind Teil der öffentlichen Verwaltung und dadurch des politisch-administrativen Systems. Ob die Soziale Arbeit dem Dienstleistungssektor zuzurechnen ist, wird kontrovers diskutiert (vgl. Kapitel 3.5). Wenn die weiteren Ausführungen dieses Kapitels für den Non-Profit-Bereich, die öffentliche Verwaltung und den Dienstleistungssektor aufzeigen, was im Zusammenhang mit Innovationen die wesentlichen Erkenntnisse aus der theoretisch-konzeptionellen Auseinandersetzung und der empirischen Forschung sind, dann ist für die Soziale Arbeit stets im Blick zu halten, dass möglicherweise zusätzliche Differenzierungen und Spezifizierungen notwendig sind. Einführend und im Sinne einer thematischen Klammer wird jedoch zunächst auf den Stand der Innovationsforschung im Allgemeinen eingegangen.

3.1 Innovationsforschung

Neben zahlreichen konzeptionellen Arbeiten zum Thema Innovation finden sich bei entsprechenden Recherchen auch empirische Innovationsanalysen. Bei genauerem Hinsehen ist ihre Zahl jedoch deutlich geringer, als es die Virulenz des Themas vermuten lässt (Anderson/de Dreu/Nijstad 2004: 155; Länsisalmi et al. 2006). Gewählt wird für die Erforschung von Innovation zumeist ein disziplinärer Zugang, Verbindungen mit Ergebnissen aus anderen Zweigen der Innovationsforschung werden kaum geschaffen, und oft mangelt es den Arbeiten an einer theoretischen Grundlegung (Anderson et al. 2004: 156). Dies könnte mit dem grundlegenden Paradox der Innovationsforschung zusammenhängen: „Das Neue kann nicht (...) hinreichend spezifisch erfasst werden, ohne die Qualität des Neuen selbst zu negieren." (Siebenhüner 2007: 105) Die wissenschaftliche Analyse bezieht sich deshalb weniger auf die Erklärung von Innovation als auf die nachträgliche Untersuchung der Verursachungsbedingungen von Neuerungen.

Innovation wird dabei unterschiedlich operationalisiert (Gillwald 2000: 8). Für den technisch-ökonomischen Bereich werden Indikatoren wie Patente, Ausgaben eines Unternehmens für Forschung und Entwicklung, Produktcharakteristika, die Wachstumsrate einer Firma oder auch die Marktverbreitung eines Produktes beigezogen (Cames/Schumacher 2003: 14). Zur Erfassung von Innovationen in anderen Bereichen eignen sich solche Parameter nur bedingt oder gar nicht, und entsprechend muss nach anderen Dimensionen und Indikatoren gesucht werden. Dazu – so stellen verschiedene Autorinnen und Autoren fest – biete die Innovationsforschung bisher kaum brauchbare Ansätze (Gillwald 2000: 8 sowie Fischer 2003: 259). Erste Versuche finden sich etwa bei Armbruster et al., allerdings mit einem eingeschränkten Fokus auf nicht-technische Prozessinnovationen in Produktionsbetrieben und im Hinblick auf Grossuntersuchungen, wie sie von politischen Organisationen wie der EU oder der OECD durchgeführt werden (Armbruster et al. 2008). Diese ersten Schritte in der Weiterentwicklung von Indikatoren für Innovation zeigen, dass der Komplexität und dem Lebenszyklus von Entwicklungen, ihrem Anwendungsbereich und organisationsspezifischen Konzepten Rechnung getragen werden sollte (ebd.: 654f). Daraus lässt sich schliessen, dass Operationalisierungen für die Erfassung von Innovation zumindest teilweise bereichsspezifisch zu erfolgen haben.

Periodisch wurden wissenschaftliche Reviews zum Stand der Innovationsforschung vorgelegt, deren Leistung unter anderem darin besteht, vorliegende Arbeiten zu systematisieren und bisherige Forschungsergebnisse zusammenzufassen. So liefern Gopalakrishnan und Damanpour einen Überblick zur Innovationsforschung in der Ökonomie, der Soziologie und dem Technologiemanagement (Gopalakrishnan/Damanpour 1997). Um die verschiedenen Innovationsverständnisse zu erfassen, werden die vorliegenden Arbeiten entlang der folgenden Achsen unterschieden: Wird Innovation als Ergebnis oder als Prozess verstanden? Wird von einer sequentiellen Phasenfolge in der Innovationsentwicklung ausgegangen oder von einem komplexen Prozess? Werden im Zusammenhang mit Innovation ganze Wirtschaftszweige, einzelne Unternehmen oder nur deren Forschungs- und Entwicklungsabteilung untersucht? Welcher Typ von Innovation (Prozess- versus Produktinnovation, radikale versus inkrementelle Innovation und technische versus administrativ-strukturelle Innovation) wird fokussiert? (Gopalakrishnan/Damanpour 1997: 16–19). Mittels dieses Analyserasters differenzieren Gopalakrishnan und Damanpour drei unterschiedlich geartete Herangehensweisen: Erstens Arbeiten ökonomischer Provenienz, die insbesondere den Aspekt der Produktivität einzelner Firmen oder Industriezweige berücksichtigen, zweitens Untersuchungen zum organisationalen Kontext technischer Innovationen und drittens soziologische Studien komparativer Ausrichtung, die der Frage nachgehen, was besonders innovative Betriebe und Organisationen auszeichnet oder wie Innovationsprozesse strukturiert sind (ebd.: 19–21).

Braun-Thürmann systematisiert Innovationsforschung ähnlich wie Gopalakrishnan und Damanpour, indem er zwischen einer betriebswirtschaftlichen, einer volkswirtschaftlichen und einer sozialwissenschaftlichen Perspektive unterscheidet. Während erstere sich mit Themen wie organisatorischem Wandel und der Effizienz und Effektivität von Innovationsprozessen befasst, wendet sich die zweite insbesondere dem Aufkommen von Innovation auf nationalstaatlicher Ebene zu. Die sozialwissenschaftliche Perspektive schliesslich widmet sich strukturellem Wandel, Entscheidungsprozessen oder dem Zusammenhang von Innovation und Personal (Braun-Thürmann 2005).

Eine andere Gliederung der Innovationsforschung schlägt John in seinem Überblick zu empirischen Studien zum Thema Wandel und Innovation in Organisationen vor. Als wesentliche Erkenntnis hält er fest, dass in der Innovationsforschung zwei widerstreitende Positionen zum Verlauf von Innovationen vertreten werden: Der These von punktuellen und abrupten Änderungen steht diejenigen vom kontinuierlichen Wandel gegenüber. Beide Positionen verbindet jedoch das Verständnis, dass Freiraum *und* Struktur die Grundlage für Innovationen bieten (John 2002: 36). Die Beobachtung von Innovation vollzieht sich gemäss John im Wechselspiel von Redundanz und Varietät, wobei offen bleibt, welche

Kriterien in dieser oszillierenden Bewegung zur Anwendung kommen (ebd.: 34). Generell überwiegen Befunde, wonach mit zunehmendem Alter von Organisationen, deren Lern- bzw. Innovationsfähigkeit abnimmt (ebd.: 54).

Eine weitere Arbeit zum derzeitigen Stand der Innovationsforschung legen Kaudela-Baum und ihre Mitautorinnen und Mitautoren vor. Sie unterscheiden drei Ansätze der Innovationsforschung: Voluntaristische Modelle, die vor allem den Handlungsspielraum der innovierenden Individuen in den Blick nehmen, kontextuelle Modelle, die den Innovationskontext ins Zentrum rücken, sowie interaktive Ansätze, die das komplexe Zusammenspiel von innovierenden, adoptierenden und Neuheit attribuierenden Instanzen untersuchen (Kaudela-Baum et al. 2008: 14). Festgestellt werden kann im Überblick eine verstärkte Hinwendung zur interaktiven Forschungsperspektive und dadurch eine Abkehr von einem linear-statischen Innovationsverständnis (ebd.: 15).

Derartige Systematisierungen der Innovationsforschung erweisen sich insofern als hilfreich, als dass sie erlauben, Arbeiten unterschiedlicher Provenienz zu verorten und dabei ihrer spezifischen Ausrichtung und Ergiebigkeit gewahr zu werden: Empirische Arbeiten sind bislang primär für den wirtschaftlichen Bereich und dort hauptsächlich auf quantitativer Ebene geleistet worden (Cames/Schumacher 2003: 14; Fagerberg et al. 2005). Ein wichtiger Zweig betriebswirtschaftlicher Innovationsforschung bezieht sich zudem auf das Innovationsmanagement und die Frage, in welchen Prozessen neues (technisches) Wissen entsteht und verwertet wird bzw. wie in Firmen das Zusammenspiel von Forschung, Entwicklung, Produktion und Marketing gestaltet werden kann (Bauer 2006: 18f; Blättel-Mink 2006: 193f; Hauschildt 2004; Mast/Zerfass 2005). Es überwiegen also Zugänge zu technologischen und ökonomischen Aspekten von Innovation und Arbeiten zu gewinnorientierten Innovationen (Aderhold/John 2005; Fagerberg et al. 2005), bei einem gleichzeitigen Mangel an Untersuchungen und Entwürfen zur Bestimmung von Innovation in anderen Bereichen (Fischer 2003: 259; Gillwald 2000: 8; Roth 2009). Allerdings verschiebt die ökonomische Innovationsforschung ihr Interesse immer mehr auf die Tatsache, dass Innovationen im Rahmen komplexer sozialer Prozesse generiert werden (Kehrbaum 2009: 48). Auf diese Weise ergibt sich auch eine Verschiebung von personenzentrierten Innovationstheorien hin zu einem systemischen und prozessualen Verständnis des Innovationsgeschehens (Blättel-Mink 2006: 59; Braun-Thürmann 2005: 52ff; Edquist 1997). In diese theoretische Neuausrichtung fügen sich Bemühungen ein, Innovation nicht in einer vereinfachenden Sichtweise als Einführung neuer technischer Errungenschaften am Markt zu erfassen und zu erforschen, sondern unter Berücksichtigung nicht-technologischer und nicht-ökonomischer Aspekte von Innovation das Verständnis von sozial robusten Innovationen zu vertiefen, von Innovationen also, die auf unterschiedlichen Märkten Erfolg haben und dadurch nachhaltiger und zugleich profitabler sind (Roth 2009). Diese neue Qualität erhalten Innovationen aufgrund der kommunikativen Beteiligung von Akteuren aus unterschiedlichen Bereichen (des Unternehmens) an der Entwicklung und den dadurch erforderlichen Aushandlungen (Bormann 2010: 31). So wenden sich – neben einzelnen frühen Arbeiten (Starbuck 1983; Van de Ven 1986) – neuere Untersuchungen aus dem Bereich der managementorientierten, ökonomischen Innovationsforschung vermehrt den komplexen Entscheidungs- und Handlungsdynamiken in Innovationsprozessen sowie personalen und sozialen Einflussfaktoren zu (Beelitz/Schulz 2000; Butzin/Widmaier 2008; Coulon 2005; Howells 2000; Vordank 2005) und bringen damit Innovationsprozesse in Beziehung mit dem Konzept der Lernenden Organisation (Appel/Schwaab 1999; Kriegesmann et al. 2005). Indes liegt jenseits der bereichsspezifischen Eigenheiten, die für die Innovationsforschung relevant sind, den Studien kein übergreifendes Verständnis von Innovation zugrunde (Armbruster et al. 2008; Kehrbaum 2009: 45; Kimberly/Evanisko 1981; Miles 2005: 451).

Die vorliegende Innovationsforschung untersucht Innovation auf unterschiedlichen analytischen Ebenen, wobei grob die folgenden unterschieden werden können: Individuum, Team, Organisation, Industriezweig oder Sektor, regionale oder nationale Innovationssysteme, internationale Initiativen und Verbunde. Langzeitstudien, wie sie van de Ven et al. (1990) vorgelegt haben, sind nach wie vor selten (Anderson et al. 2004:

157) und insgesamt dominiert eine verifizierende Herangehensweisen, d.h. Erkenntnisse gehen aus der Analyse gelungener Entwicklungsprozesse hervor.

Insbesondere die psychologisch ausgerichtete Innovationsforschung nähert sich der Innovation mithin auch unter Zuhilfenahme des Konzepts von Kreativität. Den Anstoss für die Kreativitätsforschung in der Psychologie – und nachfolgend auch in anderen Disziplinen – hat 1950 Guilford durch seine viel zitierte Rede vor der *American Psychological Association* zur Bedeutung von Kreativität sowie zu ihrer Vernachlässigung als Forschungsthema gegeben (Spiel 2003: 117). Für die darauf einsetzende Erforschung von Kreativität durch die Psychologie, die Wirtschaftwissenschaften und Fächer des künstlerischen Ausdrucks unterscheidet Spiel zwei Phasen: Die erste Phase, die bis 1990 reicht, „war von der Intention dominiert, Verfahren zur zuverlässigen und validen Erfassung von Kreativität zu entwickeln" (ebd.: 118). Kreativität wurde primär mit Intelligenz in Verbindung gebracht und in diesem Sinne als Persönlichkeitsmerkmal oder als seltene und herausragende Leistung definiert und untersucht (ebd.: 119f). In der zweiten Phase wurde der Primat der Empirie aufgeweicht, indem etliche Forschergruppen integrative Ansätze der Kreativität entwickelten und so zu einer notwendigen theoretischen Fundierung beitrugen. Seit den 1980er Jahren wird gemeinhin die Ansicht vertreten, dass Kreativität nur im kulturellen und zeitlichen Kontext verstanden werden kann und sich die Konstrukte des Kreativitätspotenzials und der Intelligenz teilweise überlappen (Maier et al. 2007: 823). Als Aspekte von Kreativität im Sinne einer psychologischen Eigenschaft gelten die sogenannte Alltagskreativität und das Potential zu herausragenden kreativen Leistungen. Indes ist nicht erwiesen, dass das kreative Potential tatsächlich zu einer gleichartigen Performanz führt bzw. kreative Leistungen stets auf vorhandener Alltagskreativität basieren (Westmeyer 2009: 17f). Seit den 1990er Jahren setzt sich in der Kreativitätsforschung zunehmend die Sichtweise durch, dass Kreativität nicht nur als ein individuelles, sondern auch als Gruppenphänomen bzw. als Teamphänomen begriffen werden kann. Dies greifen Nijstad und Paulus mit ihrem Beiträgekombinationsmodell oder von Burow mit dem Ansatz des kreativen Feldes (Sonnenburg 2007: 52–56 und 59–63) auf. Angesichts der Komplexität dieser Modelle wird deutlich, „dass eine ausschliesslich psychologische Betrachtung an ihre Grenzen stösst, da die Eigenart kooperativer Konfigurationen nicht hinreichend psychologisch erklärt werden kann" (ebd.: 69). Verstärkt wird deshalb in der Kreativitätspsychologie auf Erkenntnisse aus den Sozial- und Geisteswissenschaften zurückgegriffen. Das psychologisch geprägte Konzept der Kreativität setzt also bei der Schöpfungskraft des (einzelnen) Menschen an. Trotz offensichtlicher Verbindungen werden Zusammenhänge zwischen Kreativität und Innovation in der Literatur kaum systematisch thematisiert, und die beiden Forschungsstränge haben nur vereinzelte Berührungspunkte (Sonnenburg 2007: 189).

Was die sozialwissenschaftliche Innovationsforschung betrifft, zeigt Braun-Thürmanns Befund, dass sich diese zu grossen Teilen auf technische und ökonomische Innovationen mit ökonomischer Relevanz bezieht (Braun-Thürmann 2005: 16–18). In seinem Überblick zur sozialwissenschaftlichen Innovationsforschung technologischen Zuschnitts referiert Braun-Thürmann unterschiedliche Modelle von Innovationsverläufen und deren Strukturaspekte. Er unterscheidet dabei lineare und nichtlineare Modelle sowie Modelle auf der Mikro- und der Makroebene (Ebene des Unternehmens und gesellschaftliche Ebene). Ein Vergleich der unterschiedliche Modelle lässt den Autor zum Ergebnis kommen, dass Innovationsprozesse quer zur gesellschaftlichen Struktur funktionaler Differenzierung liegen (ebd.: 76) und deshalb regionalen Verbundsystemen hohe Bedeutung zukommt.

Im Anschluss an die Kritik von Braun-Thürmann verweist Briken auf die Diskursanalyse als weiteren möglichen Ansatz der sozialwissenschaftlichen Innovationsforschung: Über eine Unterscheidung zwischen konkreten, gegenstandsbezogenen Innovationsdiskursen und abstrakten Diskursen zu Innovation als Idee, richtet sie das Augenmerk auf die mit dem Thema verbundenen semantischen Programme. Innovation – als eine der aktuell bestimmenden Leitsemantiken – dient als Klassifikationsschema, als Denkmuster mit bestimmter Handlungsorientierung und als Konzept mit evolutionistischer Komponente (Briken 2006: 5). Eine

Erweiterung der sozialwissenschaftlichen Innovationsforschung um diskursanalytische Projekte würde erlauben, macht- und interessenspezifische Facetten der Innovationspraxis zu erschliessen (ebd.: 6). Auch Ortmann erkennt für die Innovationsforschung übergeordnete Aufgaben: Die Paradoxien von Innovation verpflichten zu einer detaillierten Beschreibung, und Innovationspraxis ist in der Folge als Umgangsweise mit diesen Paradoxien zu analysieren. Auf der Grundlage dieser Analysen lassen sich Eignung und Effizienz der Innovationspraxis beurteilen, Erfolge und Misserfolge erklären und mögliche Alternativen entwickeln. Innovationsforschung soll mit diesem Vorgehen Bedingungen einkreisen, die erfolgreiche Innovationspolitik kennzeichnen und den Paradoxien von Innovation gewachsen sind (Ortmann 1999: 253).

Ingesamt zeigt der aktuelle Stand der sozialwissenschaftlichen Beiträge zur Innovationsforschung, dass zwar Bezüge zu theoretischen und konzeptionellen Arbeiten hergestellt werden können, deren empirische Untersuchung, Überprüfung und Ergänzung jedoch erst ansatzweise geleistet ist bzw. für einige spezifische Bereiche noch gänzlich aussteht. Krause hält dazu fest: „Die Ergebnisse der bisherigen Innovationsforschung sind inkonsistent und durch ein niedriges Erklärungsniveau gekennzeichnet." (Krause 2005: 61) Die Autorin identifiziert insbesondere ein Hindernis für die Erweiterung des Wissens: „Die Mehrzahl der Beiträge zum Innovationsthema ist innerhalb nur einer Forschungsdisziplin verankert und hat konsequent darauf verzichtet, die verfügbaren Erkenntnisse einer Nachbardisziplin zu berücksichtigen." (ebd.) Der aktuelle Forschungsstand lässt überdies ein verallgemeinerbares und theoretisch konsolidiertes Konzept von Innovation vermissen, welches erlauben würde, einzelne Ergebnisse in ihrer Reichweite einzuordnen.

3.2 Innovation in Non-Profit-Organisationen

Trotz der vorwiegend technisch-wirtschaftlichen Betrachtungsweise und Analyse von Innovation zeigt sich in der vorliegenden Literatur, dass Innovationen auch ausserhalb einer Markt- und Gewinnorientierung entstehen und untersucht werden (Roth 2009: 22), so beispielsweise in Non-Profit-Organisationen. Weil diese wie Organisationen des öffentlichen Sektors formal strukturiert sind und Leistungen für die Gemeinschaft erbringen, werden sie häufig mit staatlich verwalteten Aufgabenbereichen verglichen. Dem Non-Profit-Bereich wird aufgrund seiner Flexibilität und seinen Möglichkeiten zur Spezialisierung und zu höheren Risiken ein grösseres Innovationspotential zugeschrieben als dem öffentlichen Sektor, gleichzeitig aber auch eine minder effiziente Innovativität, die auf eine geringere Legitimationspflicht und schwächeren wirtschaftlichen Druck zurückzuführen ist (Salamon et al. 2000: 5f; Zimmermann 1999: 596). Ebenso sind die Mechanismen der Rechenschaftslegung und folglich der Bewährung für Innovationen im Non-Profit-Bereich andere: Während in privaten Unternehmen der Markt über Erfolg oder Misserfolg einer Innovation entscheidet, und für öffentliche Güter Bürger und Parlament eine wichtige Rolle spielen, werden Innovationen in Non-Profit-Organisationen über die Gewährung oder den Entzug finanzieller Zuwendung wie Spenden oder Subventionen sanktioniert (Salamon et al. 2000: 9; Zimmermann 1999: 603). Den spezifischen Forschungsbedarf macht Zimmermann deshalb in drei Aspekten aus: Was ist im Zusammenhang mit den begrenzten Finanzierungsmöglichkeiten von Innovationen in nicht gewinnorientierten Organisationen zu bedenken? Welche Ansätze von Wettbewerb und welcher kompetitive Druck finden sich selbst bei Non-Profit-Organisationen? Wem wird der Erfolg von Innovationen zugeschrieben, und welche Bedeutung kommt der damit verbundenen Reputation einer Organisation zu (Zimmermann 1999: 609f)?

Wie bereits zuvor festgehalten, ist die Anzahl umfassender und methodisch kohärenter Innovationsstudien begrenzt. Dies trifft auch für die Innovationsforschung im Non-Profit-Bereich zu. Die meisten thematischen Arbeiten beschränken sich auf die Beschreibung einer Innovation als Endprodukt eines Prozesses (Gibbons 1990; Hardy/Turrell/Wistow 1989; Marks/Scott 1990), auf die Analyse von Innovation als politischer Imperativ (Wistow et al. 1996) oder vor dem Hintergrund der Einführung von New Public Management auf die Frage, wie besonders innovative Non-Profit-Organisationen für die Vergabe von Leistungsaufträgen zu identifizieren sind (Perri 1993; Poole et al. 2002). Eine Klärung von Innovation auf konzeptueller Ebene sowie die empirische Analyse von Innovationsprozessen und deren Ausgestaltung bleiben weitgehend aus. Einzig die Arbeiten von Perri (1993) und Osborne (1998), die sich im Kontext politischer Prozesse im Grossbritannien der 1990er Jahre bewegen, leisten hierzu Ansätze.

So bezieht sich Perri auf die politische Forderung, die öffentliche Hand solle sich auf die Dienste von Non-Profit-Organisationen abstützen, weil diese innovativ seien, und geht der Frage nach, wie die Auswahl innovativer Organisationen empirisch fundiert geschehen könnte. Im Fokus stehen die Strategien zur Förderung von Innovationen in Non-Profit-Organisationen und Instrumente zur Erforschung von Innovation in ebendiesem Kontext (Perri 1993: 397). Zur Klassifizierung von Innovationen greift Perri auf die traditionelle Unterscheidung zwischen Produkt-, Prozess- und Organisationsinnovation sowie auf die Phasen der Invention, der Innovation und deren Diffusion zurück (ebd.: 398–400). Er schlägt vor, Innovationsstrategien innerhalb einer Organisation danach zu bewerten, welche Anreize für Innovativität bestehen, und wie viel Ressourcen dafür zur Verfügung gestellt werden. Weiter scheint ihm relevant, in welcher Art und Weise eine Organisation Einschätzungen zu Entwicklungen im Feld vornimmt (ebd.: 406). Perri kommt zum Schluss, dass auf theoretischer Ebene noch zu wenig klar herausgearbeitet werden konnte, welche Ziele Non-Profit-Organisationen über Innovation anstreben (ebd.: 411).

Ausgehend von der Kritik einer mangelhaften Definition von Innovation im politischen Kontext und in Innovationsstudien formuliert auch Osborne einen Vorschlag zur Klassifizierung von Innovationen in Freiwilligen- und Non-Profit-Organisationen. Dieser trägt der engen Verbindung zwischen Innovationsprozessen und ihren Ergebnissen Rechnung, die für den Bereich von personenbezogenen sozialen Diensten charakteristisch ist (Osborne 1998: 1139). Der Autor schlägt vor, Entwicklungen anhand von Kontinuität bzw. Diskontinuität der Dienstleistung und der adressierten Endverbraucher einzuordnen. Dies führt zu vier Typen von Entwicklungen: Totale Veränderung (a), bei der sowohl

Dienst wie auch Adressatinnen und Adressaten neu sind; expansive Veränderung (b), bei der ein Dienst für neue Anspruchsgruppen verändert wird; evolutionäre Veränderung (c), die neue Dienste für gleichbleibende Adressatinnen und Adressaten bezeichnet und Entwicklungen (d), bei denen bestehende Dienste für bekannte Endverbraucher modifiziert werden (ebd.: 1141). Diese Typisierung erlaubt eine klare Unterscheidung zwischen Innovationen, zu denen Osborne a, b, und c zählt, und organisationalen Entwicklungen (d). Die Typologie kam anschliessend in einer empirischen Untersuchung von Innovationsaktivitäten in Freiwilligen- und Non-Profit-Organisationen zur Anwendung. Die Probanden wurden im Rahmen einer schriftlichen Befragung aufgefordert, die ihrer Einschätzung nach am besten gelungene Innovation ihrer Organisation im Verlauf der letzten drei Jahre zu beschreiben und Fragen dazu zu beantworten. Die Klassifizierung der geschilderten Entwicklungen ergab, dass es sich bei 73,3% davon um Innovationen im oben beschriebenen Sinne handelte (14,8% totale Innovation, 10,9% expansive Innovation, 47,6% evolutionäre Innovation) (ebd.: 1148).

Die wenigen Arbeiten, die eine empirische Analyse von Innovation im Non-Profit-Bereich vornehmen, identifizieren unterschiedliche Faktoren als entscheidend dafür, dass sie zu Stande kommt: Verschiedentlich wird auf die Bedeutung von hoch motivierten und gut qualifizierten Mitarbeitenden und Leitungspersonen hingewiesen, da Anreize – vornehmlich finanzieller Art – fehlen (Cohen 1999: 48; Perri 1993: 402). Die Rolle des institutionellen Auftrags für Innovation in Non-Profit-Organisationen wird indes kontrovers diskutiert: Eine qualitative und quantitative Erhebung in Spitälern zeigt auf, dass ein intern klar formulierter Auftrag der Fokussierung auf Innovationen dient, welche die Institution voranbringen (McDonald 2007). In einer Befragung von Mitarbeitenden zu den Charakteristika innovativer Non-Profit-Organisationen wird hingegen die Fokussierung auf den institutionellen Auftrag nur mit geringer Häufigkeit als Merkmal von Innovativität genannt (Jaskyte/de Riobo 2004: 75). Allerdings ist neben dem differierenden Untersuchungsdesign auf den höchst unterschiedlichen gesellschaftlichen Kontext hinzuweisen, in dem die beiden Untersuchungen durchgeführt wurden:

McDonald forschte in den USA, Jaskyte und de Riobo in Argentinien. Die in der Studie von Jaskyte/de Riobo meistgenannte Eigenheit für innovative Organisationen war die Suche nach neuen Wegen, Lösungen und unkonventionellen Arbeitsformen (Durchschnittswert 4.92 auf einer Skala von 1 bis 5) (ebd.: 76). Die Untersuchung von McDonald zeigt darüber hinaus, dass die Varianz hinsichtlich umgesetzter Innovationen massgeblich auf die Grösse der Organisation zurückzuführen ist: Grosse Institutionen verfügen über ihre grundsätzliche Innovationsbereitschaft hinaus über die notwendigen Ressourcen, um Innovationen einzuführen (McDonald 2007: 273). Die Studie von McDonald liefert ausserdem Hinweise, wie Innovativität (im Spitalbereich) gemessen werden könnte. Basierend auf den Ergebnissen des qualitativen Teils schlägt er eine Erfassung über folgende vier Items vor: 1. „Wir sind häufig die ersten, die eine neue Dienstleistung in unserem Bereich anbieten", 2. „Unsere Organisation hält mit dem technologischen Fortschritt mit", 3. „Wir ziehen Patienten und Patientinnen von anderen Spitälern an, weil wir einzigartige und innovative Leistungen anbieten", 4. „Unsere Organisation steht im Ruf, innovativ zu sein" (McDonald 2007: 268 sowie 279, Übersetzungen durch die Autorin). Zur Überprüfung der auf diese Weise vorgenommenen Selbsteinschätzung wurden die Befragten gebeten, aus einer Liste von 30 kürzlich erfolgten Innovationen aus dem Gesundheitsbereich diejenigen zu bezeichnen, die in ihrem Spital umgesetzt werden. Zu Recht hält der Autor betreffend der Generalisierbarkeit der Ergebnisse fest, dass sich der Spitalbereich von anderen Teilen des Non-Profit-Sektors unterscheidet, namentlich in der Zusammensetzung der Einkünfte (mehr Leistungsverträge und pauschale Beiträge als Spenden und direkte Subventionen) und hinsichtlich eines im Gesundheitsbereich in beschränktem Masse vorhandenen Wettbewerbs (McDonald 2007: 276).

Weitere Hinweise zum Zusammenhang zwischen Organisationsform und Innovativität ergeben sich aus der Untersuchung von Merlin-Brogniart und Moursli-Provost (Merlin-Brogniart/Moursli-Provost 2007), die mit einem vergleichenden Ansatz arbeiten: Sie analysieren Innovationsprozesse in drei unterschiedlich organisierten Institutionen der Altenpflege (gewinnorientiertes Alterspflegeheim, öffentliches Heim, Non-

Profit-Heim). Die Autorinnen äussern den Befund, dass die interne Entwicklung von Innovationen oder der Transfer von andernorts entwickelten Neuheiten durch den legalen Status einer Institution beeinflusst sind. Innovation hat sich im nicht-gewinnorientierten Pflegeheim als am wahrscheinlichsten erwiesen. Den Grund dafür sehen die Autorinnen im umfassenden Kompromiss, der dem Organisationsverständnis zugrunde liegt, und der unterschiedlichste Logiken (staatsbürgerliche, häusliche, gewerbliche, marktwirtschaftliche Reputation) verbindet, so dass beträchtliche Möglichkeiten für Innovation entstehen. Neben dem legalen Status der Institution sind nachgeordnet weitere Faktoren innovationsrelevant: Das individuelle Gepräge der Leitungsperson, der Professionalisierungsgrad der Mitarbeitenden, die geltende Gesetzgebung sowie der Finanzierungsmodus und die damit verbundenen Standards (Merlin-Brogniart/Moursli-Provost 2007: 21f).

Als weiterer relevanter Faktor im Zusammenhang mit dem Innovationsgeschehen in Non-Profit-Organisationen erweist sich das leitende Kader und sein Führungsstil (Shin/McClomb 1998; Waldman/Bass 1991). So gilt ein visionärer Führungsstil (im Gegensatz zu aufgabenorientierten oder analytischen) als wichtiger Prädiktor für Innovationen (Shin/McClomb 1998: 15f). In quantitativen Erhebungen zum Zusammenhang von organisationaler Innovation und Führung stellten Shin/McClomb fest, dass eine zentralistische Organisationsform negativ mit Innovationen auf organisationaler Ebene korrelierte. Weitere Studien plädieren dafür, zur Erklärung des Innovationsaufkommens den Führungsstil innerhalb einer Organisation in Verbindung mit der Organisationskultur zu betrachten (Denison 1990; Jaskyte 2004: 154). Hinsichtlich dieser Frage zeigt ein Vergleich organisationaler Innovationen in personenbezogenen Non-Profit-Diensten in Litauen und den Vereinigten Staaten, dass ein hoher Konsens zu kulturellen Aspekten innerhalb einer Organisation mit einer geringen Innovativität der Organisation korreliert (Jaskyte/Kisieliene 2006: 171). Innovativität wird dabei definiert als „the implementation of an idea, service, process, procedure, system, structure, or product that is new to the prevailing organizational practice" (ebd.: 168). Untersucht wurde auch der Zusammenhang zwischen interinstitutioneller Zusammenarbeit und der Innovationskraft von Non-Profit-Organisationen (Goes/Park 1997; Jaskyte/Lee 2006; Ostrower 2003). Ostrower hält zur Nachhaltigkeit von Partnerschaften im kulturellen Bereich fest, dass die Vorteile interinstitutioneller Zusammenarbeit in den meisten Fällen ihren Abbruch nicht verhindern konnten, sobald die Gelder zu deren Unterstützung ausblieben (Ostrower 2003: 31). Jaskyte und Lees Befunde zeigen signifikante Korrelationen zwischen Innovationen und Komponenten interinstitutioneller Zusammenarbeit, so insbesondere zwischen administrativen Innovationen und der gegenseitigen Zuweisung von Klientinnen und Klienten ($r=.434$, $p < .05$) sowie zwischen Innovationen und technischer Unterstützung ($r= .483$, $p < .01$) (Jaskyte/Lee 2006: 49).

3.3 Innovation im öffentlich-staatlichen Sektor

Das Potential des öffentlichen Sektors ist erheblich: In den EU-Ländern macht er rund 41% des Brutto-Inlandprodukts aus (Commission of the European Communities 2007: 3). Unter den öffentlichen Sektor fallen die Verwaltung, betraut mit dem Vollzug staatlicher Massnahmen, und die politische Entscheidungsebene. Dass beide Ebenen ganz unterschiedlich organisiert sind, führt zur Frage, welche Konsequenzen sich daraus für Innovationen ergeben.

Zimmermann hält für den öffentlichen Bereich Veränderungen ‚von oben' für realistisch: Seiner Ansicht nach handelt es sich bei einer Innovation im öffentlich-staatlichen Bereich zumeist um die Umsetzung einer neuen politischen Konzeption. Bei neu vorgebrachten Ansprüchen an den öffentlichen Dienst (z.B. durch soziale Bewegungen) ist erst „die gesetzliche Festlegung eines Vorschlags als Innovation zu bezeichnen" (Zimmermann et al. 1998: 50). Cohen hingegen beschreibt für grosse bürokratische Organisationen – zu denen auch die öffentliche Verwaltung gezählt wird – den Verlauf einseitig als Wandel, der durch neue Gesetze, neue Richtlinien, neue Gerichtsurteile erforderlich wird (Cohen 1999: 47). Dem Ausführungsbereich des öffentlichen Sektors wird aufgrund seiner

Organisationsstruktur nur geringer Innovationsspielraum zugestanden, so dass der öffentliche Sektor oft als träge bzw. innovationsarm bezeichnet wird. Zu unrecht, wie Zimmermann zeigt: Je komplexer das Aufgabenfeld, desto weniger ist es möglich, dieses vollständig über Vorgaben zu steuern. Damit bestehen „im Bereich der Bereitstellung von Gütern und Diensten durch den Staat tendenziell bessere Voraussetzungen für ein innovatives Verhalten als etwa in den Bereichen, die die sogenannten rechtsstaatlichen Funktionen umfassen" (Zimmermann et al. 1998: 58).

Die Generierung von Innovation im öffentlichen Sektor erfolgt nicht über einen Wettbewerb nach Marktmechanismen, sondern hat einen politischen Prozess ihrer Beurteilung und Selektion als Voraussetzung und auch oft als Folge (ebd.: 50f). Die Argumente in diesem Prozess sind der grundsätzliche Handlungswille, die Finanzierungsmöglichkeiten, die sachlogische Bewertung und die Evaluationsergebnisse einer Projektphase oder eines Modellversuches (ebd.: 70–75). Die Bedeutung des Wissensvorsprungs, der sich in Innovationen des öffentlichen Sektors materialisiert, ist wesentlich kleiner als in marktförmigen Verhältnissen, in welchen es eine temporäre Monopolstellung zu erreichen und zu halten gilt. Die Verwendung öffentlicher Gelder und die „Unsicherheit über die tatsächlich eintretenden Wirkungen einer als innovativ zu bezeichnenden staatlichen Massnahme" (ebd.: 48) führen dazu, dass Risiken vermieden werden. Die mit einem Fehlschlag verbundenen erheblichen gesellschaftlichen Kosten werden oft höher gewertet als das Überdenken von Routinen.

Cohen identifiziert für bürokratische Organisationen drei Konstellationen, die Innovation verhindern können: Zum einen der starke Glaube, dass Veränderung nur von der Leitung initiiert werden kann. Zweitens die Schwierigkeit finanzielle Anreize für herausragende Ideen und Leistungen der Mitarbeitenden zu schaffen. Drittens die Befürchtung, dass Innovation destabilisierend wirkt (Cohen 1999: 48f). Aufgrund einer Fallstudie, die sich auf die Schaffung eines Fonds zur Förderung von Innovation im Jugendamt einer Grosstadt bezieht, kommt Cohen zu wichtigen Erkenntnissen für das Feld der öffentlichen Verwaltung und für darauf ausgerichtete Innovationsförderung. Bereits die Zielsetzung des Fonds hält fest, dass mit programmatischen Veränderungen in den Dienstleistungen auch neue Organisationsformen einhergehen: „The purpose of the (...) project has been to attempt to transform this large centralized bureaucracy into a more flexible and adaptive organization that searches for innovative approaches to serving clients, encourages and rewards staff initiative, and promotes continuous learning through experimentation and feedback." (ebd.: 49) Die Kriterien zur Beurteilung der Projekte, die eine Finanzierung über den Fonds beantragten, waren unter anderem ihre Umsetzbarkeit, ihr Transferpotential oder ihr Potential zur weiteren Professionalisierung der Mitarbeitenden (ebd.: 51). In der konkreten Umsetzung der finanzierten Projekte hat sich die Unterstützung durch eine einzelne Person mit hohem und verbindlichem Engagement als entscheidend erwiesen. Transferprozesse hingegen gestalteten sich komplex und schwierig, insbesondere auf der Ebene der Information und der Organisationsentwicklung (ebd.: 53f).

3.4 Innovation im Bereich von Dienstleistungen

In engem Zusammenhang zu den einleitend beschriebenen gesellschaftlichen Umwälzungen und zur gesteigerten Bedeutung von Wissen steht eine massive Verschiebung der für das Bruttoinlandprodukt relevanten Aktivitäten in den Dienstleistungssektor. Diese Verlagerung geht so weit, dass teilweise bereits von Dienstleistungsökonomien die Rede ist. Dienstleistungen wurden bis in die 1980er Jahre in ausschliesslicher Abhängigkeit von Produkten gesehen, die beworben, verkauft, gewartet, repariert usw. werden sollten. Aus einem Verständnis von Dienstleistung als Begleiterscheinung hat sich der Fokus der ökonomischen Innovationsforschung und -theorie lange Zeit entsprechend wenig auf diesen Bereich ausgerichtet. Dies hat sich in den letzten Jahren verändert: Während Güter unter Verwendung von immer weniger Arbeitskraft produziert werden können, sind Dienstleistungen vergleichsweise arbeitsintensiv und gewinnträchtig, und entsprechend steigt der Bedarf an ausgebildetem und hoch qualifiziertem Personal (Hipp/Grupp 2005: 519). Erst in jüngerer Zeit haben Autoren wie Miles und Boden, Gallouj oder Sundbo dies in ihren Arbeiten zu Dienstleistungsinnovationen aufgenommen und gleichzeitig darauf hingewiesen, welche bedeutende Rolle die zeitgemässe Erbringung von Dienstleistungen und die damit einhergehende Verwertung von Wissen für die weitere gesellschaftliche Entwicklung spielen (Gallouj 2002; Miles/Boden 2000; Sundbo 2000).

Der Dienstleistungssektor präsentiert sich äusserst heterogen. Miles und Boden unterscheiden zwischen Dienstleistungen, die sich auf die Umwelt (beispielsweise Abfallbewirtschaftung), auf Artefakte (beispielsweise Transport und Bau), auf Menschen (beispielsweise Bildung oder Pflege) oder auf Symbole, Informationen und Wissen (beispielsweise Kommunikation und Unterhaltungsindustrie) beziehen (Miles/Boden 2000: 6f). Weitere Differenzierungen von unterschiedlichen Dienstleistungstypen finden sich bei Sundbo sowie bei Flipo. Sundbo unterscheidet zwischen wissensintensiven und manuellen Dienstleistungen, Massen- und Individualdienstleistungen sowie zwischen technologieintensiven und -extensiven Dienstleistungen (Sundbo 2000: 110). Flipo dagegen differenziert zwischen Dienstleistungen des höheren Tertiärbereichs (freie Professionen, Lehre, Wissenschaft), Dienstleistungswerkstätten mit einem Produktionsort im traditionellen Sinne (zum Beispiel Restauration, Quartierläden, Temporärbüros) und Massendienstleistungen mit hohem Automatisierungspotential (wie beispielsweise Selbstbedienungsläden, Kino, Schnellimbissketten) (Flipo 2001: 37).

Im Zusammenhang mit den spezifischen Merkmalen von Dienstleistungen ergeben sich auch spezifische Sachverhalte für Innovationen in diesem Bereich: Traditionelle, aus dem technologischen Kontext stammende Indikatoren für Innovation wie beispielsweise Aktivitäten in Forschung und Entwicklung oder Patente eigenen sich nicht für die Erfassung von Innovationen im Dienstleistungsbereich. Erhebungen, die diese Indikatoren verwenden, weisen aufgrund eines technologischen Bias folglich einen geringen Innovationsgrad für den Dienstleistungsbereich aus (Hipp/Grupp 2005: 525f; Miles/Boden 2000: 9). Eine vertiefte Beschäftigung mit Innovationen im Dienstleistungsbereich hingegen zeigt weit mehr Aktivitäten. So ist zu beachten, dass interne Forschungs-

und Entwicklungsabteilungen und entsprechende Aktivitäten im Dienstleistungssektor weniger verbreitet sind als in Produktionsfirmen (Hipp/Grupp 2005: 523). Hipp und Grupp schlagen Einträge als Handelsmarke als empirische Messgrösse für Innovationen im Dienstleistungsbereich vor (ebd.: 521 sowie 526). Damit blenden sie jedoch nicht gewinnorientierte Dienstleistungszweige wie Erziehung und Bildung oder Pflege aus.

Gemäss Sundbo integrieren Innovationen im Dienstleistungsbereich häufig unterschiedliche Aspekte von Prozess-, Organisations-, Markt- und Produktinnovation (Sundbo 2000: 112). Infolge und wegen der Beteiligung unterschiedlicher Akteure eignet sich zu ihrer Erfassung eine Betrachtungsweise, welche die drei Dimensionen Zeit, Referenzrahmen und Materialisierungsgrad umfasst (Flipo 2001: 18; Gallouj 2002: XV). Innovationen im Dienstleistungsbereich erfolgen eher auf der Basis von Projektentwicklungen als im Rahmen von kontinuierlich eingerichteten Forschungs- und Entwicklungsabteilungen. Die enge Verzahnung von Dienstleistungserbringung und deren Inanspruchnahme macht ausserdem komplexe Innovationssysteme notwendig und lässt lineare Modelle wenig angemessen erscheinen (Gallouj 2002: XV). Adäquate Indikatoren für Innovationen im Dienstleistungsbereich wären ein Zugewinn für die empirische Untersuchung des Feldes und würden eine bessere Integration dieses Sektors in die staatliche Innovationsförderung erlauben.

Für Dienstleistungsorganisationen mit einem hohen Anteil an Professionellen unter den Mitarbeitenden wird Folgendes in Anschlag gebracht: In der Auffassung, dass es Teil der Professionalität ist, zu Innovationen beizutragen, sind Innovationsprozesse dort kollektiv angelegt. Weil Professionelle jedoch häufig wenig unternehmerisch denken, weisen die Entwicklungsprozesse eine geringe Effizienz auf (Sundbo 2000: 118f). Der Erfolg von Innovationen in einer von Professionellen geprägten Organisation hängt wesentlich davon ab, ob sie konsistent mit den Bedürfnissen und Werten der Klientinnen und Klienten sind, und ob sie sich systematisieren und reproduzieren lassen. Zum Erfolg tragen zudem der Einbezug der Mitarbeitenden sowie die gute interne Kommunikation

– bis hin zu einem internen Marketing – bei (ebd.: 122). Andernfalls werden Innovationen tendenziell als statusgefährdend wahrgenommen und von Professionellen behindert.

Soll nun an dieser Stelle auch für Dienstleistungsinnovation der Stand der Forschung zusammengefasst werden, gibt es wiederum unterschiedliche Vorschläge zur thematischen Bündelung. Flipo unterscheidet vier Gegenstandsbereiche: Der Fokus der Forschung liegt entweder auf der kundenorientierten Funktionalität der Innovation (warum und für wen?), auf dem Dienstleistungsprodukt (was?), auf dem Prozess der Produktion und Leistungserbringung (wie?) oder auf den Ressourcen, Mitteln und Kompetenzen, die eine Dienstleistungsinnovation ermöglichen (womit?) (Flipo 2001: 46). Gallouj seinerseits differenziert nach Herangehensweisen: Eine technologische Herangehensweise, die Dienstleistungsinnovation auf die Einführung technischer oder technologischer Systeme reduziert; eine dienstleistungsorientierte Herangehensweise, die die Besonderheiten von Innovationen im Dienstleistungsbereich hervorstreicht und eine integrative Herangehensweise, die eine gleiche analytische Sicht für Dienstleistungs- und Produktinnovationen vorschlägt (Gallouj 2002: 1). Gallouj hält zu dieser Unterscheidung fest: „Those studies that equate innovation in services with technological innovation (adopted by services) are by far the oldest and most numerous, which has contributed to some extent to the overestimation of technological dimension or, more precisely, to the underestimation of other aspects of innovation in services." (ebd.: 2)

Für die vorliegende Arbeit sind insbesondere Studien von Interesse, die sich auf personenbezogene Dienstleistungen beziehen. Mit Sundbo ist festzustellen, dass gerade zu diesem Thema die empirischen Grundlagen äusserst dürftig sind (Sundbo 2000: 111). Diesen Befund unterstreicht das Papier der EU-Kommission „Towards a European strategy in support of innovation in services" und erwähnt im Zusammenhang mit der steigenden Bedeutung von Dienstleistungen die Notwendigkeit, entsprechende Indikatoren für Innovationen auszuarbeiten und das *Frascati Manual* zur Erfassung der Innovativität in den EU-Staaten zu erweitern (Commission of the European Communities 2007: 10). Vorarbeiten dazu finden sich beispielsweise bei Armbruster et al. (2008).

Martin/Horne erachten, dass die Charakteristiken des Innovationsprozesses in Dienstleistungsfirmen mit denjenigen in Produktionsfirmen vergleichbar sind, jedoch eine unterschiedliche Gewichtung erfahren (Martin/Horne 1994). Dass eine derartige Modellierung für Innovationen personenbezogener Dienstleistungen bereichsübergreifend vorgenommen werden kann, wird allerdings von anderen Autoren aufgrund der festgestellten Heterogenität des Dienstleistungsbereichs bezweifelt (Edvardsson/Olsson 1996; Flipo 2001; Gallouj/Gallouj 2000; Gallouj 2000). Empirische Studien zu Innovation im Dienstleistungsbereich gehen den Faktoren nach, die für den Erfolg in Innovationsprozessen massgeblich sind bzw. diesen verhindern (de Brentani 1989; Edvardsson/Haglund/Mattsson 1995; Gadrey/Gallouj/Weinstein 1996; Jallat 1994). So identifizieren Edvardsson, Haglund und Mattson in ihrer Studie zu Dienstleistungsentwicklungen im Finanz-, Telekommunikations- und Transportbereich für erfolgreiche Prozesse wesentliche Hindernisse in mangelnder Information, unklarer Zuteilung von Verantwortlichkeiten und Ressourcen, wenig systematischem Feedback und Reporting und lückenhafter Dokumentation (Edvardsson et al. 1995: 33).

Generell scheinen differierende Einflüsse auf die Innovationsprozesse im Dienstleistungsbereich weniger bereichsspezifisch als vielmehr generell davon abhängig zu sein, wie eine Organisation strukturiert ist, und inwiefern die erbrachten Dienstleistungen auf Technologie basieren (Gadrey et al. 1995). So lässt sich mit Kissling festhalten, dass die Dienstleistungsforschung noch weiter vorangetrieben werden muss, wenn Dienstleistungsinnovation künftig systematisch entwickelt und adäquat begleitet werden soll (Kissling 2008).

Noch weniger Untersuchungen befassen sich spezifisch mit Innovation im Rahmen von nicht-gewinnorientierten Humandienstleistungen (Detert/Schroeder/Mauriel 2000; Hauser 1998; Jaskyte/Kisieliene 2006; Shin/McClomb 1998). Die Studien von Jaskyte/Kisieliene sowie von Shin/McClomb wurden bereits im Kapitel zu Innovationsforschung im Non-Profit-Bereich referiert. Sie verweisen auf die Bedeutung des Führungsstils des Kaders sowie auf diejenige der Organisationsform. Hauser konzentriert sich mit dem Beispiel eines Spitals und der Einführung eines Archivierungs- und Kommunikationssystems auf den Zusammenhang zwischen Kultur und Innovativität einer Organisation. Er identifiziert einerseits kulturelle Faktoren, die für Innovationsprozesse insgesamt bedeutsam sind, und andererseits Faktoren, die je nach Innovationsphase eine unterschiedliche Wirkung entfalten. Zu ersteren gehört eine hohe Bereitschaft mit internen und externen Anspruchsgruppen zu kommunizieren, Werte und Normen zur Unterstützung funktionaler Konfliktlösungen sowie eine subkulturelle Diversität der einzelnen Organisationseinheiten. Zu letzteren zählt Hauser eine starke und kohärente Organisationskultur: Breit geteilte kognitive Muster und Werte verhindern bei der Identifikation von Innovationspotential und der Generierung von Lösungen die notwendige Durchlässigkeit und Vielfalt. Sie erweisen sich jedoch im Hinblick auf Akzeptanz und Umsetzung einer Innovation als Katalysatoren, weil sie in einem durch Unsicherheit geprägten Prozess Sicherheit und Orientierung vermitteln (Hauser 1998: 248f).

Hinweise zu Innovation im Bereich von Humandienstleistungen machen auch Richie und Alperin (2002). Am Beispiel von einzelnen Innovationen (Sterbehospize, Dienste im Bereich häuslicher Gewalt, Tagesbetreuung für Kinder) arbeiten die Autoren fünf Stufen der Entwicklung heraus: Ein Problem wird in einer ersten Phase als individuell wahrgenommen, bevor es in einer zweiten Phase vermehrt sichtbar wird. Die dritte Phase setzt mit der Erarbeitung erster Pionierlösungen ein. Die in der vierten Phase erfolgte Akkumulierung von empirischen Daten und Literatur unterstützt Politik und Professionelle in der Bearbeitung und erlaubt schliesslich in der fünften Phase, dass dem Thema auf administrativer und legislativer Ebene angemessene Aufmerksamkeit zukommt (Richie/Alperin 2002: 124). Indem Richie und Alperin Innovation einseitig als Prozess beleuchten und dessen Produkt gleichzeitig mit der Entstehung neuer Dienste gleichsetzen, fallen sie hinter die von Flipo differenzierten vier möglichen Innovationsebenen (vgl. oben) zurück.

Als weiteres Beispiel für Humandienstleistungen kann die Gesundheitsvorsorge und -pflege gelten. Länsisalmi et al. liefern hierzu einen systematischen Forschungsüberblick. Sie definieren dabei Innovation als „intentional introduction and application within a role, group or organisation, of ideas, processes, products or procedures, new to the relevant unit of adoption, designed to significantly benefit the individual, the group, or wider society" (Länsisalmi et al. 2006: 67). Die Metaanalyse zu Innovationen im Gesundheitsbereich zeigt, dass es sich lediglich bei 31 von über 700 Arbeiten um empirische Studien handelt. Die inhaltsanalytisch heraus gearbeiteten Ergebnisse verdeutlichen dabei, dass sich ein Grossteil der Studien (36%) auf Innovationen im Sinne von neuen Verfahren bezieht; 10% fokussieren neue organisatorische Strukturen und weitere 13% technische Neuerungen (ebd.: 68). Als notwendig – weil aktuell fehlend – erachten die Autorinnen Längsschnittstudien und Studien mit einem *multilevel approach*. Ebenso macht die Tatsache, dass aktuelle Forschung zu Innovationen im Gesundheitsbereich vornehmlich die Umsetzungsphase von Projekten beleuchtet, weitere Forschung insbesondere zur Generierung und Konzeptualisierung von Innovationen notwendig (ebd.: 69–71).

3.5 Zusammenfassung und Fazit für die Soziale Arbeit

Die Ausführungen zu Innovation und Innovationsforschung im Non-Profit-Bereich, im öffentlichen Sektor und im Dienstleistungsbereich haben gezeigt, dass Innovation einen umfassenden Gegenstand darstellt. Eine fundierte Auseinandersetzung damit bedeutet, sich mit Prozessen und Prozessergebnissen, Personen, Einflussfaktoren aber auch mit der Innovationsebene (Gruppe, Organisation, Nation, Gesellschaft) zu befassen. Diese Auseinandersetzung kann unter dem Blickwinkel unterschiedlicher wissenschaftlicher Disziplinen erfolgen, am umfassendsten ist sie jedoch bislang aus ökonomischer Perspektive geführt worden, was zur Folge hat, dass bestimmte Aspekte umfänglich ausgelotet, andere hingegen noch kaum beleuchtet wurden.

Dargestellt wurden Ansätze für Innovation im Non-Profit-Bereich, die sich von marktwirtschaftlich und kompetitiv ausgerichteten Modellen unterscheiden, sowie Überlegungen zu Innovation im öffentlichen Bereich und im Dienstleistungssektor. Es hat sich erwiesen, dass die Arbeit auf konzeptioneller Ebene erst ansatzweise geleistet ist, und auch eine eingehende empirische Überprüfung noch zu erfolgen hat. Klar wurde ferner, dass unterschiedliche Ansatzpunkte der wissenschaftlichen Betrachtung unverbunden bleiben und ein tragendes Konzept von Innovation fehlt.

Non-Profit-Organisationen haben die Möglichkeit zur Spezialisierung und zur Verbindung unterschiedlicher Logiken. Die daraus erwachsende Flexibilität gilt als wichtiger Faktor im Zusammenhang mit Innovationen. Da das Wirtschaften im Non-Profit-Bereich nicht gewinnorientiert ist, sind für Mitarbeitende andere als finanzielle Anreize zu setzen, bzw. ist hoch intrinsisch motiviertes und gut ausgebildetes Personal notwendig. Weitere Grundlagen für Innovationen in diesem Bereich bestehen daraus, für deren Entwicklung Ressourcen zur Verfügung zu stellen und eine geeignete Einschätzung der Entwicklungen im Feld vorzunehmen (Perri 1993). Festzustellen ist, dass Non-Profit-Innovationen insbesondere darin bestehen, neue Dienste für bestehende Adressatengruppen bereitzustellen (Osborne 1998).

Innovation im öffentlich-staatlichen Bereich ist in enger Verbindung mit den gesetzlichen Bestimmungen zu sehen, die diesen Bereich strukturieren. Neuerungen sind dann möglich, wenn neue politische Konzeptionen umzusetzen sind (Cohen 1999), oder wenn es Interessengruppen gelingt, Veränderungen durchzusetzen und gesetzlich zu verankern. Aufgrund der Finanzierung des öffentlich-staatlichen Sektors durch Steuergelder, werden Innovationen stets einer mehr oder weniger umfassenden politischen Beurteilung unterzogen. Es zeigt sich dabei, dass verzweigte und vielschichtige Aufgabenfelder nicht vollständig über Vorgaben zu steuern sind und in diesen somit bessere Voraussetzungen für Innovationen bestehen (Zimmermann et al. 1998).

Für Dienstleistungsinnovationen ist hervorzuheben, dass sie in komplexen Systemen entstehen und aufgrund der Gleichzeitigkeit von Erbringung und Inanspruchnahme wissens- bzw. informationsintensiv sind. Ihr Erfolg hängt wesentlich davon ab, ob sie sich systematisieren und auf gleiche oder ähnliche Dienste übertragen lassen. Entsprechend bedeutsam erweisen sich die interne und externe Kommunikation einer Organisation und die Organisationskultur.

Für die Soziale Arbeit sind drei Aspekte aus den obigen Ausführungen besonders relevant: Soziale Arbeit orientiert sich erstens nicht an materiellem Gewinn, sondern wirtschaftet im besten Fall kostendeckend. Sie ist an übergeordneten Werten ausgerichtet und nimmt diesbezüglich eine wichtige Funktion in der Gesellschaft oder in gesellschaftlichen Teilbereichen wahr. Sofern die Wertorientierung ein wesentliches Charakteristikum Sozialer Arbeit darstellt, müssen Innovationen in der Sozialen Arbeit gleichfalls an diesen Werten gemessen werden. Angestrebt wird mit Innovationen in der Sozialen Arbeit nicht ein Alleinstellungsmerkmal, kurzlebiger Erfolg oder materieller Gewinn, sondern robuste und nachhaltige Innovationen, die für Adressatinnen und Adressaten einen Mehrwert darstellen, bilden die Zielgrösse. Daraus ergeben sich spezifische Kriterien zur Bestimmung von Gehalt und Erfolg einer Innovation.

Zweitens sind Institutionen der Sozialen Arbeit – dies gilt für zahlreiche europäische Länder – in einem sogenannten *Welfare-Mix* verortet, in welchem das Nebeneinander und Miteinander staatlicher und nichtstaatlicher Organisationen (Vereine, Stiftungen) prägend ist. Je nach Tätigkeitsfeld und Auftrag ist die Soziale Arbeit in die öffentliche Verwaltung integriert oder agiert im Rahmen von Non-Profit-Organisationen, die durch Subventionen der öffentlichen Hand, Spenden und andere private Gelder finanziert sind. Daraus ergibt sich die Frage, ob und in welcher Weise sich die unterschiedlichen Steuerungs- und Finanzierungslogiken auf Formen und Prozesse von Innovationen auswirken.

Drittens ist für die Soziale Arbeit typisch, dass ihre Leistungen fall- und situationsspezifisch erbracht werden. Als personenbezogene, überwiegend durch Professionelle erbrachte und durch Dritte finanzierte Tätigkeit ist sie zwar anschlussfähig an das Konzept von Dienstleistung (Bauer 2001: 21f). Da diese Anschlussfähigkeit jedoch speziell im Zuge der Einführung neuer Steuerungsmodelle Betonung fand, wird sie in der Sozialen Arbeit kritisch diskutiert (hierzu z.B. Oechler 2009; Olk/Otto 2003). Obwohl an dieser Stelle nicht die gesellschaftspolitische Einbettung und die Analyse des Dienstleistungsdiskurses in der Sozialen Arbeit im Vordergrund steht, sind einige Punkte aus dieser Diskussion für die weiteren Überlegungen im Zusammenhang mit Innovation in der Sozialen Arbeit relevant. Sie zeigen, dass konzeptuelle Ansätze und empirische Ergebnisse zu Innovation im Dienstleistungssektor nicht eins zu eins auf die Soziale Arbeit zu übertragen sind. Eigenheiten der Sozialen Arbeit betreffen insbesondere das Gefüge von Angebot und Nachfrage: Die idealtypische Steuerung personenbezogener Dienstleistungen durch Adressatinnen und Adressaten trifft für die Soziale Arbeit aufgrund struktureller Merkmale nur begrenzt zu. Dass Klientinnen und Klienten ihr „dienstleistungsbezogenes Anliegen selbständig erkennen und gegenüber den (potentiell) Dienstleistenden artikulieren" (Olk/Otto/Backhaus-Maul 2003: XIII), ist in der Sozialen Arbeit nicht immer zutreffend. Das Dienstleistungskonzept betont den notwendig aktiven Part von Klientinnen und Klienten in subjektiven Aneignungsprozessen (von Kompetenzen, Bildung, Gesundheit usw.) (Schaarschuch 2006: 84f), blendet aber gleichzeitig Konstellationen aus, in denen der Kooperationswille und die Kooperationsfähigkeit von Adressatinnen und Adressaten Sozialer Arbeit nicht vorausgesetzt werden können oder vorhanden sind: „Die starke Betonung einer symmetrischen Rollenkonstruktion zwischen Professionellen und Adressatinnen und Adressaten (...) die für den Dienstleistungsgedanken charakteristisch ist, kollidiert partiell mit dem der Sozialen Arbeit auch inhärenten Eingriffs- und Kontrollauftrag." (Oechler 2009: 73) Charakteristisch ist zudem, dass Klientinnen und Klienten der Sozialen Arbeit nicht als Kunden auftreten. Sie haben weder die Wahl zwischen mehreren Anbietern der gleichen Leistung, noch sind sie in der Lage, die Leistungen der Sozialen Arbeit selbst zu bezahlen. Quantität und Qualität der angebotenen Leistungen werden entsprechend nicht durch die Nachfrage zahlender Kunden reguliert, sondern kommen in einem komplexen Gefüge von nachgewiesenen Bedürfnissen, Ressourcen und Kostenträgern zu Stande (Olk et al. 2003: XXII). Wenn in der vorliegenden Arbeit von Innovation in der Sozialen Arbeit die Rede ist, dann liegt der Fokus nicht bei Neuerungen auf der Ebene direkter Klientenarbeit, sondern auf angebotsseitigen Innovationen. Eine Gliederung des

Dienstleistungsprozesses in drei Phasen kann diese Differenzierung verdeutlichen: Phase 1 dient dem Aufbau notwendiger Leistungspotentiale (Mitarbeitende, Infrastruktur, Konzepte). In Phase 2 werden diese internen Faktoren kombiniert und mit dem externen Faktor der Adressatinnen und Adressaten in Verbindung gebracht. Gelingt dies, dann resultiert als immaterielles Ergebnis ein Nutzen für den Dienstleistungsempfänger. Phase 3 dient der Feststellung erzielter Wirkungen im Hinblick auf die intendierten Ziele und gegebenenfalls der Anpassung der in den vorangehenden Phasen relevanten Faktoren (Olk et al. 2003: XXVII–XIX; Schaarschuch/Oehlerich 2005: 11f). Welche Leistungspotentiale in Phase 1 aufgebaut werden, hängt einerseits von wahrgenommenen oder geäusserten Bedürfnissen bestimmter Adressatengruppen, der fachlichen Position der Sozialen Arbeit und andererseits von politischen Entscheiden über den legitimen Anspruch der Klientel auf Leistungen ab. Dienstleistungstheoretische Überlegungen verweisen jedoch auch darauf, dass ein in Phase 2 und 3 auf Adressatenseite sich einstellender Nutzen massgebend für eine Innovation ist. Die innovative Verfasstheit sozialer Dienste und damit „die professionellen, organisationellen und institutionellen Bedingungen gelingender und nicht gelingender Aneignung" (Schaarschuch/Oehlerich 2005: 11f) sind einer kritischen Analyse zu unterziehen. Dass gerade im Bereich öffentlicher sozialer Dienstleistungen ein Rückzug des Staates aus deren direkten Erbringung zugunsten einer verstärkten Konzentration auf die Funktionen der Regulierung und Finanzierung zu beobachten ist (Olk et al. 2003: LVIII), muss für das Thema Innovation in der Sozialen Arbeit als politisch-ökonomischer Kontext im Blick behalten werden.

Die vorgängig diskutierten Hinweise und Ergebnisse aus den drei Bereichen öffentliche Verwaltung, Non-Profit-Organisationen und Dienstleistungen gehen auf diese komplexe Steuerungsstruktur der Sozialen Arbeit nicht oder nur marginal ein. Sie bilden freilich die Basis für weitergehende Überlegungen und finden in der vorliegenden Arbeit auf drei unterschiedlichen Ebenen Niederschlag: Erstens führen sie im Hinblick auf Innovation und Innovationsprozesse zu einer theoretischen Sensibilisierung. Zweitens erlauben sie die Formulierung zweier Annahmen, die im Zuge der empirischen Untersuchung von Innovationsprozessen einen Aufmerksamkeitsfokus bilden. So ist zu prüfen, ob Innovationen von innen eher in Praxisfeldern und Institutionen der Sozialen Arbeit zu erwarten sind, die nicht in das politisch-administrative System eingebunden sind und deren Finanzierungsform eine weniger direkte politische Einflussnahme bedeutet (Merlin-Brogniart/Moursli-Provost 2007: 21f; Zimmermann et al. 1998: 58). Und es ist der Annahme nachzugehen, dass Innovationen insbesondere in Institutionen der Sozialen Arbeit entstehen, in denen ein hohes Bewusstsein für die Professionalität und den institutionellen Auftrag besteht, so dass ein bewusster Umgang mit Wissen gepflegt wird (McDonald 2007: 273; Sundbo 2000: 122). Beide Annahmen werden am Ende von Kapitel 4 nochmals aufgegriffen und als Thesen formuliert. Drittens fliessen die zu Innovation vorliegenden Erkenntnisse aus Studien im Non-Profit-Bereich, im öffentlich-staatlichen Sektor und im Dienstleistungsbereich in die Samplingkriterien zur Auswahl von Institutionen für die empirische Untersuchung ein.

4 Innovation in der Sozialen Arbeit

> Das sozialpädagogische Handeln steht nicht ausserhalb der Lebenswelt, die es stabilisiert und gleichzeitig verändert. Die Sozialpädagogik ist innovativ. (Hamburger 2003: 73)

Trotz der in der Einleitung beschriebenen Ausgangslage und einem beträchtlichen Ausbau von Forschung und Entwicklung in der Sozialen Arbeit, wurde der Innovation in diesem Kontext erst wenig Aufmerksamkeit geschenkt.[5] Die Weiterentwicklung der Wissensbasis dieses Faches, deren Nutzung für die Praxis und für fachliche Neuerungen wurden bisher eher in einer Heuristik der Professionalisierung, der Organisationsentwicklung und/oder der Projektarbeit betrachtet oder in ihrer jeweiligen thematischen Verortung (z.B. als Beratungsansatz, sozialpädagogisches Modellprogramm, methodisches Verfahren) besprochen und bestenfalls über wissenschaftliche Begleit- oder Praxisforschung (vgl. beispielsweise Bitzan 2008) empirisch ergründet. Dass Innovation im Sinne eines übergeordneten Konzepts wissensbasierter Entwicklung relevant wird, steht im Zusammenhang mit einer Sozialen Arbeit, die sich in schnellerer Abfolge aufgefordert sieht, in ihren unterschiedlichen Handlungsfeldern neue, qualitativ hochwertige Angebote der Prävention und Bearbeitung von sozialen Problemen zu formulieren, zu begründen

---

5 Dies mag zum Teil daran liegen, dass die disziplinäre Identität der Sozialen Arbeit bislang auch über Abgrenzungen zu anderen Disziplinen gesucht wurde und dabei zunächst fachfremde Konzepte wenig Beachtung fanden, auch wenn sie – wie im Falle von Innovation – bei einem reflektierten Umgang mit methodischen und inhaltlichen Aspekten produktiv für Disziplin und Profession der Sozialen Arbeit genutzt werden können. Auch die wirtschaftlich-technische Prägung des Innovationskonzepts mag Bedenken nähren, dass die Soziale Arbeit durch die explizite Bearbeitung der Innovationsthematik zwangsläufig einer kompetitiven Marktlogik unterstellt bzw. in einem gesellschaftspolitischen Kontext instrumentalisiert werden könnte (Brown 2010).

und zur Umsetzung zu bringen (Homfeldt/Schulze-Krüdener 2000). Die Durchsicht der wenigen Arbeiten, die sich explizit mit Innovation in der Sozialen Arbeit beschäftigen, zeigt, dass eine in anderen Disziplinen und Sektoren etablierte oder in viel versprechenden Anfängen vorhandene Innovationsforschung (Blättel-Mink 2006: 31–56) in der Sozialen Arbeit noch nicht vorliegt. Es entstanden für die Soziale Arbeit zwar Konzepte zu Formen kooperativer Wissensbildung und forschungsbasierter Praxisoptimierung (Sommerfeld/Hüttemann 2007), die – wie in diesem Kapitel noch dargelegt wird – Bezugspunkte zur Entwicklung von Innovationen aufweisen, jedoch Entwicklungsprozesse an der Schnittstelle von Wissenschaft und Praxis weder unter innovationsspezifischen Gesichtspunkten reflektieren noch empirisch untersuchen. Weiter beziehen sich einzelne Arbeiten aus der Innovationsforschung zwar auf den Bereich des Sozialen, unterscheiden aber nicht zwischen bürgerschaftlichem Engagement, Freiwilligenarbeit und von Professionellen erbrachter Sozialer Arbeit (Osborne 1998). Die nachfolgende Darstellung des Diskussionsstandes zu Innovation in der Sozialen Arbeit kann deshalb keine empirischen Arbeiten mit einbeziehen, sondern beschränkt sich auf die vorliegenden konzeptuellen Ansätze. Diese werden in der chronologischen Reihenfolge ihrer Publikation dargestellt und besprochen, so dass auch der Verlauf der bisherigen Diskussion des Themas sichtbar gemacht werden kann.

4.1 Innovationen umsetzen

Rothman, Erlich und Teresa nehmen 1979 erstmals Innovation in der Sozialen Arbeit unter dem Titel „Innovation und Veränderung in Organisationen und Gemeinwesen. Ein Handbuch für Planungsprozesse" auf.[6] Innovation wird von den Autoren definiert als „jedes Programm, jede Technik oder Tätigkeit, die von einer Bevölkerungsgruppe oder Organisation als neu empfunden wird" (Rothman/Erlich/Teresa 1979: 41). Damit wird

6 Die englische Erstausgabe erschien 1976 unter dem Titel „Promoting Innovation and Change in Organizations and Communities"

eine Definition beigezogen, die stark auf den Relativitätsaspekt von Innovation baut. Das besondere Interesse der Autoren gilt neuen Programmen und Interventionen, deren Einführung in einer Organisation oder im Gemeinwesen eine Herausforderung darstellt. Rothmann et al. ordnen sich damit in den Reformoptimismus jener Zeit ein, der auch politisch weitergetragen werden sollte (Wendt 2005: 27). Die Publikation konzentriert sich in dieser Ausrichtung auf die Beantwortung der Frage, wie Innovationen erfolgreich von der Konzept- in die Umsetzungsphase überführt werden können (Rothman et al. 1979: 40). Die Autoren bedienen sich dabei des klassischen Dreischritts von Forschung, Entwicklung und Verbreitung (ebd.: 12). Ihre Hinweise für die erfolgreiche Gestaltung eines Innovationsprozesses beschränken sich auf die Einführung einer bereits entwickelten Innovation, während Forschung und Entwicklung ausgeblendet werden.

Im Hinblick auf die erfolgreiche Einführung einer Innovation gehen Rothman et al. davon aus, dass diese entlang von kurzfristigen Zielsetzungen etappiert werden muss. Die zentrale Aussage in diesem Zusammenhang bezieht sich auf die Möglichkeit, Innovationen in einem begrenzten Rahmen zu erproben: „Innovationen, die zuerst auf partieller Basis erprobt werden können, haben eine höhere Annahmequote als Innovationen, die eine vollständige Übernahme ohne vorausgehende Erprobung erforderlich machen." (ebd.: 40) Dabei geht es sowohl um eine fachliche Prüfung wie auch um einen Prozess der Meinungsbildung auf politischer Ebene. Sofern Pilotprojekte in dieser Art durchgeführt werden können, gilt es in den Augen von Rothman et al., ein geeignetes partielles Zielsystem zu identifizieren und dafür relevante Entscheidungsträger gekonnt zu adressieren, vor allem indem ihnen die Vorteile deutlich gemacht werden (ebd.: 45–55).

Die weiteren förderlichen oder hinderlichen Faktoren für die Implementierung einer Innovation unterteilen Rothman et al. in persönliche Faktoren der Mitarbeitenden, klientbezogene Faktoren, institutionelle Faktoren und gemeinwesenbezogene Faktoren (ebd.: 59f). Eine Gewichtung dieser Faktoren durch Praktikerinnen und Praktiker der Sozialen Arbeit im Rahmen einer empirischen Untersuchung ergibt folgendes

Bild: Bei den förderlichen Faktoren wird den persönlichen (wie gute institutionsinterne Vernetzung, Interesse und Engagement, gefestigte Position) am meisten Bedeutung beigemessen, gefolgt von institutionellen Faktoren (wie beispielsweise administrative und personelle Unterstützung, Vereinbarkeit mit anderen Aufgaben, Unterstützung durch Vorgesetzte und Vorstand) sowie der Unterstützung durch das Gemeinwesen, die als gleichermassen bedeutsam bewertet werden. Bei den hinderlichen Faktoren (ungünstige Strukturen, fehlende Macht und Einflussnahme, Mangel an finanziellen Ressourcen oder unklare Ziele und Aufgaben) werden diejenigen auf der institutionellen Ebene am stärksten gewichtet. Mit Blick auf diese Analyse liefern Rothman et al. freilich auch ganz pragmatische Vorschläge, um die Einführung von Innovationen zu optimieren. Verwiesen wird auf Strategien des Machtgewinns oder zur Förderung von Zusammenarbeit, die angewendet werden können, wenn eine Innovation auf Widerstand stösst (ebd.: 77–160). Überlegungen, wie Innovationen in der Sozialen Arbeit entstehen, und was die erforderlichen Grundlagen dazu sind, bleiben hingegen aus. Die Arbeit von Rothman et al. bezieht sich demgemäss in erster Linie auf die Umsetzungsphase bereits entwickelter Innovationen und dabei relevanter Einflussfaktoren.

4.2 Innovation in der Sozialwirtschaft

Maelicke (1987, 2005) beschäftigt sich aus dem Blickwinkel der Sozialwirtschaft mit Innovation und setzt Soziale Arbeit mit sozialer Innovation gleich. Maelickes Ausführungen sind im Zusammenhang mit dem Verebben der marktwirtschaftlichen Wachstumseuphorie und der gleichzeitig aufkommenden Krise wohlfahrtsstaatlicher Versorgung zu sehen, die die Betonung neuer Möglichkeiten im Non-Profit-Sektor begünstigten (Wendt 2005: 33). Sozialwirtschaft umfasst alle „Organisationen, Dienste und Einrichtungen, die zu sozialen Zwecken betrieben werden und das Ziel haben, mit ihren Dienstleistungen das Wohlergehen einzelner Menschen oder der Gemeinschaft zu fördern oder zu ermöglichen" (Maelicke

2005: 10). Sozialwirtschaft umfasst also weit mehr als Soziale Arbeit. Sie ist eine Bedarfswirtschaft und orientiert sich an ihren Nutzerinnen und Nutzern, zu deren individuellen und gemeinsamen Daseinsvorsorge beigetragen werden soll (Wendt 2005: 35). Angenommen wird deshalb eine spezifische Form des Wirtschaftens, die gegenüber Managementkonzepten und -methoden der profitorientierten Wirtschaft abzugrenzen ist (Maelicke 2005: 10).

Innovation in Beziehung mit Sozialwirtschaft definiert Maelicke in der Folge als „der möglichst von allen beteiligten und betroffenen Menschen beeinflusste und gesteuerte Veränderungsprozess, der signifikante Neuerungen in bestehenden Handlungsstrukturen und -bedingungen in sozialen Systemen bewirkt aufgrund von ethisch begründeten Wertentscheidungen, Inhalten und Programmen" (Maelicke 1987: 12) Zentral ist für den Autor, dass Innovation in der Sozialen Arbeit nicht wertneutral verstanden werden kann, sondern sich an Maximen orientiert, die nicht zur Disposition stehen, sondern gegebenenfalls bewahrt und verteidigt werden müssen: „Erneuerung der sozialen Arbeit kann als sinnstiftender Prozess nur stattfinden unter Zielsetzungen, die denen der Sozialarbeit/Sozialpädagogik selbst entsprechen: also Bedürfnis- und Lebensweltorientierung, Förderung von Demokratisierung und Emanzipation, Verringerung von Benachteiligung und Aussonderung, Integration von Hilfe und Förderung." (ebd.: 7) Maelicke hält – unter sich wandelnden gesellschaftlichen Voraussetzungen – permanente Innovation für einen Wesensgehalt Sozialer Arbeit. Die konkreten Inhalte und programmatischen Ausrichtungen von Innovationen ergeben sich hingegen auf der Grundlage von Wertentscheidungen „aus dem jeweiligen Stand der gesellschaftlichen Entwicklung, dem sozialen Wandel, den politischen Mehrheitsverhältnissen, dem jeweils aktuellen Verständnis von Sozialpolitik und sozialer Arbeit" (ebd.: 14). Obwohl der Autor mit dieser Aussage die Gestaltungskraft Sozialer Arbeit eher einschränkt, verweist er im Weiteren auf die Notwendigkeit der Innovation in der Sozialen Arbeit. Nur wenn es gelinge, dem alltäglichen Reagieren langfristige Strategien des gezielten Wandels entgegenzusetzen, könne die Soziale Arbeit eigenständige Konturen entwickeln (ebd.: 17). Als Beispiele für derart in einen räumlichen und zeitlichen Kontext eingebundene Innovationen in der Sozialen Arbeit gelten Maelicke Integrationsangebote für ausländische Kinder und Jugendliche, Modellversuche im Jugendstrafrecht, Erprobung und Evaluation von Angeboten für Nichtsesshafte, Strafentlassene und Obdachlose sowie Modelle zur Neuorganisation sozialer Dienste.

Vier Besonderheiten hält Maelicke für Innovationen in der Sozialen Arbeit fest: Soziale Arbeit ist erstens aufgefordert, soziale Probleme zu reduzieren, ohne Problemursachen in den Lösungsansatz einbeziehen zu können. Zweitens ist das Verhältnis von Selbsthilfe, ehrenamtlicher Hilfe und professioneller Arbeit häufig ungeklärt. Die Organisationsform der Sozialen Arbeit entspricht drittens meist nicht den inhaltlichen Notwendigkeiten. Und viertens werden Forderungen und Veränderungsvorschläge von Seiten der Sozialen Arbeit auf dem politischen Parkett oft als utopisch angesehen, was sich bei deren Realisierung häufig als nicht zutreffende Annahme erweist. Diese Punkte bezeichnen jedoch eher Eigenheiten sozialarbeiterischer Handlungsvollzüge und Organisationsstrukturen als spezifische Merkmale von Innovationen in der Sozialen Arbeit. Bei der Gleichsetzung von Sozialer Arbeit und Innovation wird ferner übersehen, dass Soziale Arbeit nicht der einzige Ort ist, an dem soziale Innovation vorangetrieben und geleistet wird (vgl. auch Becker-Lenz 2007). Maelicke weist aber auch auf Implikationen von Innovation hin, die für die Soziale Arbeit eine Begrenzung darstellen können: So moniert er kritisch, dass die Schwerpunkte von Innovationen häufig bei der Qualifizierung von Professionellen liegen, wogegen das Selbsthilfepotential der Adressatinnen und Adressaten zu wenig beachtet und einbezogen wird. Meist sind zudem Veränderungen an einen institutionellen Kontext gebunden, ohne dass eine Rückkoppelung an das gesamte Feld der Sozialen Arbeit oder an die Regelpraxis stattfindet (Maelicke 1987: 19). Während Maelicke also einerseits einen wichtigen Beitrag zur Klärung von Innovation im Sozialbereich bzw. zur Reflexion des Konzeptes leistet, weist er zugleich darauf hin, dass Grenzen von Veränderungsprozessen erkannt werden müssen, und eine „Bescheidenheit im Anspruch" angebracht sei (ebd.: 22).

4.3 Innovation in der Kinder- und Jugendarbeit

Düx, Rauschenbach und Züchner setzen sich 2002 im Zusammenhang mit dem Projekt INKOR (Inhalte – Konzepte – Rahmenbedingungen) mit innovativen Projekten aus dem Bereich der Kinder- und Jugendarbeit auseinander. Im einleitenden Artikel zum Sammelband nimmt Düx einige begriffliche Klärungen vor. Es geht ihm in erster Linie darum, „wirkliche Innovationen" von „modernistisch aufgepeppten Angeboten" zu unterscheiden (Düx 2002: 13). Als innovativ gelten Konzepte, Inhalte und Organisationsformen, „die – ausgehend von einer Analyse des Ist-Zustands – an Kernproblemen ansetzen, um diese nach selbstgesetzten Zielen zu verändern" (ebd.). Es soll bei identifizierten Schwachpunkten angesetzt werden, um nachhaltige Veränderungen der Jugendarbeit zu generieren.

Zwei Merkmale von Innovation werden dabei von Düx in den Vordergrund gestellt: Zum einen gilt ihm Innovation als relativer Begriff. „Was in den 70er-Jahren innovativ war, ist es heute nicht mehr und was an einem Ort innovativ erscheint, ist woanders längst 'ein alter Hut'. Die jeweiligen politischen und inhaltlichen Interessen geben dem Begriff des Innovativen ein Verfallsdatum und einen Geltungsbereich." (ebd.: 14) Innovation ist stets in Bezug zu einem bestimmten Kontext und einem bestimmten Zeitpunkt zu setzen. In diesem Zusammenhang verweist der Autor auf unterschiedliche Perspektiven bei der Beurteilung von Innovationen (Adressaten, Träger, Mitarbeitende, Geldgeber, Öffentlichkeit, Politik, Wissenschaft). Zum anderen findet sich auch bei Düx der Hinweis, dass Innovation in der Jugendarbeit nicht Selbstzweck sein darf, sondern sich an Problemen der Lebensbewältigung von Jugendlichen und an Förderung und Möglichkeiten der sozialen Integration zu orientieren habe. Von aussen an die Jugendarbeit herangetragene Veränderungserwartungen (sozialstaatliche Ansprüche der Versorgung und Unterstützung von Jugendlichen, angespannte Finanzlage der öffentlichen Haushalte) und ein intern wahrgenommener Veränderungsbedarf (Zielgruppe hat sich sozial und kulturell gewandelt, Professionalisierung der Jugendarbeit, Konkurrenz mit kommerziellen Anbietern von Freizeit-

und Kulturangeboten) konkretisieren diesen Orientierungsrahmen (ebd.: 18–20). Zur weiteren Präzisierung differenziert der Autor unterschiedliche Ebenen (kommunale oder regionale Ebene, Ebene der Einrichtung, der Trägerschaft oder der Politik) und Formen der Innovation (inhaltliche oder strukturelle Innovation). Weiter zeigt Düx auf, dass Innovationen stets Chancen und Gefahren beinhalten und deshalb immer mögliche Nebenwirkungen im Blick zu behalten sind (ebd.: 15). Eindrücklich fasst der Autor zusammen, was den Innovationsbedarf in der Kinder- und Jugendarbeit konstituiert: Die erhöhte Notwendigkeit politischer Legitimation, die Erfordernis inhaltlicher Weiterentwicklung aufgrund gewandelter Lebenslagen und Freizeitformen sowie das Streben nach fachlicher Anerkennung (ebd.: 20). Insgesamt sind die von Düx vorgenommenen Differenzierungen zur Beschreibung von Innovationen im Bereich der Sozialen Arbeit begrüssenswert. Anhand der verschiedenen Parameter werden zudem die strukturelle Einbettung von Sozialer Arbeit sowie die daraus sich ergebenden Herausforderungen für Innovation deutlich. Der Autor geht allerdings hinsichtlich des Aspektes der Neuheit von einem stark vereinfachenden Innovationsbegriff aus, der mit der gleichzeitig vorgebrachten Forderung nach seiner selektiven Verwendung nicht zu vereinbaren ist. Die Unterschiedlichkeit der im zweiten Teil des Bandes vorgestellten innovativen Projekte illustriert diese Problematik denn auch: Diese gehen vom Jugendtreff in einem städtischen Brennpunkt bis hin zum medienpädagogischen Radiomobil, von der theoriegeleiteten Mädchenarbeit bis hin zur Jugendarbeit als Antwort auf Rechtsextremismus, ohne dass systematisch deren Innovationsgehalt aufgezeigt wird (Düx/Rauschenbach/Züchner 2002: 41–120).

Es ist zu vermuten, dass mit der Vorstellung ausgewählter innovativer Projekte aus dem Bundesland Nordrhein-Westfalen vor allem die Politik angesprochen werden sollte, und für die Auswahl weniger fachliche Gesichtspunkte massgeblich waren. Weitaus ergiebiger für das Verständnis von Innovation in der Sozialen Arbeit ist dagegen das zum Schluss vorgestellte Modell „Innovationsforum", das einen Sozialraum und einen Zeitrahmen für unterschiedliche Akteure der Jugendarbeit anbietet, und so ein handlungsentlastetes Entwickeln und Denken von

Neuem ermöglicht. Dieses Modell trägt der Tatsache Rechnung, dass Innovationen minimale Strukturen brauchen, gleichzeitig Innovation aber nicht institutionalisiert werden kann (Projektgruppe INKOR 2002: 128). Ziel ist, in übergreifenden Kommunikationsstrukturen Konzepte der fachlichen Weiterentwicklung zu reflektieren, sei es in überregionalen Foren, in welchen fachliche Kompetenzen gebündelt wird, sei es in regionalen institutionsübergreifenden Foren, die als Ideenzentren für die Praxis konzipiert sind (ebd.: 125–128).

Neben der Systematisierung, die zur Beschreibung unterschiedlich gelagerter Innovationen auch über die Kinder- und Jugendarbeit hinaus herangezogen werden kann, ist es das Verdienst von Düx et al. bzw. der Projektgruppe INKOR aufzuzeigen, dass Innovation nicht implizit auf Forschung basieren muss, sondern auch alltagsnahe, erfahrungsbezogene und institutionell verankerte Wissensbestände angewandt werden können. Zudem beinhaltet der Hinweis von Düx auf den „zeitgeschichtlichen und den sozialgeographischen Kontext“ (Düx 2002: 14) von Innovationen, dass sich neben dem Wissen das Zusammenspiel der unterschiedlichen Wissensformen und deren Einbettung in der Praxis Sozialer Arbeit als bedeutsam erweisen.

4.4 Soziale Erfindungen

Conger greift das Thema neuartiger Entwicklungen in der Sozialen Arbeit unter dem Begriff der sozialen Erfindung auf, die er als „new law, organization or procedure that changes the ways in which people relate to themselves or to each other, either individually or collectively“ definiert (Conger 2002: 3).[7] Die Abgrenzung zwischen Erfindungen und Innovationen nimmt er in der Frage des Transfers vor. „Inventions are original creations. The same product can only be invented once. Innovations are taken from one situation and introduced into another. The same single invention can be introduced to thousands of organizations and each time

7 Der Text wurde bereits 1970 ein erstes Mal veröffentlicht und 2002 vom *The Innovation Journal* erneut editiert.

as an innovation." (ebd.: 53) Der Autor vertritt sodann die Meinung, dass angesichts schwerwiegender sozialer Probleme, wie Arbeitslosigkeit oder Armut, ein Bedarf an sozialen Erfindungen besteht bzw. fundamentalere Veränderungen notwendig sind, als möglicherweise von der Sozialen Arbeit selbst erwünscht. Conger kritisiert damit, dass soziale Dienste sich im Vergleich zum Wissensstand der Sozialwissenschaften zu langsam entwickeln (ebd.: 13). Die Gründe dafür sieht er in der unterprivilegierten Stellung ihrer Klientinnen und Klienten, im geringen Forschungsaufkommen und in der Tendenz zu Stabilisierung, die eher zu Reorganisation führt als zu grundlegenden Reformen.

Congers These lautet in der Folge, dass Innovationen von ausserhalb der Sozialen Dienste kommen müssen, und es dazu „social invention centers" braucht (ebd.: 18). Dem kanadischen Autor schweben dabei staatlich geförderte Zentren vor, die in quasi-experimentellem Vorgehen soziale Inventionen entwickeln und diese mit interessierten Personen testen, wobei Methoden der Aktionsforschung zum Zuge kommen könnten. Ihm geht es nicht zuletzt darum, soziale Erfindungen auf das gleiche Niveau wie elektronische oder medizinische zu bringen. Dafür scheinen ihm jedoch zahlreiche Hindernisse gegeben: Individualisierende Problemdefinitionen, ein mehr analytisches als handlungsbezogenes Selbstverständnis der Sozialwissenschaften, geringe Anerkennung technologischer Aspekte sozialer Verfahren, eine einseitige Wahrnehmung von sozialkritischen Bewegungen als destabilisierend und die Abneigung gegenüber einem experimentierenden Umgang mit Menschen. Seit Conger die Forderung nach Zentren für soziale Erfindungen 1970 ein erstes Mal formuliert hat, ist zwar eine deutliche Zunahme der Forschung im Bereich der Sozialen Arbeit zu verzeichnen, was dafür sprechen würde, dass sich ebenso ihre Innovationskraft gesteigert hat. Der Autor sieht sich dennoch veranlasst, mit der unveränderten Wiederveröffentlichung des Artikels 2002 seinem Appell Nachdruck zu verleihen, was er mit der noch ungenügenden Umsetzung der mit dem Konzept verbundenen Ansprüche begründet (Conger 2002: iv).

4.5 Innovation als Ausdruck professioneller Kompetenz

Eine weitere begriffliche Differenzierung von Innovation leistet *Wendt*, der zwischen Innovation *in* der Sozialen Arbeit (neuartige Arrangements institutionalisierten Verhaltens) und Innovation politischer Art *durch* die Soziale Arbeit (Veränderung gesellschaftlicher Verhältnisse) unterscheidet (Wendt 2005). Die Beiträge des von Wendt herausgegebenen Sammelbandes waren Gegenstand einer Tagung der Deutschen Gesellschaft für Sozialarbeit und sollten das innovatorische Potential Sozialer Arbeit ausloten. Diesen Beiträgen stellt Wendt eine innovationstheoretische Einführung voran, in welcher er der Frage nachgeht, inwieweit sich der Innovationsbegriff auf den Sozialbereich anwenden lässt, und „wie er sich in dieser Sphäre versteht" (Wendt 2005: 5). Dazu betrachtet der Autor den Begriff der sozialen Innovation, einen Begriff, für den er vier Verwendungen unterscheidet: Zur Bezeichnung des sozialen Geschehens in Unternehmen, für relevante Neuerungen im Leben der Bevölkerung, als Hinweis auf politisch initiierte Neuerungen auf der institutionellen Ebene gesellschaftlichen Geschehens und für neue, auf soziale Probleme zugeschnittene Lösungen, „die im System der sozialen Versorgung gefunden und professionell zur Anwendung gebracht werden" (ebd.: 17). Wendt kommt zum Schluss, dass sich soziale Innovation als gezielter Erneuerungsprozess stets auf gesellschaftliche Aggregate und überindividuelle Gegebenheiten bezieht, innerhalb derer die Soziale Arbeit durchaus eine Relevanz haben kann. Den Begriff erachtet er jedoch nicht als spezifisch auf die Soziale Arbeit ausgerichtet. Ebenso ist es nach seinem Dafürhalten in der Sozialen Arbeit nicht angebracht, „im personenbezogenen Dienst von Innovation zu sprechen, wenn durch professionelles Handeln eine Veränderung und Verbesserung im Leben eines Menschen oder für eine Gruppe erreicht wird" (ebd.). Erst über Erfahrungen, die in vielen einzelnen Fällen gewonnen werden konnten, lässt sich beispielsweise eine Innovation im methodischen Bereich fundieren (Wendt 2005: 38). Innovationen *in* der Sozialen Arbeit sind damit in Wendts Verständnis neuartige Arrangements institutionalisierten Verhaltens, die auf überindividuelle Gegebenheiten abzielen. Innovation *durch* Soziale Arbeit bedeutet dagegen sozialen Wandel bzw. die Veränderung gesellschaftlicher Verhältnisse (ebd.: 17). Für beide Konstellationen gilt, dass Innovationen in komplexen und weitläufigen Zusammenhängen erfolgen und daher zeitaufwändig sind: „Ein Innovationsprozess vollzieht sich von der Idee (...) über ihre konzeptuelle Ausprägung, Kommunikation und Verbreitung und in einer Implementierungsphase bis in die wirkliche Installation der Neuerung und deren Akzeptanz." (ebd.: 21) Wendt schwebt vor, Innovationsprozesse in der Sozialen Arbeit ebenso zu managen wie in Wirtschaftsunternehmen.

Innovationen in der Sozialen Arbeit werden oft mittels Projekten vorangebracht, die es erlauben, Neuerungen in einem begrenzten Rahmen umzusetzen und auszuwerten (ebd.: 28). Wendt setzt sich kritisch mit der projektförmigen Anlage von Innovationsprozessen in der Sozialen Arbeit auseinander, denn ihm liegt daran, dass bei Modellversuchen rechtzeitig die Übersetzung in die Regelversorgung mitbedacht wird (Wendt 2006: 23). Wie Maelicke betont auch Wendt, dass Innovationen im Bereich der Sozialen Arbeit sich daran messen lassen müssen, ob und in wie weit sie einen Beitrag zur Lösung bzw. zur besseren Bewältigung und Bearbeitung sozialer Probleme leisten, und ob sich diese Wirkung nachhaltig mit der Innovation verbindet. Zu unterscheiden sind Innovationen von oben (Anstoss der Politik oder des Gesetzgebers), von innen (Anstoss aus der Disziplin der Sozialen Arbeit) und von unten (Anstoss durch Bürgerengagement und soziale Bewegungen). Im Hinblick auf Innovationen von oben gilt es gemäss Wendt, für die Soziale Arbeit eine unabhängige Forschungs- und Entwicklungsarbeit zu sichern, damit sie der Gefahr „kurzlebiger Anpassungsinnovationen" (ebd.: 21) entgehen kann. Diese treten auf, wo auf eine gerade vorherrschende politische Linie und eine entsprechende öffentliche Meinung rasch mit einem darauf zugeschnittenen Produkt geantwortet wird. „Das besondere Verhältnis von Auftrag und Dienstleistungsangebot in der Sozialwirtschaft führt dazu, dass der Anstoss zu Innovationen häufig aus der Politik und vom Gesetzgeber erfolgt." (ebd.: 20) Grundlage einer Innovation von innen ist dagegen Kompetenz bzw. Kompetenzentwicklung: Als dynamisierender Faktor treibt sie Entwicklungsprozesse an und sichert Anpassungsreserven. Als Weg der Kompetenzentwicklung nennt Wendt die Vernetzung in einem thematischen Feld und die Bildung von Kompetenzzentren; weiter verweist er auf Aus- bzw. Weiterbildung (Wendt 2005: 41). Im Zusammenhang mit Innovation von unten schliesslich erwähnt er die Notwendigkeit, neue Kombinationen von professioneller Arbeit und Eigenaktivität der Betroffenen zu finden. Neue Lösungen, die von Betroffenengruppen eingebracht werden, bleiben von fachlicher Seite häufig unbemerkt, weil sie das formelle System nicht unmittelbar tangieren. Dieses kann sich hingegen davon inspirieren lassen und Anhaltspunkte für die Revision bestehender Konzepte gewinnen. Wendt nennt hier als Beispiel über bürgerschaftlichen Engagement entstandene neue Wohnformen von bzw. für Menschen im Alter oder mit einer Behinderung (Wendt 2006: 21).

Wendt liefert überdies eine profunde Analyse des Zusammenspiels von Sozialpolitik und Sozialer Arbeit im Bereich von Innovationen: Berufliche Handlungspositionen wandeln sich in einem geänderten Funktionsgefüge und umgekehrt. Neue Strukturen und Organisationsformen sind nur „insoweit wirksam, als die in ihnen Beschäftigten entsprechend (strukturiert) agieren. Sie wollen bei der Durchsetzung einer Innovation ‚mitgenommen' werden" (Wendt 2005: 32). Innovation ist deshalb als komplexer Vermittlungsprozess von Struktur und Subjekt zu betrachten. Für die Soziale Arbeit, schlussfolgert Wendt, ist im Hinblick auf Innovationen Entwicklungsarbeit notwendig, „denn nur eine wissensbasierte und mit Forschung verbundene Profession Sozialer Arbeit wird von sich aus zu Innovation fähig sein" (ebd.: 6). Ob Soziale Arbeit fachlich fundierte Innovationen durchsetzen und implementieren kann, hängt nicht zuletzt vom Gestaltungsspielraum ab, der ihr eingeräumt wird bzw. den sie sich selbst sichern kann (ebd.: 13).

4.6 Praxisoptimierung und kooperative Wissensbildung

Wie zu Beginn festgehalten, beziehen sich die hier referierten Beiträge zu Innovation in der Sozialen Arbeit auf die konzeptuelle Ebene und leisten zumeist auch begriffliche Präzisierungen. Zum Thema, wie Innovation in der Sozialen Arbeit zu Stande kommt bzw. befördert werden kann, sind bisher kaum Überlegungen angestellt worden. Es soll deshalb an dieser Stelle mit der forschungsbasierten Interventionsentwicklung bzw. der *kooperativen Wissensbildung in Praxis-Optimierungs-Zyklen* (Gredig 2005, Hüttemann/Sommerfeld 2007) auf einen Ansatz verwiesen werden, der zwar nicht spezifisch auf Innovation ausgerichtet ist, hingegen konkrete Vorgehensschritte für forschungsbasierte Entwicklungsprozesse vorschlägt, die gegebenenfalls in eine Innovation münden. Reflektiert wird hierbei ebenfalls die für die Soziale Arbeit typische institutionelle Trennung zwischen Forschung und Entwicklung: Geforscht wird in erster Linie an Hochschulen, während in den Praxisorganisationen Entwicklungsarbeit benötigt wird. Für den Ansatz der forschungsbasierten Interventionsentwicklung bzw. Praxisoptimierung ist einschränkend vorauszuschicken, dass dieser Entwicklungen auf der Basis empirischer Forschung fokussiert und dabei offen lässt, ob die erfolgte Praxisoptimierung einer Innovation entspricht.

Basierend auf dem von Gibbons, Nowotny und anderen beschriebenen Modus 2 der Wissensproduktion (Gibbons et al. 1994) entstanden Ansätze, heterarchische Arrangements für neuartige Formen der Wissensgenerierung zu initiieren und zu nutzen. Eine solche Form stellt der erwähnte Praxis-Optimierungs-Zyklus (POZ) für die Soziale Arbeit dar (Gredig 2004 und 2005). Ein POZ umfasst vier Phasen: In einer ersten Phase werden nach der Einigung auf ein praktisches Problem kontextbezogene Forschungsarbeiten geleistet bzw. auf das praktische Problem bezogene, bereits vorliegende empirische Ergebnisse zusammengetragen. Es folgen die drei weiteren Phasen der Entwicklung, der Implementierung und der Evaluation. Den Kern des Modells bildet die Interventionsentwicklung, bei der bereits vorliegende oder gezielt hervorgebrachte Forschungsergebnisse in einen Prozess eingespeist werden, in dem Forschende und Fachleute aus der Praxis sie mit anderen Wissensformen (Kontextwissen, Handlungswissen, Erfahrungswissen, wissenschaftliches Wissen) in Beziehung setzen und mit Blick auf die Entwicklung möglicher Interventionsoptionen neu verbinden. Ziel dieser Phase ist es also,

Instrumente, Verfahren und Strukturen zu entwickeln, die sowohl wissenschaftlich fundiert als auch praxistauglich sind. Die dazu notwendige beidseitige Transformation der Erkenntnis führt zu handlungsleitendem Wissen für die Praxis, das zudem Material für die wissenschaftliche Theoriebildung darstellen kann. Praxis-Optimierungs-Zyklen fokussieren Prozesse der Wissensgenerierung an der Schnittstelle von Wissenschaft und Praxis und beantworten die Frage, wie in befristeten hybriden Arbeitsformen eine praxisbezogene Nutzung von Forschungsergebnissen erreicht werden kann. Die von Beteiligten aus Wissenschaft und Berufspraxis gemeinsam vorgenommene Valorisierung und Kontextualisierung dieser Ergebnisse auf der Folie professioneller Expertise wird als kooperative Wissensbildung bezeichnet. Ob das Ergebnis dieses zeitlich begrenzten Prozesses, der Akteure mit unterschiedlichen Sichtweisen und unterschiedlichen Wissenshorizonten zusammenführt, einer Innovation entspricht, bleibt offen. Und da der beschriebene Ansatz Forschungswissen als zentrales Element von Entwicklungen betrachtet, ist die Frage aufzuwerfen, ob fachliche Weiterentwicklung und damit auch Innovation zwingend neue empirische Erkenntnisse als Basis erfordern.

4.7 Professionswissen als Innovationsressource

In etwas loserem Bezug zur Sozialen Arbeit finden sich für den deutschsprachigen Raum zwei weitere Arbeiten aus den Erziehungswissenschaften, die sich mit Innovation befassen: Es handelt sich um den Band zum 18. Kongress der Deutschen Gesellschaft für Erziehungswissenschaft (DGfE), der 2003 unter dem Titel „Innovation durch Bildung" erschienen ist, und um einen Artikel aus dem Jahr 2004 von Nittel zu Erneuerungen in der Erwachsenenbildung.

Die gesammelten Parallelvorträge und Beiträge aus den Symposien des Kongresses der DGfE lassen allerdings eine deutliche Verschiebung des Themas von ‚Innovation *durch* Bildung' hin zu ‚Innovation *der* Bildung' erkennen, so dass zur Innovationsthematik inhaltlich kein grosser Zugewinn erwächst (Gogolin/Tippelt 2003). Einzig die Notizen von

Treptow zum Symposium „Wie entstehen Innovationen in der Sozialen Arbeit?“ versprechen in diesem Punkt mehr. Die wichtigsten Erkenntnisse gruppieren sich dabei um die Themenfelder Arbeitsgesellschaft, Bildung, Prävention und Migration. Aufgezeigt wird, dass der gesellschaftliche Strukturwandel die Soziale Arbeit vor teils chancenreiche, im Zusammenhang mit Integration aber teils auch prekäre Aufgaben stellt (Treptow 2003: 389). Neben dem Wissen um den Strukturwandel erweist sich insbesondere das Professionswissen als Innovationsressource, da es eine produktive Ausgestaltung des Handelns im Rahmen struktureller und sozialpolitischer Gestaltungsmöglichkeiten realisierbar macht und dabei der Weiterentwicklung des normativen Rahmens Rechnung trägt. Was Treptow zum Schluss festhält, spiegelt – wie die obigen Ausführungen deutlich gemacht haben – den Stand der Diskussionen um Innovation in der Sozialen Arbeit, der sich seither nur unwesentlich verändert hat: „Insgesamt zeigt sich, dass sich die Handlungsfelder sozialer Arbeit [sic] seit ihren Anfängen durch eine Vielzahl von Veränderungen in ihren Strukturen, Methoden und Reflexionsformen auszeichnen. Ob sich diese Ausdifferenzierungen in jedem Fall als Innovationen beschreiben lassen, ist keines Falls unstrittig. Und wenn sie denn als solche gelten: Sind es einzelne, besonders engagierte Ehrenamtliche oder Professionelle, die sie in Gang setzen – Interessen stellvertretend deutend? Sind es Adressaten selber? Welchen Anteil haben soziale Bewegungen und Utopien? Welche Rolle spielen strukturelle Veränderungen, politische Entscheidungen und fiskalische Zwänge?“ (ebd.: 392)

4.8 Innovationstypen

Nittel beschreibt unter dem Titel „Der Innovation auf der Spur?“ die Anlage eines Seminars, in dem preisgekrönte erwachsenen-pädagogische Projekte mit innovativem Anspruch fünf Jahre nach ihrer Auszeichnung auf ihre Nachhaltigkeit geprüft wurden (Nittel 2004: 72). Die Ergebnisse vermögen die Diskussion um Innovation in der Sozialen Arbeit um einige Elemente zu ergänzen, weshalb hier kurz darauf eingegangen wird.

Nittel wirft einen überaus kritischen Blick auf die Innovationsidee, die seines Erachtens in einem gesellschaftspolitischen Bezug instrumentalisiert wird. Als Zeichen dafür gilt ihm, dass allein das Kundtun von Innovationsbereitschaft zur Gewährung finanzieller Sondermittel führt, während die „selbstreferentiell gewendete Innovationsformel (...) heute vielfach in Wahrheit eine Strategie der Bearbeitung der Paradoxie, unter der Bedingung einer Verknappung finanzieller und sonstiger Ressourcen dennoch mehr Leistung erbringen zu müssen" verbirgt (ebd.: 71). Er schlägt deshalb vor, den bildungspolitischen Diskurs über Innovation konsequent von der erziehungswissenschaftlichen Ergründung der Sache als solcher zu trennen.

Die anschliessend von Nittel dargestellte empirische Untersuchung von vier Projekten mit innovativem Anspruch verdeutlicht nicht zuletzt die Tendenz der Fachöffentlichkeit institutionelle Selbstbeschreibungen (als innovativ) unkritisch zu übernehmen (ebd.: 74). Unterschieden wird zwischen visionärer Innovation (der Zeit weit voraus, und damit möglicherweise zum Scheitern verurteilt), sich permanent erneuernder Innovation (der Einbezug von Umweltbedingungen erlaubt kontinuierliche Entwicklung), nachhaltiger Innovation (spezifischer Zuschnitt auf Kontext erschwert Transfer, führt aber zu starker Verankerung) und zurückgenommener Innovation (nach grosser öffentlicher Aufmerksamkeit aufgrund fehlender Finanzierung eingestellt). Jenseits ihrer Zuordnung zu einem bestimmten Typus verbinden die Projekte aus der Erwachsenenbildung traditionelle Bildungsangebote mit sogenannter ‚entgrenzter Pädagogik', das heisst, sie verbinden Lernen mit Konsum und finden aufgrund der Aspekte von Geselligkeit in Institutionen statt, die gängigerweise nicht für Bildungsarbeit zuständig sind. Die untersuchten Projekte stellen dadurch moderate Innovationen dar, die sowohl Differenz wie auch Affirmation beinhalten. Zudem wurden in allen vier pädagogischen Initiativen das hohe Engagement von Einzelpersonen, die Entstehung im Spannungsfeld von Profession und Organisation und die spezifischen Mechanismen der Überführung in den Regelbetrieb wahrgenommen. „In dem gleichen Masse, wie es den Innovatoren gelungen ist, die Neuerung vollständig durch das Nadelöhr der Organisation zu führen und damit zu verstetigen, beginnt sich die Innovation von ihrer eigenen Person abzulösen und auf eigene Beine zu stellen." (ebd.: 75)

4.9 Zusammenfassung und Thesen

Aus der Durchsicht der wenigen Arbeiten, die zu Innovation in der Sozialen Arbeit vorliegen, lassen sich einige Erkenntnisse sowohl für eine Klärung des Konzepts wie auch zu möglichen Besonderheiten von Innovationsprozessen in der Sozialen Arbeit und deren Beobachtung ableiten. Die folgenden Ausführungen fassen die wichtigsten Erkenntnisse hierzu zusammen.

Die für die Soziale Arbeit vorliegenden theoretischen und konzeptuellen Überlegungen zu Innovation sind insgesamt als noch wenig fortgeschritten und differenziert zu werten. Hinsichtlich der Innovationsforschung in der Sozialen Arbeit ist das Fazit zu ziehen, dass es sich dabei um ein noch quasi brach liegendes Gebiet handelt. Dieser Mangel an Evidenz verhindert die weitere Konzeptualisierung von Innovation für die Soziale Arbeit. Obwohl durchaus Innovationsbewegungen im Feld zu beobachten sind, fehlen wesentliche Grundlagen für die Gestaltung, Steuerung oder Begutachtung von Innovationsprozessen, und das Innovationspotential der Sozialen Arbeit kann nur teilweise und unsystematisch genutzt werden. Die vorliegenden Arbeiten zu Innovation in der Sozialen Arbeit sind auf drei unterschiedlichen analytischen Ebenen zu verorten: Aufgegriffen werden Aspekte eines Verständnisses von Innovation im Rahmen von Profession bzw. als Element der Professionalisierung. Zu finden sind ferner Hinweise zur inhaltlichen Klärung eines Innovationskonzepts für die Soziale Arbeit und schliesslich werden auch handlungspraktische Hinweise formuliert. Auf jede dieser drei Ebenen wird im Folgenden kurz eingegangen.

Die sozialstaatliche Verfasstheit der Sozialen Arbeit als Profession bedeutet ein Eingebundensein in gesellschaftliche Wertentscheidungen, die in einem Zusammenspiel von politischer Mehrheiten, dem prägenden Verständnis von Sozialpolitik und der Fachlichkeit von Sozialer Arbeit getroffen werden. Genuin sozialarbeiterische Innovationen erfolgen dann, wenn es gelingt, die kritische (empirische) Beobachtung und Reflexion der eignen Praxis und den damit verbundenen Wissenszuwachs produktiv zu nutzen, oder Anstösse von oben (Politik, Gesetzgeber) oder von unten (Bürgerinitiativen, soziale Bewegungen) unter fachlichen Gesichtspunkten in den disziplinären Diskurs einzubinden. Wendt hält dazu fest, dass das Ausmass, in welchem Soziale Arbeit Dinge bewegen kann, abhängig ist vom „Gestaltungsspielraum, der ihr eingeräumt wird, die bzw. den sie sich selber einzuräumen vermag" (Wendt 2005: 13). Wie gelingt es also der Sozialen Arbeit, kritische Distanz zu politischen Anliegen zu halten oder gesetzgeberische Veränderungen produktiv auf die Ebene ihrer Praxis zu transponieren? Innovation in der Sozialen Arbeit steht in engem Zusammenhang mit dem Projekt ihrer Professionalisierung, denn eine wesentliche Bedingung ihrer Gestaltungsmacht und ihres Gestaltungspotentials bildet die Profilierung und Demonstration der eigenen Fachlichkeit. Ein unabdingbares Element dieser Profilierung ist die Weiterentwicklung und Konsolidierung der disziplineigenen Forschung (vgl. auch Becker-Lenz 2007: 78). Professionelle Expertise soll hingegen – wie oben dargelegt – Selbsthilfepotentiale von Betroffenen nicht überlagern, sondern diese mit dem notwendigen Respekt identifizieren, fördern oder in ihrer Autonomie belassen.

Aus der Verbindung von Innovation und Sozialer Arbeit als Profession ergeben sich Konsequenzen für die Ebene der inhaltlichen Bestimmung. Wie Wendt und Maelicke festhalten, kann Innovation in der Sozialen Arbeit nicht Selbstzweck sein, sondern orientiert sich zwingend an den Maximen der Profession. Daraus ergibt sich, dass ein Teil des Nutzens und Erfolges einer innovativen Entwicklung sich stets auch auf der Ebene der Adressatinnen und Adressaten manifestiert. Im Zusammenhang mit der Relativität des Innovationsbegriffs bedeutet dies, dass die Kriterien, nach denen sich Innovation in der Sozialen Arbeit bestimmt, von der Sozialen Arbeit festzulegen sind. Gleichzeitig müssen sich Innovationen an ihrer gesellschaftlichen Akzeptanz und ihrer Nutzung messen lassen. Den Rahmen für Innovationen im Sinne fachlicher Weiterentwicklung bildet folglich neben der Profession auch die einzelne

Organisation mit ihrem je spezifischen Wissenskorpus. Es zeigt sich hier die Notwendigkeit zu bestimmen, auf welcher Ebene Innovationen in der Sozialen Arbeit angesiedelt sind. Sofern dabei fachliche Weiterentwicklung im Zentrum steht, erhärtet sich die in Kapitel 2.7 gemachte Feststellung, dass sich diese nicht bezogen auf Einzelfällen ergibt, sondern Innovationen in der Sozialen Arbeit auf überindividuelle Gegebenheiten abzielen und somit zur Erneuerung der Sozialen Arbeit auf struktureller, organisatorischer und/oder methodischer Ebene führen.

Die bislang vorliegenden Arbeiten zu Innovation in der Sozialen Arbeit gehen auf die konkrete Praxis der Innovation ein, indem sie Möglichkeiten aufzeigen, wie Innovationen entstehen können, oder Hinweise zu ihrer Umsetzung und Implementierung schaffen. Charakteristisch ist für die vorgeschlagenen Modelle des Inventionszentrums (Conger 2002), des Innovationsforums (INKOR 2002) oder auch der kooperativen Wissensbildung (Gredig 2004 und 2005; Hüttemann/Sommerfeld 2007) die Verortung in einem zumindest teilweise handlungsentlasteten Kontext und ein Vorschlag zu dessen minimaler Strukturierung. Des Weiteren werden Kooperation und Kommunikation als zentrale Elemente für die Entstehung von Innovationen in der Sozialen Arbeit fokussiert, entweder als institutionsübergreifender Austausch zwischen Fachkräften eines Arbeitsfeldes oder als Formen der Kooperation zwischen Wissenschaft und Praxis, die die Generierung von potenziell innovativen Entwicklungen ermöglichen sollen. Allerdings garantiert ein innovatives Konzept in der Sozialen Arbeit dessen Umsetzung und Implementierung in den Regelbetrieb noch nicht. Deshalb ist es für den Erfolg einer Innovation mitentscheidend, dass ihre Finanzierung sichergestellt werden kann. Hier erweisen sich neben der fachlichen Expertise nicht selten handfeste (finanz)politische Argumente und das plakative Sichtbarmachen der über die Innovation erreichbaren Ziele als relevant (Rothman et al. 1979).

Die allgemeinen Merkmale von Innovationen in der Sozialen Arbeit sind, wie in Kapitel 2.3 hergeleitet, deren Neuheit, Neuartigkeit, Relativität, Unsicherheit und Plastizität. Im Zusammenhang mit der Relativität fragt sich: Welche Instanz nimmt die Attribuierung einer gegebenen Sachlage als Innovation anhand welcher Kriterien vor? In Bezug auf die

Kontextgebundenheit dieser Qualifizierung und auf die Unsicherheit hinsichtlich unabsehbarer Folgen von Innovation liesse sich ein absoluter Relativismus begründen. Was heissen würde, dass es keine Instanz gibt, die unabhängig, informiert und weitsichtig genug ist, um die Feststellung valid zu machen, dass es sich um eine Innovation handelt. Eine gemässigte Position liesse sich in Übereinstimmung mit Nittel (2004) einnehmen, wonach es einer Fachöffentlichkeit zufällt, Innovation unabhängig von der Selbstdeklaration der Entwickelnden festzustellen. Die Kriterien, woran sie dies im Vergleich auszuweisen hätte, wären folglich Neuartigkeit und Wirkung. Neuartigkeit zeigt sich an der Erwartungswidrigkeit einer Innovation und ihrem Potential, den Lauf der Dinge zu verändern. Soziale Arbeit bzw. der von der Innovation tangierte Teilbereich oder ein institutioneller Kontext würde damit grundlegend verändert. Was die Wirkung betrifft, so bemisst sie sich an der Ausrichtung der Sozialen Arbeit an Zentralwerten menschlichen Zusammenlebens, wie Integration oder Gerechtigkeit, und am institutionellen Auftrag. Zu bedenken wäre ausserdem, dass die Plastizität von Innovationen bei ihrer Umsetzung in der Sozialen Arbeit besondere Relevanz erlangen kann. Einerseits weil veränderte Kontextfaktoren und ein sich wandelndes Selbstverständnis der Sozialen Arbeit frühere Beurteilungen hinfällig werden lassen und andere nahelegen. Andererseits wenn es darum geht, eine externe Finanzierung zu erschliessen.

Auf der Grundlage der dargelegten theoretischen Vorüberlegungen und der Auseinandersetzung mit fachspezifischen Aspekten lassen sich Innovationen in der Sozialen Arbeit definieren *als auf neuem oder neu kombiniertem Wissen basierende, in intendierten und kooperativen Prozessen entwickelte Organisations- und Arbeitsformen, Programme, Konzepte und Verfahren, die einen Mehrwert namentlich für Adressatinnen und Adressaten erzeugen.*

Diese vorläufige Definition ist im Hinblick auf den Forschungsprozess für Revisionen offen zu halten; sie umreisst indes den Untersuchungsgegenstand, denn es soll primär um Innovationen von innen gehen, ohne dass von aussen an die Soziale Arbeit gelangende Herausforderungen (Wendt 2005) aus dem Blickfeld fallen. Die Zusammenschau der theoretischen und empirischen Erkenntnisse aus der wissenschaftlichen Auseinandersetzung mit Innovation erlaubt zudem, die bereits in Kapitel 3 benannten Brennpunkte für die empirische Untersuchung als Thesen zu präzisieren.

Die Arbeiten zu Innovation im öffentlich-staatlichen Sektor und insbesondere die Ergebnisse von Merlin-Brogniart/Moursli-Provost (2007) und Zimmermann et al. (1998) führen zu einer ersten These, die die Unterschiede der institutionellen Verortung von Sozialer Arbeit fokussiert. Sie lautet: *Von der Sozialen Arbeit angestossene Innovationen sind eher in Praxisfeldern und Institutionen zu erwarten, die nicht in das politisch-administrative System eingebunden sind und deren Finanzierungsform eine weniger direkte politische Einflussnahme mit sich bringt.*

Auch die zweite These bezieht sich vor dem Hintergrund der Erkenntnisse zu Innovation im Dienstleistungs- und im Non-Profit-Bereich. Gestützt auf die Arbeiten von McDonald (2007) und Sundbo (2000) wird auch hier das Augenmerk auf die Organisation als Rahmen für Innovationen gelegt: *Innovationen entstehen insbesondere in Institutionen, in denen ein hohes Bewusstsein für die Professionalität der Sozialen Arbeit besteht, diese konsequent gefördert und ein bewusster Umgang mit Wissen gepflegt wird.*

5 Methodisches Vorgehen

Die Fragen nach Innovationsmerkmalen in der Sozialen Arbeit und nach Faktoren, die Innovations- und Entwicklungsprozesse in der Sozialen Arbeit ermöglichen, unterstützen oder behindern, fokussieren ein – für die Soziale Arbeit – bislang unerforschtes Thema. Es bietet sich daher an, die empirische Bearbeitung dieser Fragen explorativ anzulegen und Professionelle der Sozialen Arbeit als Expertinnen und Experten anzusprechen, um ihr Wissen sowie ihre subjektiven Sichtweisen zu erheben (Warren 2001: 88). Von ihnen ist angesichts ihrer Kenntnis der Sozialen Arbeit und des Praxisfelds, in dem sie arbeiten, zu erwarten, dass sie Innovationen erkennen und einschätzen können, so dass über Gespräche umfassende Argumentations- und Begründungslinien zum Thema wie auch Bedeutungszuschreibungen zugänglich gemacht werden können. Um diesen Anliegen angemessen Rechnung zu tragen, kommen für die empirische Bearbeitung der Fragestellungen Methoden aus dem qualitativen Spektrum zum Einsatz.

Qualitative Forschung hat das Ziel, bislang wenig erforschte Felder zu erschliessen, Kategorien zu ihrer Erfassung zu schaffen und ausgehend vom Datenmaterial beschreibende und erklärende Aussagen zu entwickeln. Dahinter steht ein Verständnis von Forschung, das in Kontrast zur Forschungslogik einer deduktiv-hypothesenprüfenden Wissenschaft steht. Im qualitativen Forschungsprozess geht das Modell oder die Theorie der Empirie nicht voraus. Vielmehr setzt die für qualitatives Arbeiten bezeichnende zyklische Vorgehensweise beim untersuchten Feld und bei den Daten an (Flick 1995: 61). Theorien und Modelle sollen „im Zuge der Analyse von Daten entdeckt" werden (Hildenbrand 2000: 33). Mit dieser induktiven Grundlogik verbindet sich das Postulat der Offenheit, das umschreibt, wie die theoretische Strukturierung des Forschungsgegenstands zurückgestellt wird, damit sich eine Strukturierung durch die Forschungssubjekte herausbilden kann (Hoffmann-Riem 1980: 343). Wird dabei explizit auf eine Hypothesenbildung ex ante verzichtet, darf dies allerdings nicht mit einer „theoretischen Voraussetzungslosigkeit“ (Hopf 1979: 15) verwechselt werden, denn die Entscheidung für eine Fragestellung und für ein bestimmtes Vorgehen erfolgt nicht unbesehen der theoretischen Entwürfe und der bereits vorliegenden Forschungsergebnisse zu einem Gegenstandsbereich. Konstitutiv für die qualitative Sozialforschung ist hingegen die „enge Wechselbeziehung zwischen theoretischem Vorverständnis und empirischem Material und das Verfahren einer sich schrittweise vortastenden Klärung und Revision von Begriffen, Interpretationen und theoretischen Annahmen“ (ebd.: 29). Für den qualitativen Forschungsprozess ist ferner bezeichnend, dass aus dem Material generierte theoretische Annahmen im Forschungsprozess wiederum am Material (späteren Sequenzen der verbalen Daten oder zeitlich nachgeordnet erhobenen und analysierten Fälle) geprüft, präzisiert, modifiziert oder revidiert werden, und die Erkenntnisse und konzeptuellen Entwürfe sich also „an den Daten bewähren“ müssen (Hildenbrand 2000: 33). Damit bewegt sich der qualitative Forschungsprozess faktisch in einer Bewegung, die zwischen induktivem und deduktivem Folgern pendelt (Glaser/Strauss 1979). Die Verbindung empirischer Erkenntnisse mit heuristischen Konzepten im Zuge des Forschungsprozesses führt zur Formulierung empirisch gehaltvoller Kategorien und Aussagen zum untersuchten Phänomen (Kelle 2007: 36).

Entsprechend dem Verständnis, dass qualitative Forschung methodologisch angemessenen Gütekriterien – bezogen auf Gültigkeit, Zuverlässigkeit und Objektivität – Rechnung tragen muss, sind Untersuchungen im methodischen Spektrum der qualitativen Forschung daran zu messen, ob sie die erforschte Praxis adäquat rekonstruieren (Nähe zum Gegenstand), ob die Ergebnisse auf der Basis des gewählten Vorgehens und der Grundlage der Daten replizierbar sind (argumentative Absicherung der Interpretation, kommunikative Validierung) und ob das Vorgehen ausreichend formalisiert beschrieben wird, damit seine intersubjektive Überprüfbarkeit gegeben ist (Verfahrensdokumentation,

Regelgeleitetheit) (Mayring 2008: 111 sowie Przyborski/Wohlrab-Sahr 2008: 35–42).

Im Bereich der qualitativen Methoden lassen sich idealtypisch zwei Analyseeinstellungen unterscheiden: Ein deskriptiv orientiertes Interesse, das subjektive Deutungen, Einstellungen und Alltagstheorien systematisch zu erfassen sucht, und ein an der Sinnstruktur sozialer Wirklichkeit orientiertes Interesse (Przyborski/Wohlrab-Sahr 2008: 32–35). Das methodische Vorgehen in der vorliegenden Studie folgt ersterem Verständnis: Es soll Datenmaterial erhoben werden, welches erlaubt, das Verständnis von Professionellen der Sozialen Arbeit hinsichtlich Innovation zu erhellen und zu erforschen. Gleichzeitig besteht aufgrund der Vorarbeiten zum Innovation und Innovation in der Sozialen Arbeit Vorwissen, das in den Forschungsprozess und dessen Gestaltung einfliesst. Es gilt also, die oben beschriebene Bewegung zwischen induktivem und deduktivem Schliessen, zwischen Offenheit und Strukturierung auszutarieren und durchzuhalten. Sofern das vorab vorhandene Wissen die forschungsmethodische Vorgehensweise durchdringt, ist darauf zu achten, dass theoretisch gewonnene Kategorien dem Material nicht übergestülpt werden, und das Unbekannte und zu Erforschende nicht leichtfertig „in das Muster der eigenen Selbstverständlichkeiten eingeordnet" wird (Nohl 2007: 256).

5.1 Datenerhebung

Die Daten der vorliegenden Studie wurden in zwei Phasen erhoben. Dies gründet darin, dass die ersten zwölf Interviews im Rahmen des Forschungsauftrages „Innovationsprozesse in der Sozialen Arbeit: Erwartungen und Bedarf bei Professionellen der Sozialen Arbeit" zuhanden der Förderagentur für Innovation KTI entstanden sind (siehe Einleitung). Nach dessen Abschluss wurden bis zur theoretischen Sättigung (Glaser/Strauss 2005: 68f) und nach dem Prinzip maximaler und minimaler Differenz in der Stichprobe weitere sechs Interviews geführt.

Die Erhebung der verbalen Daten erfolgte mithilfe Problemzentrierter Interviews nach Witzel (1985). Darunter werden Formen teilstrukturierter Befragungen verstanden, in welchen die Befragten möglichst frei zu Wort kommen und gleichzeitig eine thematische Eingrenzung stattfindet. Die Problemstellung wird vorgängig analysiert und in ihren wesentlichen Aspekten erfasst, so dass diese in den Interviewleitfaden einfliessen können. Die problemzentrierte Interviewform besteht aus drei Elementen: In einer ersten Phase des Interviews, die mit einem Erzählstimulus eröffnet wird, werden freie Erzählungen generiert. In der zweiten Phase wird das Interview durch einen Leitfaden flexibel strukturiert und entlang thematischer Fokusse weitergeführt. In einer dritten Phase kann die Befragung durch einige standardisierte, aber offene Fragen ergänzt werden (Witzel 1985). Dank diesem Aufbau werden im Interview neben Narrationen auch Beschreibungen und Argumentationen evoziert, was wiederum die Möglichkeit schafft, Inhalte des semantischen wie auch des episodischen Gedächtnisses der Befragten zu erschliessen (Flick 1995: 124f). Helfferich spricht von einem teilnarrativen Interview, in welchem mit einer angemessenen Strukturierung themenbezogene Erzählungen generiert werden (Helfferich 2004). Diese Interviewform hat den Vorteil, dass nach einer ersten narrative Phase weitere, durch einen Leitfaden strukturierte Sequenzen folgen, die durch die Möglichkeit von Sondierungen (Nachfragen, Spiegelungen, Validierung von Interpretationen, Ad-hoc-Fragen) die gewünschte Reichhaltigkeit und Spezifität des Materials zu erzeugen vermögen. Das problemzentrierte Interview hat sich für einen breiten Anwendungsbereich als geeignet erwiesen (ebd.: 159) und bietet sich besonders für theoriegeleitete Forschung ohne rein explorativen Charakter an (Schmidt-Grunert 1999: 40).

5.2 Experteninterview

Es ist naheliegend, dass zum Thema Innovation in der Sozialen Arbeit nicht Privatpersonen angesprochen wurden, sondern Personen, die einen beruflichen Bezug zur Sozialen Arbeit aufweisen. Es handelt sich bei den Interviews also um Gespräche mit Expertinnen und Experten. Meuser/Nagel grenzen in ihrem Standardartikel zum Experteninterview dieses von anderen offenen Interviewformen dadurch ab, dass nicht die Person insgesamt von Interesse ist, sondern ein spezifischer organisatorischer oder institutioneller Zusammenhang, in dem sie sich bewegt. In den Mittelpunkt der Befragung rücken deshalb nur bestimmte Ausschnitte individueller Erfahrung (Meuser/Nagel 2005: 72). Expertinnen und Experten sind demnach Personen, die über „ein spezifisches Rollenwissen verfügen, solches zugeschrieben bekommen und diese besondere Kompetenz für sich selbst in Anspruch nehmen" (Przyborski/Wohlrab-Sahr 2008: 132). Im vorliegenden Fall ist dieses spezifische Wissen mit der Berufsrolle in der Sozialen Arbeit verbunden.

Das Interview mit Expertinnen und Experten vermag unterschiedliche Aspekte dieses Wissens zugänglich zu machen: Betriebswissen, bei dem sie als Zugangsmedium zur Organisation fungieren und diese repräsentieren; Sachverständigenwissen, bei dem die Deutungsmacht der Spezialistinnen und Spezialisten als Akteure in einem bestimmten Diskurs zum Ausdruck kommt; Kontextwissen, das als zusätzliche Information zu einem spezifischen Untersuchungsfeld einfliesst (ebd.: 132–134). Die vorliegende Studie nimmt das Betriebs- und Sachverständigenwissen der befragten Expertinnen und Experten auf und erschliesst kommunikativ die subjektive Handlungsorientierung der Befragten im Zusammenhang mit Entwicklung und Innovation im fachlichen Funktionsbereich der Sozialen Arbeit (Bogner/Menz 2005: 38).

Przyborski/Wohlrab-Sahr schlagen für Experteninterviews eine Leitfadenkonstruktion vor, die das Anliegen berücksichtigt, dass „möglichst viel von der gewünschten Information durch den Interviewpartner selbstläufig präsentiert wird" (Przyborski/Wohlrab-Sahr 2008: 134). Eingangs soll dazu – ähnlich wie bei narrativen Interviews – eine möglichst umfassende Sachverhaltsdarstellung stimuliert werden. Danach folgen Aufforderungen zu beispielhaften und ergänzenden Detaillierungen sowie zu weiteren spezifischen Darstellungen, die angesichts des Forschungsinteresses abgefragt werden. Schliesslich ist es möglich, in Experteninterviews das Gegenüber zum Theoretisieren aufzufordern, um so das Deutungswissen evident werden zu lassen (ebd.: 135f). Diesen Hinweisen wurde bei der Leitfadenkonstruktion Rechnung getragen: Einer offenen Eingangsfrage folgen gebündelt nach Thema weitere mögliche Fragen zu Aspekten von Entwicklungs- und Innovationsprozessen und deren Ergebnissen (vgl. Leitfaden im Anhang).

Zur Interaktion in Experteninterviews weisen Bogner/Menz auf mögliche Konstellationen und unterschiedliche Wahrnehmungen seitens der Befragten hin. So kann die interviewende Person je nach fachlichem Hintergrund und Auftreten als Co-Experte bzw. Co-Expertin, als Laie, als Autorität, als potentieller Kritiker oder als Komplize gesehen werden, was auf das Gespräch entsprechende Auswirkungen hat (Bogner/Menz 2005: 50–60). Die Befragten im Rahmen von Experteninterviews zum Reden zu bringen, ist aufgrund ihrer alltäglichen Praxis generell wenig problematisch. Die Gesprächsführung ist indes auf die oben beschriebenen möglichen Interaktionsstrukturen hin zu reflektieren und bewusst zu gestalten (Bogner/Menz 2005: 64). Bogner/Menz empfehlen in diesem Zusammenhang, das für offene Interviewformen gemeinhin geltende Ideal des/der neutralen und empathischen Interviewenden in Frage zu stellen. Den beiden Autoren scheint eher angemessen, Befragten konkrete Anhaltspunkte zum Erkenntnisinteresse und zu themenbezogenen Ansichten der Forschenden zu liefern.

5.3 Leitfaden

Der Interviewleitfaden stellt primär eine Orientierungshilfe für die interviewende Person dar und soll während des Gesprächs flexibel gehandhabt werden können (Przyborski/Wohlrab-Sahr 2008: 144). Über die Verwendung eines Leitfadens wird in den prinzipiell „offenen Erzählraum" (Helfferich 2004: 159) eines Interviews strukturierend eingegriffen, indem von den Interviewenden bestimmte Themen eingeführt werden. Damit trotz gezielten Fokussierungen die spontan produzierten Erzählungen Vorrang behalten, soll der Leitfaden nicht mit Fragen zu überladen werden. Für die Konstruktion eines Leitfadens gilt: „So offen und flexibel wie möglich, so strukturiert wie aufgrund des Forschungsinteresses notwendig." (ebd.: 161)

Der in den Gesprächen für die vorliegende Arbeit verwendete Leitfaden wurde entlang der Aspekte der Fragestellungen entwickelt: Die Analyse ihrer Dimensionen ergab die Themen, der daraus ableitbare Argumentationsfluss deren mögliche Reihenfolge (Helfferich 2004: 160). Der Leitfaden in seiner definitiven Form startete mit einer allgemeinen Einleitung zum Thema, mit Anmerkungen zum Verlauf des Interviews und der Einstiegsfrage, die eine Beschreibung von Entwicklungen aus der Sicht der Befragten evozieren sollte: „Können Sie mir erzählen, welche Entwicklungen Ihre Institution in letzter Zeit erfahren hat?" Auf diesen ersten Erzählstimulus folgte eine thematisch weiter fokussierende Frage: „Gibt es dabei etwas Neuartiges, das eingeführt oder entwickelt wurde – das kann ein Angebot, ein Verfahren, eine Herangehens- oder Sichtweise sein?" Ferner hielt der Leitfaden die Themen fest, die im Interview angesprochen werden sollten: Verläufe und Ergebnisse von Neuerungs- und Entwicklungsprozessen, Stellenwert und Bedarf von Neuerungen und Entwicklungen in der Institution und im Praxisbereich, Verfahren und Forschungsbezug bei innovativen Entwicklungsprozessen, Innovationsverständnis, Hinweise zur Innovationsförderung. Für jeden Bereich waren neben einem weiteren Erzählstimulus mögliche Nachfragedimensionen festgehalten. Den Antwortsequenzen folgten im Interview weitere Sondierungen, bevor zu einer passenden nächsten Frage übergegangen wurde. Teilweise waren konkrete Frageformulierungen bereits im Leitfaden festgehalten, was erlaubte, im Verlauf des Interviews – neben den spontan zu formulierenden Sondierungen – auf bewährte Fragen zurückzugreifen.

Es wurde absichtlich darauf verzichtet, den Begriff der Innovation gleich zu Beginn des Gesprächs ins Spiel zu bringen. Indem vorerst die Begriffe Neuerung und Entwicklung verwendet wurden, sollte die Offenheit für die unterschiedlichen Konzeptionen der Befragten gewährleistet werden. Das Verständnis von Innovation in der Sozialen Arbeit wurde zu einem späteren Zeitpunkt explizit abgefragt. Die Interviewten erhielten abschliessend die Möglichkeit, ihrerseits bedeutsame, assoziativ hervortretende und im Interview noch nicht aufgegriffene Themen anhand der Frage „Gibt es ein Thema, das Sie im Zusammenhang mit Neuerung, Entwicklung und Forschung in der Sozialen Arbeit wichtig finden und das wir in diesem Gespräch nicht angeschnitten haben?", auszuführen. Die Gespräche endeten mit der Erhebung relevanter soziodemographischer Angaben (Alter, Funktion in der Institution, formaler Bildungsabschluss, zuletzt abgeschlossene Weiterbildungen, bisherige Arbeitsbereiche in der Sozialen Arbeit). Zu einem späteren Zeitpunkt in Erfahrung gebracht bzw. ab dem dreizehnten Interview direkt erfragt wurde zudem die Anstellungsdauer in der betreffenden Institution.

Mit Blick auf die sechs Interviews, die in einer zweiten Phase geführt wurden, konnte der Leitfaden in einigen Aspekten und mit einzelnen gezielten Nachfragen ergänzt werden.[8] Die Ergänzungen betrafen auslösende Momente von Entwicklungs- oder Innovationsprozessen, den Verlauf von Entwicklungsprozessen im Zusammenhang mit der Institutionsstruktur und den Umgang mit Wissen und Nichtwissen in der Institution.

Vor der Datenerhebung wurde der Interviewleitfaden in einem Probeinterview mit einer Sozialarbeiterin aus dem Vormundschaftsbereich zur Anwendung gebracht. Dies erlaubte dessen Prüfung in Bezug auf Umfang und Handhabbarkeit und ermöglichte eine gezielte Überarbeitung, die hauptsächlich zu einer offeneren Gestaltung der Einstiegsfrage führte. Weiter konnte die im Leitfaden angenommene Erzähllogik überprüft und die ungefähre Dauer der Gespräche eruiert werden, was bei der Kontaktierung der potentiellen Interviewpartnerinnen und -partner einen wichtigen Anhaltspunkt für die Terminierung der Interviews darstellte.

8 Im Leitfaden im Anhang sind diese Ergänzungen mit kursiver Schrift kenntlich gemacht.

5.4 Auswahl der Institutionen sowie der Interviewpartnerinnen und -partner

Ein qualitativer Forschungsprozess verläuft typischerweise zyklisch und oszilliert zwischen Phasen der Befragung, der Auswertung und des weiteren Samplings (Flick 1995: 61). Forschungspraktische Gründe im Zusammenhang mit der Projektplanung können aber dazu führen, dass diese Zirkularität des Forschungsprozesses nicht durchgängig eingehalten werden kann, bzw. dass bereits zu einem frühen Zeitpunkt weitreichende Entscheidungen hinsichtlich Sampling getroffen werden müssen. In der vorliegenden Untersuchung kam ein kriteriengeleitetes Sampling (Patton 2002) zum Tragen, das im Folgenden dargestellt wird: Die Auswahl der Befragten erfolgte in einem dreistufigen Verfahren. Zuerst wurden für die Untersuchung relevante Praxisbereiche Sozialer Arbeit bestimmt, dann erfolgte die Auswahl von Institutionen aus diesen Bereichen, und schliesslich ging es um die Gewinnung der zu befragenden Personen. Die Zusammenschau der theoretischen und empirischen Erkenntnisse aus der wissenschaftlichen Auseinandersetzung mit Innovation erlaubte für alle drei Stufen Kriterien für das Sampling herzuleiten. Diese wurden im Forschungsprozess weiter verfeinert und folgten dem Grundsatz, eine möglichst grosse Varianz in der Stichprobe abzubilden (Merkens 2000; Patton 2002: 234; Flick 1995, Strauss/Corbin 1996; Warren 2001: 87) bzw. die Wahrnehmung von Heterogenität zuzulassen.

In einem ersten Schritt wurde zuerst das Feld abgesteckt, in dem die Institutionen zu bestimmen waren. Es waren also diejenigen Praxisbereiche der Sozialen Arbeit festzulegen, in denen nach Institutionen und in der Folge nach zu befragenden Personen gesucht wurde. Die Auswahl der Praxisbereiche war in einem ersten Schritt darauf angelegt, Felder der Sozialen Arbeit einzubeziehen, deren Themen nach neuen Bearbeitungsformen verlangen oder die als neue Bereiche für die Soziale Arbeit gelten. Ferner sind thematische Schwerpunktsetzungen der *scientific* und der *professional community* im Rahmen von Publikationen, Fachzeitschriften und Tagungen, welche auf Entwicklungsbedarf oder erfolgte Entwicklungen in bestimmten Praxisbereichen hinweisen, in die Überlegungen eingeflossen. So wurden für die erste Phase der Datenerhebung nachstehende Praxisbereiche der Sozialen Arbeit einbezogen:

- Massnahmen- und Strafvollzug
- Erwerbslosigkeit und Arbeitsintegration
- Gemeinwesenarbeit (Migration und Integration)
- offene Jugendarbeit
- stationäre Jugendhilfe
- Sozialhilfe

Für die Auswahl der Institutionen aus diesen Bereichen wurden die folgenden, theoretisch fundierten Kriterien zur Anwendung gebracht: Es handelt sich beim Tätigkeitsfeld der Institution um einen Kernbereich der Sozialen Arbeit und die Mitarbeitenden sind vor allem oder ausschliesslich Professionelle der Sozialen Arbeit. Die Institution hat eine Grösse, die es grundsätzlich erlaubt, neben dem ‚Alltagsgeschäft' Neuerungen zu entwickeln und umzusetzen. Die Institution kann aufgrund früherer Kontakte und/oder der bei Fachpersonen eingeholten bzw. der anhand von Unterlagen vorgenommenen Einschätzung als offen für das Thema Entwicklung und Innovation gelten. Auch auf der Ebene der Institutionen war die Auswahl am Grundsatz maximaler Varianz der in der Stichprobe enthaltenen Fälle ausgerichtet. Gesucht wurden Institutionen mit unterschiedlichen Organisations- und Finanzierungsformen (beispielsweise Stiftungen, Teile der öffentlichen Verwaltung, Aktiengesellschaften), Einrichtungen aus dem stationären und aus dem ambulanten Bereich sowie Institutionen aus unterschiedlichen Gegenden und Sprachregionen der Schweiz. Ausgerichtet an diesen Kriterien konnte eine Liste von Institutionen, die für Befragungen geeignet waren, zusammengestellt und für die Anfrage priorisiert werden. Ein fortschreitendes Sampling konnte in der ersten Untersuchungsphase – infolge des eng geplanten Zeitrahmens durch den Auftraggeber – leider nur begrenzt realisiert werden.

Für die Auswahl der Institutionen der zweiten Untersuchungsphase kam das Prinzip minimaler und maximaler Kontrastierung zum Zuge. Dies nun nicht mehr ausschliesslich bezogen auf das Praxisfeld, sondern ebenfalls darauf, was aufgrund bereits vorliegender Interviews an Ausprägungen auf anderen Ebenen berücksichtigt werden sollte. So wurden Institutionen gewählt, die einen anderen Finanzierungsmodus aufweisen, als die bereits in der Stichprobe enthaltenen. Zudem wurden in dieser Phase Einrichtungen in weiteren Regionen (vor allem im französischen Teil der Schweiz) sowie eine zusätzliche Institution aus der gesetzlichen Sozialarbeit in die Untersuchung einbezogen. Die drei folgenden Praxisbereiche fanden in dieser zweiten Untersuchungsphase Eingang in die Stichprobe:

- Vormundschaft (Erwachsenen- und Kindesschutz)
- Betriebliche Sozialarbeit
- Entwicklungsbeeinträchtigung und Behinderung

Befragt wurden pro Institution jeweils eine Leitungsperson und eine Professionelle bzw. ein Professioneller aus der klientenbezogenen Arbeit. Dies, weil je nach Position in der Institution sowie im Zusammenhang mit der Initiierung und Gestaltung von Entwicklungs- und Innovationsprozessen von unterschiedlichen Sichtweisen und Schwerpunktsetzungen auszugehen ist, und damit verbunden auch von unterschiedlich wahrgenommenen Herausforderungen.

In einem ersten telefonischen Kontakt und anhand eines Leittextes mit den wichtigsten Informationen wurde bei den Institutionen das grundsätzliche Interesse am Thema sowie die Bereitschaft zur Teilnahme an der Studie eruiert. Am Telefon wurde dargelegt, worum es in der Untersuchung geht (Entwicklung in der Sozialen Arbeit), und aus welchem Grund die Institution zu einer Teilnahme angefragt wird. Dieser erste Kontakt erfolgte teilweise direkt über die Leitungsperson der entsprechenden Institution, teilweise über Mitarbeitende. In allen Fällen erhielten die telefonisch angefragten Personen alle Informationen zur Untersuchung zusätzlich auf elektronischem Weg. Diese Nachricht umfasste weitergehende Hinweise auf relevante Fragen[9] sowie ein Vorschlag

9 Aus der Mailnachricht an die potentiellen Interviewpartnerinnen und -partner: „Es geht in der vorliegenden Studie um Fragen des Bedarfs an Forschung und Entwicklung in der Sozialen Arbeit und um Ihre Erwartungen in Bezug auf Verfahren und Erfolge in diesem Zusammenhang. Welchen Bedarf und welche Chancen und Grenzen sehen Sie, wenn es um Neuentwicklungen in Ihrer Institution und Ihrem Praxisbereich geht? Welchen Stellenwert

für das weitere Vorgehen und mögliche Daten für das Gespräch. In allen Fällen ergab sich im Anschluss eine Terminvereinbarung, wobei die Koordination der beiden Gespräche institutionsintern erfolgte oder Gesprächstermine in direktem Kontakt mit der Autorin dieser Dissertation vereinbart wurden.

5.5 Interviews

Die Interviews wurden von Frühjahr bis Ende 2008 geführt. Die Dauer der Gespräche betrug zwischen 45 und 85 Minuten, durchschnittlich jedoch rund 50 Minuten. Die Interviews fanden durchwegs in den Räumlichkeiten der jeweiligen Institutionen (Sitzungszimmer, Büroräumlichkeiten der Befragten oder von anderen Mitarbeitenden, Cafeteria) statt. Geführt wurden vier Interviews in französischer und vierzehn in deutscher Sprache. Nach dem Gespräch war pro interviewte Person dreierlei Datenmaterial vorhanden: Die Tonbandaufzeichnung des Gesprächs, das Postskript[10] und eine Zusammenstellung der Antworten auf die standardisierten Fragen zum Schluss des Interviews.

Den eingangs erwähnten Schwierigkeiten, die ein Experteninterview behindern können, wurde dadurch wirkungsvoll begegnet, dass zu Beginn der Gespräche die Ausgangslage nochmals deutlich gemacht wurde und eine explizite Rollenklärung erfolgte. Erleichternd wirkte sich zudem die langjährige Erfahrung als Interviewerin aus, die erlaubte, in den Gesprächen eine angemessene Balance zwischen Interesse, Neugier

hat Forschung bei Entwicklungen und Anpassungen im Praxisfeld und in Ihrer Institution? Ihre Ansichten als Professionelle des Feldes zu diesem Thema sind dabei ausserordentlich wertvoll für uns."

10 Das Postskript ist eine „postkommunikative Beschreibung der Interviewsituation" (Schmidt-Grunert 1999: 43). Darin werden durch das Tonband nicht erfasste Eindrücke beschrieben, wie beispielsweise das Auftreten der interviewten Person, die Situation vor Interviewbeginn, Besonderheiten während des Gesprächs, Gesprächsdynamik und nonverbale Reaktionen sowie die Situation nach dem Interview. Im Rahmen der vorliegenden Datenerhebung wurden die soziodemographischen und weiteren spezifischen Angaben zur Person im Postskript integriert.

und Sachkenntnis zu wahren und die Expertinnen und Experten ihre Sicht der Dinge entfalten zu lassen (Meuser/Nagel 2005: 79).

Als Dank erhielten die interviewten Personen nach Ende des Gesprächs ein Präsent in Form einer Schokoladespezialität. Ihnen wurde zudem nach Abschluss der Studie eine zusammenfassende Darstellung der Ergebnisse zugestellt.

Die Tonbandaufzeichnungen wurden vollumfänglich transkribiert und dabei anonymisiert. Bei der Übertragung in die Schriftsprache wurde auf die Bereinigung umgangssprachlicher Wendungen verzichtet. Die Transkriptionen wurden zur weiteren Analyse mit einer Zeilennummerierung versehen und als txt-Datei in die Software Atlas.ti eingelesen.

5.6 Datenanalyse

Die Datenanalyse basiert auf den Prinzipien und der Systematik der Qualitativen Inhaltsanalyse: „Im Zentrum steht dabei ein theoriegeleitet am Material entwickeltes Kategoriensystem" (Mayring 1999: 91), mit dessen Hilfe das Material gebündelt und in einem abstrahierenden Prozess abgebildet werden kann (Mayring 2008: 59). Vorliegen müssen dazu eine Fragestellung, deren theoretische Hintergründe und die Darlegung des Vorverständnisses. Dieses Vorgehen eignet sich hier besonders gut, weil die manifesten Inhalte einer grossen Datenmenge mit einem bestimmten Fokus gebündelt werden sollen, ohne dass dabei die Rekonstruktion von Sinngehalten im Vordergrund steht, und dennoch eine induktive Kategorienbildung möglich bleibt. Die Reduktion des Materials wurde allerdings im vorliegenden Projekt nicht über die Paraphrasierung inhaltstragender Textteile erzielt, sondern wie unten beschrieben über deren Codierung. Indem so Aspekte des ständigen Vergleichens gemäss *Grounded Theory* zum Zuge kommen (Glaser/Strauss 2005: 111–116), wird das inhaltsanalytische Vorgehen verkürzt und zugleich angereichert.

Die Datenanalyse gestaltete sich für alle 18 Interviews in derselben Weise: Gemäss den in den Fragestellungen enthaltenen Dimensionen und den daraus abgeleiteten Kategorien konnte das Datenmaterial in einem ersten Schritt (vgl. Abbildung 1, Schritt 1) aufgebrochen und inhaltlich strukturiert werden. Der grossen Datenmenge halber wurde – wie Mayring dies vorschlägt – auf das Paraphrasieren der Texte verzichtet (Mayring 2008: 61); über das Codierverfahren konnte direkt das angestrebte Abstraktionsniveau erreicht werden. Das Kategoriensystem erfuhr im Zuge der Analyse induktive Erweiterungen und Verfeinerungen, soweit subsumptionslogisch keine Zuordnung relevanter Textstellen zu bereits bestehenden Kategorien möglich war (Mayring 1999: 74–77, Mayring 2008: 113). Wiederholt wurden die Kategorien auch hinsichtlich ihres Abstraktions- bzw. Differenzierungsgrades überprüft, und es erfolgte eine Bereinigung des Kategoriensystems über das Zusammenführen einzelner Kategorien (Mayring 1999: 93). So entstand eine differenzierte Codeliste mit Haupt- und Unterkategorien bzw. Kategorien und ihren Dimensionen, die eine systematische Zusammenfassung und Strukturierung des Datenmaterials erlaubte (Mayring 2008: 59–63). Insbesondere die Kategorie ‚Entwicklung' konnte anhand des Datenmaterials sukzessive weiter nach Auslösern, Grundlagen, Hindernissen, Förderlichem, Akteuren, Umsetzung und Nutzen differenziert und präzisiert werden.

In einem zweiten Schritt (vgl. Abbildung 1, Schritt 2) wurde jedes Interview auf diejenigen Aspekte hin analysiert, die im Lichte der Fragestellungen interessieren. Daraus ergab sich eine schriftliche Fallcharakterisierung, die die wichtigsten Punkte zusammenfasst und mit Passagen aus dem Interview belegt.

Diese Fallcharakterisierungen und die einzelnen Kategorien in ihrer Differenzierung bildeten die Basis der in einem dritten Schritt vorgenommenen horizontalen Analyse (vgl. Abbildung 1, Schritt 3). Dabei wurden die aus dem Datenmaterial herausgearbeiteten Aussagen anhand der zur Beantwortung der Fragestellung zentralen Kategorien und ihrer Dimensionen systematisch weiter gebündelt, verdichtet und damit reduziert, so dass schliesslich generalisierende bzw. fallübergreifende Aussagen dazu möglich sind.

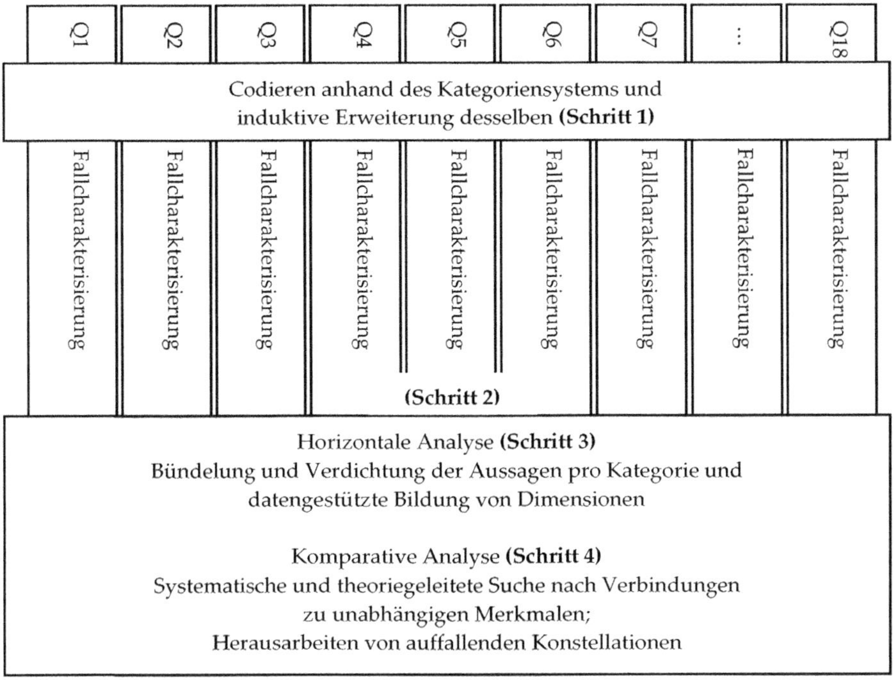

Abbildung 1: Verfahren der Datenanalyse

Der vierte Schritt bestand darin, über alle 18 Interviews hinweg systematisch vergleichend und theoretisch geleitet nach Konstellationen zu suchen, in welchen Verbindungen zwischen Ergebniskategorien und unabhängigen Merkmalen der Person (z.B. Position in der Institution, disziplinärer Hintergrund) oder der Institution (z.B. Grad der Einbindung in das politisch-administrative System, ambulanter oder stationärer Bereich) sichtbar werden (vgl. Abbildung 1, Schritt 4). Oder anders ausgedrückt: Es ging darum herauszufinden, wer welche Aussagen macht bzw. welchem institutionellen Kontext sich welche Aussagen zuordnen lassen, und ob dabei wiederkehrende Muster deutlich werden. Dazu wurden für die bereits vorliegenden Bündelungen (z.B. förderliche und hinderliche Einflussfaktoren in Innovationsprozessen auf den Ebenen Haltung/Kultur, Mitarbeitende, Leitung, Institution, Umfeld) Merkmalsräume aufgespannt, in welche die einzelnen Interviewten aufgrund ihrer Aussagen bzw. objektiver Merkmale der Person oder der Institution eingetragen wurden. Die Merkmale der Person bzw. deren institutioneller Kontext wurden mit Farben optisch unterschiedlich gekennzeichnet. Diese Art der Visualisierung erlaubte es, über den Vergleich eine abstrakte dritte Dimension im Sinne eines Denkraums deutlich werden zu lassen und anhand der Kriterien von Ähnlichkeit bzw. Differenz Konstellationen sichtbar zu machen. So konnten Gruppierungen vorgenommen und bestimmte Aussagen gewissen institutionellen Kontexten oder personalen Merkmalen zugeordnet werden. Obwohl die mit diesen Kontexten und Merkmalen verbundenen Erfahrungsdimensionen im Vordergrund stehen (Nohl 2007: 261), handelt es sich hier – weil nicht Fälle, sondern Aussagen gruppiert werden – nicht um eine Typenbildung im engeren Sinne, sondern um Versuche zur soziogenetischen Erklärung innovationsrelevanter Orientierungen der Befragten. Dieser vierte Schritt der Analyse erfolgte in Zusammenarbeit mit einer Sozialwissenschafterin, die sich zuvor gründlich mit den Fallcharakterisierungen auseinandergesetzt hatte und gleichzeitig mit einer gewissen Distanz an das Material herantreten konnte, da sie darüber hinaus nicht in die Studie involviert war. Die diskursive Validierung der Ergebnisse ermöglicht es, die Begrenzungen des inhaltsanalytischen Vorgehens zu überwinden und den explorativen Aspekten der Untersuchung gerecht zu werden.

Die Merkmale der Personen, mit denen auf diese Weise die Ergebnisse des dritten Analyseschritts in Bezug gesetzt wurden, waren das Geschlecht, das Alter, die sprachregionale Verortung (Deutschschweiz, Romandie), der Ausbildungsabschluss (Abschluss in Sozialer Arbeit, fachfremder Ausbildungsabschluss), die Position innerhalb der Institution (Leitung, mittleres Kader, Mitarbeitende) sowie die Anstellungsdauer in der Institution. Als Merkmale für den institutionellen Kontext der Befragten wurden die folgenden herangezogen: Grösse bzw. Anzahl Mitarbeitende der Institution (bis 20, zwischen 20 und 40, über 40), der Finanzierungsmodus, die Zuordnung zu gesetzlicher oder freiwilliger Sozialer Arbeit, der stationäre oder ambulante Charakter der Institution. Beim Finanzierungsmodus der Institutionen wurde zwischen ausschliesslicher

Finanzierung durch die öffentliche Hand, ausschliesslicher Eigenfinanzierung und den beiden Mischformen von öffentlichen Geldern/Eigenleistung bzw. Subventionen/Eigenleistung unterschieden, wobei Subventionen im vorliegenden Verständnis stets mit einer befristeten Leistungsvereinbarung verbunden sind.

Es bleibt an dieser Stelle zu erwähnen, was in der Literatur als mögliche Schwachpunkte einer komparativen Vorgehensweise dieser Art diskutiert wird: Zum einen wird in Frage gestellt, ob derartige Fallvergleiche die Pluralität der kausalen Pfade angemessen zu eruieren vermögen (Kelle 2007: 175). Um dieser Einschränkung zu begegnen, muss über das Fallmaterial die faktische Heterogenität des Untersuchungsfeldes abgebildet sein. Zum anderen besteht eine Schwierigkeit darin, dass bei einem komparativen Vorgehen variierende Hintergrundbedingungen unerkannt bleiben oder „kausal nicht relevante Bedingungen irrtümlich für kausal relevant gehalten werden" (ebd.: 176). Kelle kommt zum Schluss, dass angesichts der beiden möglichen Schwachpunkte komparative Verfahren im Kontext einer explorativen Forschungsstrategie als heuristische Werkzeuge mit dem Ziel der Entdeckung bislang nicht berücksichtigter Handlungsbedingungen einzusetzen sind (ebd.: 189). Diese Einschränkungen sind ernst zu nehmen und führen dazu, die Ergebnisse aus dem vergleichenden Teil der Studie als weiter zu prüfende Hypothesen aufzufassen.

5.7 Exemplarische Fallbeschreibung

Die eingehende Beschreibung einer der achtzehn empirischen Untersuchungseinheiten und ihrer Analyse soll an dieser Stelle das methodische Vorgehen verdeutlichen. Einerseits werden die einzelnen Schritte exemplarisch dargestellt. Andererseits zeigt das nachstehende Beispiel eines Sozialpädagogen und Jugendarbeiters, welche Art von Fällen die Grundlage der empirischen Aussagen bildet. Das verwendete inhaltsanalytische Vorgehen sowie die komparative Analyse stellen eine Bündelung der Aussagen über die einzelnen Gespräche hinweg in den Vordergrund, so dass in der Darstellung der Ergebnisse die einzelnen Fälle nicht mehr als solche plastisch werden. Dass für die vorliegende Studie Personen in ihrer Funktion als Mitarbeitende einer Institution der Sozialen Arbeit und nicht als Privatpersonen befragt wurden, hat zum Entscheid geführt, für die Befragten keine Pseudonyme zu verwenden. Die Bezeichnung der Interviewpartnerinnen und -partner mit einem Kürzel, bestehend aus Buchstaben und Zahl, verweist auf ihre Position in der Abfolge der Gespräche. So war das Gespräch mit Q7 das siebte im Rahmen der Untersuchung. Zur besseren Nachvollziehbarkeit der Aussagen werden nachfolgend einzelne Passagen aus dem Interview wortwörtlich zitiert. Da das Gespräch wie alle anderen bei der Transkription sprachlich nicht bereinigt wurde, mag ihr Duktus zuweilen etwas befremden, da er nicht der geschriebenen Sprache entspricht. Referenziert werden dazu die Zeilennummern des in Atlas.ti abgelegten Interviewtranskripts.

Q7 ist 30 Jahre alt und hat eine Höhere Fachschule in Sozialer Arbeit absolviert. Zuvor hat er Berufserfahrungen als Sozialpädagoge und Jugendarbeiter in einem Wohnheim für Erwachsene mit einer Entwicklungsbeeinträchtigung sowie in der Jugendkulturarbeit gesammelt. Seit zwei Jahren arbeitet er in einem Jugendtreffpunkt einer grösseren Schweizer Stadt. Der Jugendtreffpunkt im Quartier ist Teil eines städtischen Verbundes, der rund 50 Mitarbeitende beschäftigt. Die Arbeiten der einzelnen Jugendtreffpunkte werden durch eine Geschäftsstelle koordiniert. Neben Subventionen, die im Rahmen eines Leistungsvertrages mit der Stadt ausgehandelt werden, erwirtschaftet der Verein über Spendeneinnahmen oder Raumvermietungen auch finanzielle Eigenmittel.

Der Kontakt zu Q7 erfolgte über die auf der Geschäftstelle tätige, stellvertretende Leiterin, die von der Autorin dieser Arbeit als Interviewpartnerin angesprochen und gebeten worden war, den Kontakt zu einem Mitarbeitenden für das zweite Gespräch innerhalb der Institution zu vermitteln. Sie schlug vor, einen Mitarbeitenden aus diesem Treffpunkt zu befragen, da dort im Verlaufe der letzten Monate innovative Projekte entstanden waren. Auch sei der Treffpunkt erst vor kurzem in neue Räumlichkeiten eingezogen. Die Verabredung des Interviews mit Q7 erfolgte deshalb über seine Vorgesetzte, die in einer E-Mail schriftlich zum Thema sowie zu den Kriterien hinsichtlich Interviewpartner informiert worden war. Nachdem Q7 als Interviewpartner feststand, wurde auch er schriftlich informiert und dokumentiert.

Der Jugendtreffpunkt, in dem das Gespräch mit Q7 stattfindet, ist mit öffentlichen Verkehrsmitteln gut zu erreichen. Er liegt an einem parkähnlich gestalteten, weitläufigen Platz. Ich melde mich am Eingang und werde von einem Mitarbeitenden in den Bürotrakt und zu Q7 geführt. Es herrscht eine hektische Stimmung, da eine interne Sitzung länger als geplant andauert, und der Raum, in dem das Gespräch mit Q7 stattfinden soll, noch besetzt ist. Q7 bittet mich, eine Weile im Gang zu warten. Etwas später kommt er zurück und bietet mir an, einen Kaffee zu holen. Danach ist der Raum frei. Bevor das Gespräch beginnen kann, stellt Q7 die flexible Möblierung aus Sesseln, Stühlen, niederen Schemeln und Kissen dergestalt um, dass eine kleine Sitzecke mit zwei Sesseln und einem Schemel als Tisch entsteht. Zu Beginn des Interviews machen sich draussen vor dem raumhohen Fenster zwei Jugendliche bemerkbar. Q7 fühlt sich abgelenkt und schliesst kurzerhand den Vorhang.

Q7 wirkt von seinem Äusseren und seinem Auftreten her jugendlich und zugänglich. Er scheint gerne zu erzählen und unterstreicht das Gesagte mit einer lebendigen Gestik. Q7 entwickelt seine Argumentation während des Sprechens, wobei er sich ein, zwei Mal versteigt und den Faden verliert. Nach Ende des Interviews, das rund 70 Minuten dauert, erstelle ich noch auf der Rückreise an meinen Arbeitsort das Postskript, in welchem die Interviewsituation, der Interviewverlauf und Q7 als Interviewpartner beschrieben werden. Die in den darauf folgenden Tagen erstellte Transkription des Interviews wird in Atlas.ti eingelesen und später codiert. Dafür kommt die aufgrund der Fragestellung und am bisherigen Material entwickelte Codeliste zum Einsatz. In sequenzanalytischer Vorgehensweise werden in sich thematisch kohärente Passagen des Interviews den einzelnen Codes zugewiesen. Wird dabei festgestellt, dass keiner der vorhandenen Codes auf die inhaltliche Aussage der Interviewstelle zutrifft, entsteht ein neuer Code, bei dessen Bezeichnung darauf zu achten ist, dass sie möglichst nahe am Interviewmaterial und dessen inhaltlichem Kern gewählt wird. Beim Codieren von Q7 erweist sich dies allerdings nicht als notwendig. Die Zusammenschau der codierten Aussagen von Q7 wird anschliessend in Form einer Fallcharakterisierung verschriftet, die in ihrer Strukturierung den relevanten Aspekten zur Beantwortung der Fragestellung folgt. Die nachfolgenden Ausführungen geben diese für Q7 erstellte Fallcharakterisierung wieder. Zentrale Elemente dieser Fallbeschreibung wurden später – wie oben beschrieben – in die horizontale Analyse einbezogen und in ihren Hauptaussagen mit denjenigen aus anderen Gesprächen verbunden, neu gebündelt und verdichtet. Das Interview mit Q7 vermochte dabei wesentliche Impulse und Ergänzungen für eine differenzierte Beschreibung des Verständnisses von Innovation bei den Befragten zu geben. Die umfassende Darstellung der Ergebnisse aus der inhaltsanalytischen und der vergleichenden Auswertung des verbalen Datenmaterials aus den Gesprächen mit Q1 bis Q18 finden sich in Kapitel 6.

5.7.1 *Entwicklungsprozesse*

Q7 nennt zu Beginn des Gesprächs Entwicklungen im Sinne baulicher Veränderungen (Umzug des Jugendtreffpunktes) und möglicher institutioneller Anpassungen (Trägerverein durchläuft einen Organisationsentwicklungsprozess), um dann detaillierter auf die Entwicklung von Online-Arbeitsformen und -instrumenten einzugehen. Dabei handelt es sich um Formen der Internetnutzung im Rahmen der offenen Jugendarbeit. In der Institution wurde erstmals von einem Praktikanten ein internetbasiertes Instrument genutzt („mit den Jugendlichen zusammen so in einem Onlineportal ein Profil erstellt", Q7 83–84), das Q7 im Anschluss zu einem Informations- und Kommunikationsinstrument für die Jugendlichen ausgebaut hat (Q7 86–103). Die Akzeptanz bei den Adressatinnen und Adressaten scheint gross zu sein: „Immer mehr Jugendliche haben sich vernetzt mit unserem Profil" (Q7 89–90).

Die Einrichtung, in der Q7 arbeitet, umfasst einige Jugendtreffpunkte, deren Arbeiten auf einer übergeordneten Ebene gesteuert und koordiniert werden. Q7 schildert, wie das von ihm entwickelte Arbeitsinstrument auf diesem Weg institutionsintern bekannt gemacht wurde: „Und dann ist das so weiter gegangen. Dann ging es ganz klar über die Hierarchie, also meine direkte Vorgesetzte hat das eingebracht an der Treffleitungssitzung und hat gesagt, dass wir damit gute Erfahrungen machen und darauf hin ist es dann immer wieder an anderen Sitzungen so nebenbei zur Sprache gekommen" (Q7 103–110). Q7 wurde in der Folge aufgefordert, an einer Abteilungssitzung einen Kurzinput durchzuführen. Im Zuge seiner Auseinandersetzung mit dem Thema und seiner Suche nach vorhandenem Wissen, wird ihm die dürftige Datenlage klar. Q7 sieht deshalb in diesem Bereich weiteres Innovationspotential: „(...) das finde ich noch spannend jetzt gerade in diesem Bereich, bei dem es noch nicht wahnsinnig viel Theorien und Methoden und und und gibt, sondern sehr viel selbst gestaltet werden kann" (Q7 58–62). Innerhalb der Institution ist es für den Entwicklungsprozess hingegen hinderlich, dass er fast der einzige ist, der sich der Thematik annimmt und „an dem Verständnis arbeitet" (Q7 142). Er ist zurzeit Teil einer Arbeitsgruppe, die eine neue Webseite für die Institution konzipiert.

Das in einem Teilbereich der Institution entwickelte Instrument wird also einerseits institutionell verankert und andererseits multipliziert. Auslöser für diesen Schritt war das institutionelle Bedürfnis nach einer neuen Internetseite und die Erkenntnis, dass der virtuelle Raum für die Jugendlichen einen relevanten sozialen Lebensraum darstellt („dort passiert ganz viel und da kann man nicht einfach wegschauen", Q7 173–174). Für den Entwicklungsprozess förderlich erwiesen haben sich gemäss Q7 „zwei, drei, vier starke Pferde in diesem Bereich, in der Abteilung" (Q7 163–164), die sich für das Thema einsetzten. Den Verlauf dieses Entwicklungsprozesses hält Q7 insofern für typisch, als dass man in der Institution „Wert darauf legt, dass die einzelnen Mitarbeiter, Mitarbeiterinnen ihr Know-how und ihre Fähigkeiten einsetzen" (Q7 75–77).

Den Auslöser für Entwicklungsprozesse sieht Q7 generell in gesellschaftlichen Veränderungen („was passiert in der Gesellschaft, was ist für uns relevant?", Q7 286–287) sowie in Unzufriedenheiten: "Ganz klar Bedürfnisse oder Unzufriedenheiten, die aufgrund eines Bedürfnisses entstehen (...). Bedürfnisse, Motivation und erst danach kommt dann so die Frage nach den Möglichkeiten" (Q7 347–351) und "auch wenn es ein Auftrag ist, den wir von politischer oder gesellschaftlicher Seite erhalten, ist immer das Bedürfnis von jemandem, dann erst entsteht eine Entwicklung" (Q7 354–358). Ein weiterer auslösender Faktor können „Fachtrends" sein (Q7 313). Als wesentliches Hindernis in Entwicklungsprozessen identifiziert Q7 Widerstand gegenüber Neuem („ein spürbarer Widerstand zum Teil, weil es eben etwas Neues ist, etwas das untypisch ist", Q7 666–667).

Q7 sieht unterschiedliche Grundlagen, die Entwicklungen in den Institutionen der Sozialen Arbeit überhaupt möglich machen: Da ist zum einen eine Kultur, in der Wert darauf gelegt wird, das Wissen der Mitarbeitenden zu nutzen (Q7 75–78). Zum anderen muss Personal zugegen sein, „bei dem man nicht das Wissen von Grund auf aufbauen muss, quasi jemand fit machen, sondern es müssen die Personen da sein, die sagen können, okay ich habe schon diesen Rucksack an und jetzt kommt die neue Herausforderung, die und die Veränderung, die und die Sache, so. Kurzes Einarbeiten, damit man reagieren kann" (Q7 576–583). Auf struktureller Ebene sind in seinen Augen die entsprechenden finanziellen Mittel unabdingbar, „die dafür da sein müssen, sonst funktioniert es nicht" (Q7 574–575). Es genügt allerdings nicht, dass eine Institution und ihre Mitarbeitenden einen Entwicklungsprozess an die Hand nehmen, es braucht auch die „Bereitschaft vom Auftraggeber oder von dem, der das Bedürfnis hat" (Q7 590–591). Nicht zuletzt soll eine Entwicklung auf einer Vision des Gesamten basieren, „vor allem nachdem man kurz davor ist etwas umzusetzen, dann muss wie das Statement da sein, oder ein Bild da sein von dem Ganzen, dass man sagt, doch das Bedürfnis ist gegeben, wir können das finanzieren. Die und die Leute haben Erfahrungen in dem, doch da kann man eigentlich viel bieten" (Q7 584–590).

5.7.2 Entwicklungen, Verfahren und Forschung

Entscheidend für Q7 sind Entwicklungsprozesse, in welchen die richtigen Personen zusammenarbeiten und unterschiedliche Sichtweisen einfliessen. Dies gilt auch für die Zusammenarbeit mit Forschenden in einem derartigen Prozess: "Und etwas Grundsätzliches wäre, dass bei dieser Forschung die richtigen Leute, oder die richtige Mischung dabei wäre, dass es nicht nur einen Blick gibt, sondern dass man wirklich so blinde Flecken minimieren kann, also breit abgestützt, also so verschiedene Blickwinkel, das fände ich noch entscheidend" (Q7 520–526). Von Seiten seiner Institution macht Q7 eine grundlegende Offenheit für Prozesse mit Forschenden aus: „Also die Zusammenarbeit während eines solchen Prozesses habe ich das Gefühl, da wäre eine Offenheit vorhanden, um die Praxis quasi in die Forschung mit einzubeziehen und umgekehrt einen Einblick zu gewähren und Befragungen mitzumachen auf jeden Fall, da ist Offenheit sicher“ (Q7 509–514). Eine wesentliche Bedeutung von Forschung im Rahmen von Entwicklungsprozessen sieht Q7 darin, dass Fakten für Entscheidungen zur Verfügung gestellt werden können (Q7 462–477). Auch für weitere politische Lobbyarbeit könnten sich diese als dienlich erweisen (Q7 515–520). Als erschwerend erachtet er, wie zeitintensiv das Verfahren bis zur Nutzbarkeit wissenschaftlicher Resultate ist (Q7 477–479). Hinzu kommt als weiteres Hindernis auf übergeordneter Ebene die mangelnde gesellschaftliche Einbindung von Forschung und Wissenschaft: „Wenn ich so höre von einer Forschung beziehungsweise von einem Resultat, wo ich finde, ah da ist geforscht worden, ja das Resultat ist noch interessant, ich wusste aber nicht, dass das gemacht wird, und wird häufig als, so im Blick der Gesellschaft häufig konfrontiert einfach so kurz vorher so tägg, das ist das Resultat. Ich denke, das ist eine zusätzliche Barriere auf politischer und gesellschaftlicher Ebene, bringt das zusätzliche Schwierigkeiten. Also der Umgang mit Forschung, das hat etwas so Elitäres. Etwas Wissenschaftliches kann dann auslegen wie man will, so Statistiken. Ich denke, da müsste die Forschung vom Image her noch mehr zulegen“ (Q7 528–540). Themen und Fragestellungen für eine mögliche Kooperation mit Forschenden erkennt Q7 in der Wirkungsforschung („was passiert, wenn man das und das macht während den nächsten fünf Jahren“, Q7 486–487) und im Bereich der Sozialisation von Jugendlichen (Q7 491–499).

5.7.3 Erfolgsaspekte von Innovationsprozessen

Den Erfolg von neuen Entwicklungen führt Q7 wiederum anhand der Nutzung neuer Medien für die offene Jugendarbeit bzw. auf Online-Beratungen für Jugendliche aus und macht ihn an der zeitgemässen Form der Arbeit mit Jugendlichen („es entspricht ihrer Zeit", Q7 228–229 und Q7 243–245) fest: Zum einen können die Jugendlichen schneller und unmittelbarer erreicht werden (Q7 97–98); gleichzeitig ist auf Seiten der Jugendarbeit unter Wahrung der Anonymität eine grössere Verfügbarkeit möglich (Q7 234–235). Einen weiteren Effekt für die Jugendlichen sieht Q7 in der Möglichkeit, die Nutzung des Internets mit einem Lerneffekt im Umgang mit neuen Medien zu verbinden : „(...) und dass es ein wesentlicher Vorteil einer Institution wie auch der Jugendlichen ist, dass man einen sozial angemessenen, guten Umgang mit diesen Medien vermitteln und lernen [kann]" (Q7 245–248). Dies erlaubt der Institution, eine klare Positionierung in diesem Bereich zu erlangen und gewisse Standards zu setzen (Q7 265–266). Ebenfalls gewahrt Q7 einen wichtigen Nutzen von Neuentwicklungen auf institutioneller Seite in deren öffentlichen Wirkung im Sinne einer Profilierungsmöglichkeit: „(...) dass man auch einen gewissen Auftrag hat als grösste Institution in der Region in diesem Bereich so etwas zu machen, also das sind so die Punkte, so die Profilierung auch etwas Neues entwickeln" (Q7 224–227).

5.7.4 Innovationsverständnis und Formen von Innovation in der Sozialen Arbeit

Q7 sieht eine enge Verbindung zwischen innovativem und zeitgemässem Arbeiten: „Ja, für mich hängen Innovation und zeitgemäss zusammen. Und teilweise ist es eher zeitgemäss etwas aufzunehmen, was es schon gibt, und Innovation eher in diesem Sinne, dass man etwas aufnimmt, das es in einem anderen Bereich schon gibt, und dann in die Soziale Arbeit transferiert und mit dem arbeitet" (Q7 622–627). Q7 unterscheidet insofern zwischen grundsätzlichen Neuerungen und Transferleistungen von anderen Bereichen in die Soziale Arbeit, die mitunter auch die Neuanordnung bereits bekannter Elemente beinhaltet (Q7 630–633 sowie Q7 45–47). Ein Zeichen für das Innovationspotential eines Bereiches ist in seinen Augen, dass es „noch nicht wahnsinnig viel Theorien und Methoden (...) gibt, sondern sehr viel selbst gestaltet werden kann“ (Q7 71–73). Q7 verbindet mit Innovation die Vorstellung, offen zu sein und Veränderungen aufzunehmen: „Also für mich hat Innovation ganz viel mit dem zu tun, dass man Tabus bricht, aufbricht und sagt, das ist heute nicht mehr so, das hat sich verändert“ (Q7 701–703). Unter Inkaufnahme des Risikos zu scheitern, sollen Versuche gewagt werden (Q7 634–638). Dies beinhaltet sodann auch die Bereitschaft, Misserfolge und Fehler zu akzeptieren und zu nutzen: „Es ist nicht gegangen, aber wir haben das und das daraus gelernt“ (Q7 640–641). Das Überbordwerfen von Altem hat dabei immer im Dienste der Sache und des Auftrags zu stehen (Q7 691–692). Als Beispiel für eine Form von Innovation nennt Q7 Online-Beratungszeiten von offener Jugendarbeit, die auf einer Weiterentwicklung von Webseiten basieren, die Jugendtreffpunkte eingerichtet haben, und die mit der Möglichkeit des Chattens verbunden sind (Q7 661–664).

6 Ergebnisse der empirischen Untersuchung

Im ersten Teil der Arbeit wurden begriffliche Klärungen und konzeptuelle Überlegungen zu Innovationen in der Sozialen Arbeit vorgenommen. Vorgelegt wurde ebenfalls ein Definitionsvorschlag. Hinsichtlich der Innovationsforschung musste das Fazit gezogen werden, dass diese zumeist auf wenig kohärenten Konzepten von Innovation basiert, und dass für die Soziale Arbeit kaum empirische Arbeiten zum Thema vorliegen. Die folgenden Ausführungen stellen einen Anfang dar, diese Lücke zu schliessen, denn sie referieren die Ergebnisse einer empirischen Untersuchung zu Innovationsprozessen in der Sozialen Arbeit, die 2008 von der Autorin durchgeführt wurde. Die Studie zeigt auf, welche Formen von Innovation in der Sozialen Arbeit möglich sind, und welches Innovationsverständnis Praktikerinnen und Praktiker der Sozialen Arbeit vertreten. Sie identifiziert zudem geeignete Rahmenbedingungen, auslösende Momente, förderliche und hinderliche Faktoren für Entwicklungsprozesse, deren Ergebnisse als innovativ bewertet werden. Reflektiert werden auch spezifische Erfolgs- und Nutzenaspekte für Innovationen in der Sozialen Arbeit.

Die Ergebnisse resultieren – wie die Ausführungen zum methodischen Vorgehen verdeutlicht haben – aus der inhaltsanalytischen und vergleichenden Auswertung der verbalen Daten, die in problemzentrierten Experteninterviews erhoben wurden. Befragt wurden achtzehn Mitarbeitende aus neun Institutionen der Sozialen Arbeit. Das folgende erste Unterkapitel (6.1) beschreibt die Stichprobe dieser Untersuchung. Danach werden diejenigen Ergebnisse aufgegriffen, die unterschiedliche Aspekte von Innovationsprozessen in den untersuchten Feldern der Sozialen Arbeit beschreiben und erhellen. So lässt sich eruieren, was aus Sicht der Befragten am Anfang eines Entwicklungsprozesses steht, und welche

Einflüsse im weiteren Verlauf wirksam werden, indem sie den Prozess befördern oder behindern. Die Resultate werden in sieben thematischen Kapiteln referiert: Zunächst wird das Innovationsverständnis der Befragten charakterisiert (6.2). Weiter geht es um die Formen von Innovation in der Sozialen Arbeit, die in den Gesprächen geschildert wurden (6.3). Grundlegende Aspekte und Rahmenbedingungen, die als notwendige Voraussetzung für Innovationen erachtet werden, sind im vierten Unterkapitel Thema (6.4). Es folgt die Darstellung der auslösenden Momente, die aus Sicht der Befragten Innovationsprozesse in Gang bringen (6.5). Anschliessend werden die Verfahren beschrieben, die Professionelle aus der Sozialen Arbeit als geeignet erachten, um Innovationsprozesse zu gestalten (6.6). Welche förderlichen und hinderlichen Einflussfaktoren auf unterschiedlichen Ebenen in diesen Prozessen wirksam werden, gibt das nächste Unterkapitel wieder (6.7). Zum Schluss werden die Erfolgs- und Nutzenaspekte von Innovationen aus der Sicht der Interviewten herausgearbeitet (6.8).

In einem zweiten Schritt werden die Ergebnisse der vergleichenden Analyse dargestellt, die aufzeigen, welche Zusammenhänge zwischen einzelnen Ergebniskategorien und Personen bzw. Institutionen bestehen (Kapitel 6.10). Die komparative Analyse verfolgt das Ziel, über die Zuordnung von Aussagen zu Personen mit bestimmten Merkmalen bzw. ihre Verortung in einen bestimmten institutionellen Kontext wiederkehrende Konstellationen zu identifizieren. Wie oben erwähnt, sind die dabei herausgearbeiteten, generalisierenden Aussagen über das mögliche Auftreten von Innovationen und deren Prozessverlauf als Hypothesen aufzufassen, die weiter erhärtet werden müssen.

Zur besseren Nachvollziehbarkeit und zur Dokumentation werden die Ergebnisse mit Beispielen und Passagen aus den Interviews unterlegt. Diese sind den wörtlichen Interviewtranskriptionen entnommen und sprachlich nicht bereinigt. Ebenfalls wird darauf verzichtet, die Zitate aus den in französischer Sprache geführten Interviews zu übersetzen. Wie bereits an anderer Stelle ausgeführt, beziehen sich die Befragten in ihren Aussagen zumeist auf mehrere unterschiedliche Entwicklungsprozesse, die in der jeweiligen Institution stattgefunden haben oder stattfinden. Die

Ergebnisse vermögen demzufolge vielfältige Konstellationen und Facetten von Entwicklungs- und Innovationsprozesse zu verdeutlichen.

6.1 Beschreibung der Stichprobe

Bei der Beschreibung der Stichprobe und der Darstellung der Ergebnisse werden anstelle der Namen der Befragten Kürzel (Q1, Q2 usw.) verwendet. Diese stehen für die einzelnen Interviewten und sind in der Reihenfolge der Gespräche nummeriert. Da die Praxis der Sozialen Arbeit in der Schweiz aufgrund ihrer Kleinräumigkeit relativ übersichtlich ist, erweist sich eine wirksame Anonymisierung der Befragten als Schwierigkeit. Im Bewusstsein um diese Grenzen der Anonymisierung, wurden die Befragten explizit auf die Sachlage hingewiesen und um das Einverständnis gebeten, sie in dieser Form zu zitieren und mit der jeweiligen Institution in Verbindung zu bringen.

Die Stichprobe umfasst achtzehn Personen. Die Befragten arbeiten in neun verschiedenen Institutionen. Es handelt sich um:

- ein Zentrum für Straf- und Massnahmenvollzug,
- eine Fachstelle für Arbeitsintegration,
- ein Quartierzentrum,
- einen Jugendtreffpunkt,
- ein Jugendheim,
- einen regionalen Sozialdienst,
- eine Organisation für Menschen mit einer Behinderung,
- eine Fachstelle der betrieblichen Sozialarbeit,
- eine Amtsvormundschaft

Drei Einrichtungen sind Teil der kantonalen bzw. kommunalen Verwaltung und erfüllen einen gesetzlichen Auftrag (vgl. Tabelle 2). Fünf Institutionen werden als Vereine oder Stiftungen zusätzlich in unterschiedlichem Grad von der öffentlichen Hand unterstützt. Eine Institution ist als Aktiengesellschaft organisiert und muss ihre Leistungen kostendeckend verkaufen. Die Institutionen sind von unterschiedlicher Grösse; sie beschäftigen zwischen zwanzig und hundert Mitarbeitende.

	Institution	Praxisbereich	Anz. MA	Finanzierungsmodus	Organisationsform	
Q1 Q2	Zentrum für Massnahmenvollzug	Massnahmen- und Strafvollzug	100	öffentliche Gelder	Teil der kantonalen Verwaltung	stationär
Q3 Q4	Förderungs- und Ausbildungsstätte für Stellensuchende	Arbeitsintegration	34	Sozialversicherungen, Eigenertrag	Verein	ambulant
Q5 Q6	Quartierzentrum	Gemeinwesenarbeit	100	Stiftungsgelder, Subventionen	Stiftung	ambulant
Q7 Q8	Jugendtreffpunkt	offene Jugendarbeit	50	Subventionen, Eigenertrag	Verein	ambulant
Q9 Q10	Jugendheim	stationäre Jugendhilfe	40	öffentliche Gelder	Verein	stationär
Q11 Q12	Regionaler Sozialdienst	Sozialhilfe	20	öffentliche Gelder	Gemeindeverbund	ambulant
Q13 Q14	Wohnangebot für Menschen mit einer Behinderung	Behindertenhilfe	35	öffentliche Gelder, private Mittel (Spenden, Legate)	Verein	stationär
Q15 Q16	Unternehmen für betriebliche Sozialberatung	betriebliche Sozialarbeit	40	Einnahmen durch Verkauf von Dienstleitungen	Aktiengesellschaft	ambulant
Q17 Q18	Amtsvormundschaft	Vormundschaft	30	öffentliche Gelder	Teil der kom. Verwaltung	ambulant

Tabelle 2: Institutionen, in denen die Befragten arbeiten, nach Praxisfeld, Anzahl Mitarbeitende, Finanzierungsmodus, Organisationsform

Die achtzehn befragten Personen (je zwei Befragte pro Institution) sind zwischen 27 und 65 Jahre alt, wobei die Mehrzahl zwischen 40- und 50-jährig ist (vgl. Tabelle 3). Unter den Interviewten sind acht Frauen und zehn Männer. Zwölf der Befragten verfügen über einen Ausbildungsabschluss in Sozialer Arbeit (Sozialpädagogik, Sozialarbeit, Soziokulturelle Animation, Allgemeine Soziale Arbeit), davon haben acht die Ausbildung an einer Höheren Fachschule abgeschlossen, vier an einer Fachhochschule. Einer der Befragten hat eine Ausbildung im kaufmännischen Bereich (eidg. Fachausweis Kaufmann), und eine der Befragten ist Kindergärtnerin. Vier der interviewten Personen haben einen universitären Abschluss, dies in Psychologie oder Ethnologie (lic. phil.), in Betriebswirtschaft (lic. rer. pol.) oder Kunstgeschichte (Dr. phil.). Neben ihrer für die aktuelle Anstellung relevanten Grundausbildung haben die meisten Befragten zusätzlich qualifizierende Weiterbildungen absolviert, so beispielsweise in Non-Profit-Management, in Beratung, in der Erwachsenenbildung, als Ausbildnerin oder Ausbildner in der Praxis, als Portfoliobegleiterin oder Supervisorin.

Bei den zwei Interviewten pro Institution handelt es sich um je eine Leitungsperson (Direktion, Geschäftsführung, Bereichs- oder Abteilungsleitung) sowie um eine Mitarbeitende bzw. einen Mitarbeitenden mit direktem Klientenkontakt. Letztere haben teilweise eine Position im mittleren Kader inne (z.B. Gruppenleitung, Regionalleitung), in ihrem Pflichtenheft überwiegt jedoch die Arbeit mit Klientinnen und Klienten. Beträchtliche Unterschiede zwischen den befragten Personen gibt es hinsichtlich ihrer Anstellungsdauer in der jeweiligen Institution: Diese bewegt sich zwischen sechs Monaten und 32 Jahren. Damit variiert auch der Zeitraum, für welchen Entwicklungen in der jeweiligen Institution überblickt und als Innovation bewertet werden können.

	Praxis-bereich	Institution	Funktion	Geschlecht	Alter	Anstellungs-dauer (Jahre)	Ausbildung[11]
Q1	Massnahmen- und Strafvollzug	Zentrum für Massnahmenvollzug	Direktor	m	49	1	Betriebsökonom (lic. rer. pol.)
Q2			Abteilungsleiterin	w	31	8	Sozialpädagogin HF
Q3	Arbeitsintegration	Förderungs- und Ausbildungsstätte für Stellensuchende	Geschäftsführer	m	37	15	kaufmännischer Angestellter FA
Q4			Sozialpädagoge/Abteilungsleiter	m	46	7	Soziale Arbeit HF
Q5	Gemeinwesenarbeit	Quartierzentrum	Geschäftsleiter	m	65	30	Anglistik, Kunstgeschichte (Dr. phil.)
Q6			Leiterin	w	42	1	Soziokulturelle Animatorin HF
Q7	offene Jugendarbeit	Jugendtreffpunkt	Jugendarbeiter	m	30	2	Soziale Arbeit HF
Q8			stv. Abteilungsleiterin	w	48	3	Soziale Arbeit FH
Q9	stationäre Jugendhilfe	Jugendheim	Sozialpädagogin, Gruppenleiterin	w	35	9	Sozialpädagogin HF
Q10			Direktorin	w	50	12	Psychologin (lic. phil.)
Q11	Sozialhilfe	Regionaler Sozialdienst	Sozialarbeiter	m	27	1	Soziale Arbeit FH
Q12			Abteilungsleiter Soziale Dienste	m	48	20	Sozialarbeiter HF
Q13	Behindertenhilfe	Wohnangebot für Menschen mit einer Behinderung	Geschäftsleiterin	w	44	0,5	Ethnologin (lic. phil.)
Q14			Leiterin Teilbereich	w	47	1	Kindergärtnerin, Erwachsenenbildnerin

11 Die aufgeführten Bezeichnungen der Ausbildungsabschlüsse stammen von den Befragten und sind nicht nach einer systematischen Nomenklatur bereinigt.

	Praxis-bereich	Institution	Funktion	Geschlecht	Alter	Anstellungs-dauer (Jahre)	Ausbildung
Q15	betriebliche Sozialarbeit	Unternehmen für betriebliche Sozial-beratung	Sozialberaterin	w	56	8	Sozialarbeiterin HF
Q16			Leiter Region	m	41	1	Sozialarbeiter FH
Q17	Vormund-schaft	Amtsvormund-schaft	Amtsvormund	m	45	2	Sozialarbeiter FH
Q18			Bereichsleiter	m	63	25	Sozialarbeiter FH

Tabelle 3: Befragte nach Praxisbereich, institutionellem Kontext, Funktion, Geschlecht, Alter, Anstellungsdauer in der Institution und Ausbildungsabschluss

6.2 Innovationsverständnis der Interviewten

Ein wesentliches Ziel der empirischen Untersuchung bestand darin, zu explorieren, welche Bedeutung Innovation in der Praxis der Sozialen Arbeit hat, und was unter Innovation verstanden wird. Die befragten Personen wurden zu Beginn des Interviews nach zurückliegenden Entwicklungen in ihrer Institution bzw. im entsprechenden Praxisbereich gefragt, ohne dass zunächst von Innovation die Rede war. Die Fokussierung auf innovative Entwicklungen erfolgte im weiteren Gespräch entlang von zwei Linien: Zum einen wurden die Interviewten gebeten, aus den erwähnten Entwicklungen diejenigen herauszugreifen, die sie als neuartig bezeichnen würden. Zum anderen wurde im Verlauf des Interviews das Verständnis von Innovation in der Sozialen Arbeit explizit erfragt. Als Erzählstimulus im Leitfaden diente dazu die Frage: „Gerne würde ich an dieser Stelle noch einen weiteren Begriff ins Spiel bringen: Was verstehen Sie im Zusammenhang mit Entwicklungen unter Innovation in der Sozialen Arbeit?" (vgl. Leitfaden im Anhang). Grundsätzlich wird davon ausgegangen, dass die Befragten als Expertinnen und Experten des jeweiligen Praxisfeldes in der Lage sind, neuartige Entwicklungen als solche zu identifizieren. Aus diesem Grund wird in den Interviews darauf verzichtet, die Position der Forschenden einzubringen und mit dem Verständnis der Befragten in Bezug zu setzen.

Zunächst wird in der Darstellung der Ergebnisse der Fokus auf das Innovationsverständnis der Befragten gerichtet, ein weiterer Abschnitt widmet sich anschliessend eingehender dem Aspekt der Neuartigkeit.

Das Innovationsverständnis der Befragten umfasst als ein wesentliches Merkmal von Innovationen deren relative Neuartigkeit: Als Innovationen gelten den Befragten Entwicklungen aus anderen Bereichen, die an spezifische Gegebenheiten des Praxisfeldes, der Institution oder der Sozialen Arbeit angepasst und in ihrer Entwicklung weitergetrieben werden, sowie die neuartige Verbindung von Elementen der bestehenden Praxis.

> „Innovation eher in diesem Sinne, dass man etwas aufnimmt, das es in einem ganz anderen Bereich schon gibt und dann in die Soziale Arbeit transferiert und mit dem arbeitet. Von dem her denke ich, ist Innovation sehr entscheidend. Aber es ist nicht so, dass man grundsätzlich alles neu erfinden kann, man kann es immer wieder neu zusammensetzen und mit anderen Mittel zusammen arbeiten, so in diesem Sinne innovativ sein." (Q7 622–633)

Innovationen bestehen für die Befragten also nicht darin, etwas noch nie da Gewesenes zu schaffen, und insofern wird auch keine absolute Einzigartigkeit dieser Entwicklungen postuliert, sondern eine Innovation wird stets in einen Referenzrahmen gestellt, für den ihre Neuartigkeit gilt. Dieser Referenzrahmen wird allerdings unterschiedlich gefasst. Es kann sich dabei um einen bestimmten Praxisbereich der Sozialen Arbeit handeln oder um eine bestimmte Institution. Die Innovation hebt sich im gegebenen Referenzrahmen vom bisher Bekannten ab. In den Augen von Q13 stellt sie beispielsweise nicht ein vollkommen neues Unterfangen für die Soziale Arbeit dar, sondern kann eine bereits bestehende Dienstleistung sein, die für einen spezifischen Handlungskontext angepasst wird (Q13 878–881).

> Oder wie Q17 erklärt: Innovation ist „grundsätzlich alles, was anders ist, als wir es bis jetzt gemacht haben" (Q 17 613f).

Von den Befragten werden Innovationen unterschiedlichen Umfangs differenziert. Ferner gelten Veränderungen minderer Reichweite und ohne umfassende Wirkung auf die Soziale Arbeit ebenfalls als Innovation.

> „Es sind auch kleine Sachen, die eine Innovation sein können (...) Es ist nicht ... – muss es auch nicht – zwingend etwas Riesiges sein, das in der Sozialarbeit weiss nicht was alles umkrempelt." (Q17 629–637)

Zwei Befragte aus unterschiedlichen Institutionen stellen hingegen die Neuartigkeit von Innovationen in der Sozialen Arbeit grundsätzlich in Frage: Ihrer Meinung nach bezieht sich Soziale Arbeit unter ändernden Perspektiven und dadurch in sich wandelnden Formen, auf Universalien des menschlichen Zusammenlebens, so dass Innovation als permanent wahrgenommen wird.

> „Oui, l'innovation elle est à double tranchant. Je ne suis pas sûre que ce soit toujours de l'innovation. C'est une manière de voir les choses autrement, mais les choses en soi sont toujours là." (Q9 669–673)

Auch finden sich bei den Befragten vereinzelt kritische Anmerkungen zu Innovation. So greift Q18 in ironisierender Weise die durchwegs positive Konnotation des Begriffs auf.

> „Wenn man Innovation als überaus positiv, als alles was an positiven Entwicklungen sich darlegt oder darstellt (...)" (Q18 1013–1015)

Ein wichtiger Aspekt von Innovation ist für die Befragten, dass sie umsetzungsorientiert ist, und diese Umsetzung umfassend und unabhängig von Personen erfolgt. Innovative Verfahren ergeben sich nicht aus der Umsetzung einer guten Idee durch eine einzelne Person, sondern Innovation sollte institutionell verankert sein. Betont wird, dass die Möglichkeit für Innovationen in denjenigen Bereichen und Themenfeldern grösser ist, in denen noch wenig methodische und theoretische Überlegungen angestellt wurden, und in der Folge Gestaltungsspielraum für eigene Entwicklungen vorhanden ist (Q7 56–62). Die Aussagen der Befragten zeigen, wie Innovationen in der Sozialen Arbeit sich am institutionellen Auftrag orientieren: Es geht darum, diesen besser und umfassender zu erfüllen; wobei die Steigerung der Handlungsmöglichkeiten sich daran bemisst, ob die Auftragserfüllung zeitgemäss, spezifischer, reflektierter und schneller erfolgen kann.

> „Je vous dis que ça va certainement amener un peu plus de réflexion, peut-être eh plus de rapidité dans l'action, plus de précision. Voilà, je vois quelque chose comme ça. Plus d'énergie et puis – eh, finalement c'est plus rapide dans la prise en charge des jeunes et de leurs familles. Plus de clarté aussi au niveau de la mission du foyer." (Q9 233–240)

Innovationen implizieren in den Augen der Befragten häufig eine veränderte oder erweiterte Perspektive, welche zu einer neuartigen Problemdefinition und/oder Herangehensweise führt. Eine veränderte Betrachtungsweise, die dazu führt, neue Wege zu beschreiten, ist meist nur möglich, wenn der Blick sich aus einer gewissen Distanz oder von aussen auf die Institution und ihre Tätigkeit richtet.

> „Und Innovation kann dann ja auch sein, nochmals hinzuschauen. Wo man meint, man habe es schon, das finde ich, ist eben auch eine Art und Weise, wie man, wenn man die Brille wieder abzieht und wieder neu hinschaut. ... Das ist eigentlich die Art und Weise die Innovation als Prozess vom Nach-vorne-Schauen und Hinschauen. Und nicht nur nach vorne schauen." (Q5 1411–1425)

> „Was heisst für mich Innovation in der Sozialen Arbeit? Mit einem Blick von aussen Sachen in Frage stellen, Methoden in Frage stellen, Selbstverständlichkeiten in Frage stellen." (Q13 824–827)

Innovationen in der Sozialen Arbeit haben ihre Ursprünge oft in gesellschaftlichen Veränderungen, in damit einhergehenden veränderten oder neuen Bedürfnissen der Klientinnen und Klienten und in neuen Gruppen von Adressatinnen und Adressaten. Der Innovationsgehalt von Entwicklungen hängt in der Folge für die Interviewten stark von deren Nachhaltigkeit ab. In der Sozialen Arbeit soll nicht nur kurzfristig reagiert, sondern mit längerfristiger Wirksamkeit agiert werden.

> Q4 beschreibt dies anhand eines Beispiels aus einer früheren Tätigkeit in der niederschwelligen Sozialarbeit: Das weithin als innovativ bezeichnete Taglohn-Projekt zeigte seine nachhaltige Wirkung nicht im angestrebten Mass. „Und, wir hatten das Gefühl, wir sind wahnsinnig innovativ, das war damals so, die Taglöhnerei hat es damals noch nirgendwo gegeben im Kanton. Es hat es in anderen Kantonen gege-

> ben, aber so in dieser Form, wie wir es gemacht haben, hat das noch nirgendwo gegeben. Und wir haben immer auch argumentiert, um auch zu Geld zu kommen oder irgendwie dass man uns sieht, auf irgendeine Art und zu sagen, wir bringen die Leute weg von der Gasse. Und das ist nicht so gewesen. Und eigentlich ist es, wenn man das Bild jetzt auf dem Platz anschaut, ist das ziemlich frustrierend." (Q4 1056–1067)

Im Zusammenhang mit der Wirkung von Innovationen hält es Q17 zudem für wichtig, diese nicht mit allzu hohem Tempo voranzutreiben, da erst eine systematische Auswertung nach gewisser Zeit die Unterscheidung zwischen fundierten und der Schnelllebigkeit geschuldeten Entwicklungen erlaubt (Q17 657–662).

Innovationen werden von den Professionellen der Sozialen Arbeit nicht nur als Ergebnisse mit bestimmten Eigenschaften aufgefasst, sondern auch als Prozesse fachlicher Auseinandersetzung, die zu diesen Ergebnissen führen. Diese Verläufe sind insbesondere durch Zusammenarbeitsformen gekennzeichnet, in denen einzelne Akteure zwar eine Schlüsselrolle einnehmen können, jedoch nie isoliert agieren. Wie aus den verbalen Daten hervorgeht, ist diese kooperative Form der Innovationsentwicklung einerseits bewusst intendiert und andererseits in bereits bestehenden institutionellen Arbeitsformen angelegt.

> So führt Q6, die das Team eines Quartierzentrums leitet, aus: „Ich arbeite sehr stark mit dem Team, stark mit Kooperationen und lege viel Wert darauf, dass man das gemeinsam entwickelt. Weil es ja auch gemeinsam umgesetzt werden soll." (Q6 263–266)

Im Zusammenhang mit dem Innovationsverständnis der Befragten ist schliesslich festzuhalten, dass sie Innovation auch als Haltung gegenüber Neuem betrachten: Neben einer ganz allgemeinen Offenheit Neuem gegenüber gilt es, einen Blick ohne Scheuklappen zu kultivieren, nach neuen Herausforderungen zu suchen, unkonventionelle Herangehensweisen zu wagen und dabei das Risiko des Scheiterns in Kauf zu nehmen.

> „Das ist, glaube ich, sehr wichtig, auch offen sein, etwas ausprobieren, bei dem ich nicht gerade weiss, ob es klappt, einfach die Bereitschaft, dass der Mut da ist, etwas auszuprobieren, bei etwas wo man nicht ganz sicher ist, aber gut scheint." (Q7 633–638)

Zusammenfassend kann zum Innovationsverständnis der Befragten festgehalten werden, dass Innovation beschrieben wird:

- als Ergebnis (mit relativer Neuartigkeit, im Rahmen des institutionellen Auftrags, mit nachhaltiger Wirkung)
- als Prozess (unter Einnahme einer veränderten Perspektive, in kooperativer Form, an Umsetzung orientiert, projektförmig organisiert, auf Evidenz beruhend)
- und/oder als Haltung (im Sinne von Offenheit gegenüber Neuem, Inkaufnahme des Scheiterns, Suche nach Herausforderungen)

Im Folgenden soll der Aspekt der Neuartigkeit nochmals aufgegriffen werden, da er in den Interviews als zentrales Merkmal von Innovationen hervorgehoben wurde. Aufgrund der inhaltsanalytischen Auswertung der verbalen Daten lassen sich zwei Positionen unterscheiden: Während die eine die Differenz zu Bisherigem betont, hebt die andere die Anschlussfähigkeit an Bekanntes hervor. Weiter finden sich – etwas weniger prononciert – eine dritte und vierte Lesart: Eine Reduktion von Neuartigkeit auf den zeitlichen Aspekt sowie eine skeptische Position, die für eine Beurteilung von Neuartigkeit aus einer zeitlich distanzierten Warte plädiert.

Die erste der oben beschriebenen Positionen fasst Neuartigkeit im Sinne von Einzigartigkeit. Die Befragten vergleichen mit anderen Institutionen desselben Fachbereichs und konstatieren, dass ihre Institution die einzige ist, die ein – möglicherweise auch andernorts bearbeitetes – Problem in neuartiger Weise angeht.

> „Und meines Wissens sind wir im Massnahmenvollzug die Einzigen, die das in dem Sinn machen." (Q1 93–95)

Akzentuiert wird die Differenz zu Bisherigem auch von denjenigen Befragten, die einen zeitlichen Vergleich vornehmen. Das Neuartige ist für sie gleichbedeutend mit dem Unbekannten, mit demjenigen worüber kein oder nur wenig Wissen vorhanden ist.

> „Ja absolut, das ist die Mandatsbewirtschaftung. Da hat kein Mensch davon gesprochen." (Q18 214)

Ähnlich – jedoch mit Sicht auf das Mass der einer Innovation innewohnenden Veränderung – wird Neuartigkeit dann verstanden, wenn sie als grundlegende Veränderung oder als qualitativer Sprung begriffen wird. Bei dieser Position steht allerdings nicht die Distanzierung vom Bisherigen im Vordergrund, hervorgehoben wird vielmehr die Anschlussfähigkeit der Innovation (z.B. Q2 285–287 oder Q15 36f). Zu derselben Position können diejenigen unter den interviewten Personen gerechnet werden, die davon ausgehen, dass Neuartigkeit mit Anpassung bzw. geringfügiger Veränderung gleichzusetzen ist. So kann es sich als notwendig erweisen, konzeptuelle Anpassungen vorzunehmen, wenn trotz veränderter Ausgangslage am institutionellen Auftrag festgehalten werden soll. Es geht zuweilen, wie die Passage aus dem Gespräch mit Q2 zeigt, in den Institutionen deshalb auch um Rhetorik im Zusammenhang mit Neuem und darum, dafür Akzeptanz zu schaffen.

> „Ich denke, im Moment ist so ein bisschen die Schwierigkeit, dass man den Leuten wie zeigt, dass wir das Rad nicht neu erfinden jetzt mit diesem Projekt. Also ich habe manchmal so ein bisschen das Gefühl, ja, es wird auch so verkauft, so unter dem Deckmantel, ja, jetzt machen wir vernetzte Vollzugsplanung und so, es wird sich gar nicht so viel ändern." (Q2 283–290)

Ein ausschliesslich die zeitliche Dimension umfassender Begriff von Neuartigkeit findet sich bei denjenigen Befragten, die Neuartigkeit am erstmaligen Auftreten eines Verfahrens oder eines Konzeptes festmachen.

> „Und das ist sicher ein neues Konstrukt einfach, dass der Jugendtreffpunkt und die Freizeithalle nebeneinander sind (...) Und da machen wir jetzt eigentlich zum ersten Mal wieder so Erfahrungen in der Institution und das ist sehr wertvoll. Das ist neu." (Q8 110-120)

Von anderen Befragten wird genau daran Kritik geübt. In ihren Augen reicht Neuheit nicht, um eine Innovation zu bestimmen, sondern es müssen weitere Kriterien wie Sinn, Wirkung und Zweckmässigkeit erfüllt sein.

> „... nur weil etwas neu ist, oder nur weil es ein Netzwerk ist, ist es noch lange nicht ein sinnvoller Fisch darin." (Q5 1345–1347)

Die vierte Position hinsichtlich Neuartigkeit ergibt sich aus den Aussagen derjenigen Befragten, die dem Begriff grundsätzlich skeptisch begegnen und eher von Erneuerung sprechen. Sie bringen damit zum Ausdruck, dass sich Neuartigkeit als Prädikat erst mit einer erheblichen zeitlichen Distanz vergeben lässt.

> „Oui, en même temps c'est pas nouveau, peut-être un renouveau; enfin je dirais que les cinquante dernières années de l'éducation permettent de faire ce constat aujourd'hui (...) " (Q10 127–130)

Mit Blick auf das Innovationsverständnis der Befragten lässt sich abschliessend festhalten, dass dieses nicht unter Rekurs auf bestehende fachspezifische Modelle und Konzepte referiert wird, sondern dass eine institutionell verankerte oder vielmehr noch eine persönliche Lesart vorwiegt. Eine beträchtliche Heterogenität kennzeichnet in der Folge die Definitionsversuche und Bestimmungsmerkmale von Innovation in der Sozialen Arbeit. Deutlich wird anhand dieser Breite, welche Ansprüche den Erwartungshorizont abstecken, in dem Praktikerinnen und Praktiker der Sozialen Arbeit Entwicklungen verorten, die ihrer Einschätzung nach als innovativ bezeichnet werden können.

6.3 Formen von Innovationen in der Sozialen Arbeit

Einleitend sei hier nochmals auf die Unterscheidung von Entwicklung und Innovation bzw. die Verwendung der beiden Begriffe im Rahmen der Studie verwiesen. Für die Befragten ist Innovation – so das anhand des Probeinterviews erhärtete Vorverständnis der Autorin – in ihrem beruflichen Kontext kein gängiger Begriff. Sie wurden deshalb zunächst nach Entwicklungen in ihrer Institution und ihrem Arbeitsfeld gefragt und später gebeten, neuartige Entwicklungen hervorzuheben. Insofern stellt die Differenzierung von Entwicklungen und neuartigen Entwicklungen bzw. Innovationen eine von aussen bzw. von der Forscherin an die Befragten herangetragene dar. Aus diesem Grunde ist in der weiteren Darstellung der Resultate oft gleichzeitig von Entwicklungen und von Innovationen die Rede, obwohl aus einer analytischen Perspektive nicht jede Entwicklung als Innovation bezeichnet werden kann. Der Begriff der Entwicklung wird dabei in seiner alltagsnahen Bedeutung verwendet (etwas wird von jemandem denkerisch entfaltet oder handelnd erschaffen) und ist nicht als „Prozess der Veränderung von Objekten in einem grösseren Zeitabschnitt, in dem einzelne Phasenübergänge ‚Punkte ohne Wiederkehr' sind" (Fuchs et al. 1988: 196) konnotiert, wie dies seine wissenschaftliche Verwendung nahe legen würde. Diese Handhabung der Begrifflichkeiten trägt den Grundsätzen qualitativer Sozialforschung insofern Rechnung, als dass – trotz einer theoriegeleiteten und nicht strikt explorativen Herangehensweise – die Offenheit für die Bedeutungszusammenhänge der Befragten gewahrt ist. Da die Rekonstruktion der Auffassung von Professionellen aus der Sozialen Arbeit hinsichtlich von Innovation und Innovationsprozessen im Vordergrund steht, wird auch darauf verzichtet, die einzelnen als Innovation beschriebenen Sachverhalte an theoretischen Kriterien zu messen.

In den verbalen Daten finden sich unterschiedliche Beschreibungen von neuartigen Entwicklungen. Deren Bündelung zu übergreifenden Formen umreisst für die Soziale Arbeit, welcher Art die in ihren Praxisfeldern generierten Innovationen sein können. In der untenstehenden Tabelle 4 finden sich diese unterschiedlichen, aus dem Datenmaterial herausgearbeiteten und generalisierend benannten Formen von innovativen Entwicklungen. Dieser zusammenfassenden Beschreibung sind jeweils die praxisfeld- oder institutionsspezifischen Beispiele zugeordnet, die von den Befragten konkret als Innovationen geschildert wurden.

Art der Innovation/ Entwicklung	**Beispiele aus dem Datenmaterial**
konzeptuelle Neuerung neue Sichtweise, Paradigmenwechsel, neue konzeptuelle Ausrichtung, neuer/veränderter fachlicher Schwerpunkt	• verändertes Qualifikationsverständnis • sozialräumliche Ausrichtung • vernetzte Arbeitsweise • spezifische Kooperationsform mit psychologisch-psychiatrischem Bereich • integrative Ausrichtung • Arbeit mit Facilitators und integrierten Personen als Brückenbauer • Einführung des Normalisierungsprinzips • psycho-pädagogische Arbeitsweise
institutionelle Differenzierung neues Angebot, Spezialisierung, bisheriges Angebot in neuer Form	• Einführung einer Triageabteilung • Sozialfirma • Einführung einer Abklärungseinheit • Einführung von Reintegrations-Coaching • Ferientagesangebot für Kinder mit einer Behinderung
neue Institution	• Freizeithalle • Wohnschule für Menschen mit einer Behinderung
Anpassung der institutionellen Organisationsform	• Änderung der Organisationsform • Zusammenschluss mit anderen Institutionen • strukturelle Veränderung unter Einführung neuer Funktionen • zweckmässige Umsetzung neuer gesetzlicher Vorgaben
neue Funktion/Stelle	• Fallkoordination • pädagogische Beratung • neue sachbezogene Leitungsebene
Definition eines Prozesses/Ablaufs	• Definition von Entscheidungskompetenzen • Konzept für interne Dossierkontrolle • Konzept für den Einbezug von Behördenmitgliedern • Konzept der internen Arbeitsorganisation
Methode/Verfahren	• vernetzte Vollzugsplanung • Assessment (Planspiel) für Erwerbslose aus Dienstleistungsbereich • Mentoring • aufsuchende Spielanimation • Online-Beratung • Finanzplankontrolle

Art der Innovation/ Entwicklung	Beispiele aus dem Datenmaterial
Instrument	• Vollzugsverlaufsjournal • Assessmentinstrument und entsprechende IT-Lösung • Onlineportal mit Austauschplattform • Haltungspapier • Kriterien für Finanzplankontrolle • spezialisierte Software • spezifische Checklisten
Qualifikation und Voraussetzungen des Personals zusätzliche Qualifikation, veränderte Ansprüche an Qualifikation	• neue Festlegung der erforderlichen Grundausbildung • Anstellung von Mitarbeitenden mit Migrationserfahrung • interne Schulungen • Konzeption interner Weiterbildung • Schulung von angegliedertem Laienpersonal
bauliche Veränderung	• Umbau und Renovation der Institution • Neubau der Institution (Pavillons statt Hochbau) • Umzug • Benutzung neuer Räumlichkeiten

Tabelle 4: Formen von Innovationen in der Sozialen Arbeit und Beispiele

Eine Form von Innovation stellt die *konzeptuelle Neuerung* dar. Sichtweisen zu innovieren, die die Handlungspraxis einer Institution strukturieren, bedeutet einen Paradigmenwechsel zu vollziehen, eine neue konzeptuelle Ausrichtung festzulegen und somit häufig eine veränderte Definition der bearbeiteten sozialen Probleme zu vertreten. Es verwundert nicht, wenn Innovationen auf konzeptueller Ebene zumeist auch Anpassungen, Veränderungen und Neuerungen in weiteren Bereichen der Institution bedingen und nach sich ziehen. Die umgekehrte Wirkung wird jedoch auch erwähnt: Wenn Entwicklungen nach einer Projektphase definitiv implementiert werden sollen, kann ein Grundkonsens und die Ausrichtung an dieser Sichtweise zur Lösung konkreter Umsetzungsprobleme beitragen.

> Q6 beschreibt, wie sich der neuartige ressourcenorientierte Arbeitsansatz auf die Zielsetzung des Quartierzentrums und dessen Arbeitsweise auswirkt: „Hm, also was vielleicht neuartig ist ... Also über viele, viele Jahre hat sich die Institution G. zum Ziel gesetzt, sich eigentlich, mit der Zielgruppe zu beschäftigen, die es am

> schwierigsten hat in dem Quartier. Also das sind die Menschen, äh, die bildungsfernen Menschen, Migrantengruppen, die schwer integrierbar sind. Einfach die, die es am schwersten haben, ob das jetzt Kinder sind, jugendliche Leute oder Erwachsene. Das war die Zielsetzung über Jahre hinweg. Und das war eine Zeit, wo das ganze Quartier auch von der Bevölkerungsstruktur anders war. Danach hat man sich gerichtet. Und mittlerweile ist es so, dass wir uns zum Ziel gesetzt haben, eigentlich mit den gut Integrierten zu arbeiten, also mit den stark, starken offenen Communities und so eigentlich wie die Menschen, die es schwer haben, mitziehen zu können. Also das ist ein anderer Ansatz. Also dass wir wie kleine Brücken bilden können zu der Zielgruppe, die wir schwer erreichen können. Und das ist ein wenig eine andere Anordnung." (Q6 97–115)

Neue Sichtweisen finden dabei häufig über den Fachdiskurs Eingang in die Praxis und wirken auf diesem Weg für einen ganzen Praxisbereich verändernd.

> So schildert Q8 die Suchbewegung des Jugendtreffpunktes, nachdem dessen veränderte Nutzung durch die Jugendlichen Innovationsbedarf gezeigt hat: „(...) da war sicher auch die Motivation gewesen, dass man sonst auch so etwas sich umgehört hat, wohin sich denn die Jugendarbeit entwickelt und, und und wie man, was so die neueren Ansätze sind, dass wir uns da auch motiviert und schlau gemacht haben." (Q8 165–170)

Eine weitere Form von Innovation, die die Befragten beschreiben, ist die *institutionelle Differenzierung*, die durch den Aufbau neuer Bereiche in den Institutionen, die Schaffung neuer Angebote und die Umgestaltung bestehender Angebote entsteht oder in Form thematischer Spezialisierungen geschieht.

> Ein Beispiel für Innovation in Form einer institutionellen Differenzierung ist die halbgeschlossene Timeout-Station, die das Jugendheim eröffnet hat, das Q10 leitet: „La première ça été de construire 'Timeout' ce qui est une unité semi-fermée pour des adolescents en grande difficulté, c'est une unité où on fait de l'observation, c'est la moitié à peu près du placement, c'est douze semaines, et pour lequel ensuite on cherche des solutions, pour ces adolescents, on fait la remédiation (...)" (Q10 54–60)

> Q13 schildert, wie die Institution in Kooperation mit einem bereits bestehenden Angebot für Kinder eine neuartige Entwicklung in die Wege geleitet hat: „Und wenn Kinder eine Behinderung haben, dann brauchen sie mehr Betreuung oder eine andere Art Begleitung oder Anleitung, und wenn es auch darum geht mit Essen, mit Bewegen, mit allen möglichen Sachen. Trotzdem täte es denen auch mal gut, ein sogenanntes integratives Angebot zu nutzen mit anderen normal behinderten Kin-

dern. Da haben wir also projektmässig eine Zusatzbegleitung organisiert und nehmen die mit. Und dadurch können Kinder an ausgewählten Kursen teilnehmen." (Q13 147–156)

Vergleichbar, freilich etwas anders gelagert, ist die Innovation durch die Schaffung einer *neuen Institution*, die später unabhängig vom institutionellen Kontext existiert, in welchem ihre Entwicklung angestossen und vorangetrieben wurde. Weiter werden von den interviewten Fachpersonen Innovationen in Form von *Anpassungen institutioneller Organisation* benannt, wenn diese grundlegend umgestaltet wird, wenn es zum Zusammenschluss mit einer anderen Institution kommt, oder wenn innerhalb der Institution die Struktur verändert wird. Als Extrembeispiel einer Innovation im Sinne einer neuartigen institutionellen Organisation kann die Beratungsstelle gelten, in der Q15 und Q16 arbeiten, und die sich vor wenigen Jahren als Aktiengesellschaft neu konstituiert hat. Die Mehrheit der Aktien ist dabei im Besitz der Mitarbeitenden.

Auch Q12 erwähnt eine Innovation in Form der neuartigen institutionellen Organisation. Der von ihm geleitete Sozialdienst vermochte die über gesetzliche Änderungen induzierte Reorganisation innovativ zu nutzen: „Mir war das Wichtigste bei diesen Zusammenschlüssen, dass man auch Behörden zusammenschliesst. Also für vier Gemeinde eine Vormundschaftsbehörde. Auch dass die Vorgaben gleich bleiben, nicht dass man sagen muss, das ist jetzt einer aus der Gemeinde I., da kann ich jetzt für den Zahnarzt nur 500 ausgeben. Das hat relativ viel gebraucht, wurde aber eigentlich eingesehen. So weit sind wir jetzt, aber ich denke, es war eine wichtige Sache." (Q12 304–312)

Ebenfalls an der Schnittstelle von organisatorischer Gliederung und inhaltlicher Leistungserbringung werden von den Befragten als weitere Form von Innovation die *Schaffung neuer Funktionen oder spezifischer Stellen* genannt.

So führt Q9 aus, wie im Jugendheim die bauliche Veränderung mit einer neuartigen organisatorischen Strukturierung und der Einführung einer neuen Funktion verbunden wurde: Die Gliederung des Wohninternats für die Jugendlichen in Pavillons führte zur Notwendigkeit, Gruppenleitungen einzuführen. Dieser Organisationsform entsprach, auf übergeordneter Ebene nur mehr eine zuständige Leitungsperson für die Belange des Internats zu haben: „En même temps que les bâtiments, les constructions se sont terminés, le fonctionnement de l'internat a changé aussi. Il y a eu plus qu'un seul responsable qui était responsable de l'internat et adjoint de direction et puis dans chaque groupe a été nommé un responsable de groupe." (Q9 32–38)

Auf der Ebene der Leistungserbringung und der Zusammenarbeit mit anderen Professionellen, Klientinnen bzw. Klienten und Dritten erwähnen die Befragten Innovationen in Prozessen und Abläufen, von methodischen Verfahrensweisen und von Instrumenten. Innovative *Prozesse* beschreiben beispielsweise neuartige Formen in der internen und externen Zusammenarbeit, neu geordnete Entscheidungswege und -kompetenzen.

Q11 führt aus, wie im regionalen Sozialdienst die Zusammenarbeit mit der Behörde neu konzipiert werden soll: „Wir sind daran ein Behördenkonzept zu erarbeiten, wie wir die – jetzt sowohl Vormundschaftsbehörde als auch von der Sozialbehörde – wie wir diese Leute mehr teilhaben lassen und mehr reinschauen lassen. Die von der Sozialbehörde sind jetzt alle mindestens schon ein Tag (schnuppern) gekommen. Und ich denke, so, dass wir auf dieser Ebene mehr mit Politikern in Kontakt kommen, das ist, das ist eine Möglichkeit (...)" (Q11 465–473)

Innovative *Verfahren und Methoden* halten fest, nach welchen Prinzipien die Arbeit mit Klientinnen und Klienten gestaltet wird, und welches die spezifischen Vorgehens- und Arbeitsweisen sind, die zur Anwendung kommen (z.B. aufsuchende Spielanimation, Online-Beratung).

Q1 schildert die für den Bereich des Massnahmenvollzugs neuartige Arbeitsweise (vernetzte Vollzugsplanung) und erwähnt, dass für deren Umsetzung in der Institution auch neue Instrumente zur Dokumentation des Vollzuges geschaffen werden mussten: „Und dann haben wir wirklich ein Thema, welches wir sehr intensiv am ausbauen sind. Das ist, wir nennen das vernetzte Vollzugsplanung ... Ganz banal, wir haben Sozialpädagogen bzw. Sozialarbeiter auf einer Wohngruppe. Wir haben die Therapeuten und wir haben die Arbeitsmeister und dann haben wir vielleicht noch Akteure wie der Sicherheitsdienst. Und das tönt jetzt furchtbar banal, aber die Kunst besteht wirklich darin, dass alle ihre Beobachtungen systematisch und formalisiert zusammentragen. Und zwar alle. Von jenem, der mit ihnen in den Wald Holzfällen geht, bis zum Dr. med. Dass das wirklich mit einer einigermassen einheitlichen Terminologie zusammengelegt und verglichen wird." (Q1 99–113) Sowie: „Das passiert jetzt momentan durch das sogenannte Vollzugsverlaufsjournal. Das ist eine Informatiklösung, die heisst G. Das ist eigentlich ursprünglich ein Verwaltungssystem gewesen für Insassen. Und ähm, da besteht auch die Möglichkeit, Beobachtungen einzutragen. Und schlicht und ergreifend, wenn jetzt irgendetwas Auffälliges passiert, wird diese Beobachtung festgehalten." (Q1 128–135)

Innovative *Instrumente* dienen in diesem Zusammenhang häufig der Strukturierung, Erfassung und Dokumentation der Arbeit von Professionellen. Es handelt sich dabei zum Beispiel um Hilfsmittel und Anleitungen für die Durchführung von Assessments, spezialisierte Software, Checklisten oder Kriterienkataloge.

Q17 beschreibt für den Bereich der Vormundschaft das neue Instrument der Mandatsbewirtschaftung, das in der Institution entwickelt wurde: „Ehm, man sucht immer nach dem System, ich sage jetzt in der Sozialen Arbeit, um die Leistung ... um Aufwand und Leistung irgendwie einerseits zu eruieren zu können, aber auch beizumessen, wenn ein neues Mandat kommt, wie viel Zeit ungefähr (...)" (Q17 242–246)

Innovationen in der Sozialen Arbeit können auch darin bestehen, dass bei Mitarbeitenden *veränderte Qualifikationen* vorhanden und andere Voraussetzungen erfüllt sein müssen. Es kann sich um erhöhte oder andere Ansprüche an die erforderliche Fachausbildung handeln oder um Voraussetzungen, die zusätzlich über den Besuch bestimmter Weiterbildungen und Schulungen erworben werden müssen.

Im Quartierzentrum, in dem Q6 arbeitet, hat eine neuartige Ausrichtung der Arbeit (Arbeit mit integrierten Personen, die Brücken zu Randgruppen schlagen, sogenannte Facilitators) zur Folge, dass bei Anstellungen neue Kriterien zum Tragen kommen: „Da haben wir schon eine erste Massnahme treffen können. Also wir konnten auf anfangs Jahr eine Mazedonierin anstellen, die seit gut einem Jahr hier im Quartier lebt, also Neuzuzügerin in der neuen Siedlung A, und sie arbeitet zu 20 Prozent im Café. Eine sehr gute und gut integrierte Frau, sie arbeitet auch als Kulturvermittlerin. Da sind wir jetzt gespannt, ob das auch wirklich in die Richtung geht, in die wir uns erhoffen – und sie eigentlich das Bindeglied zu dieser Zielgruppe wird." (Q6 127–136)

Schliesslich nennen die Befragten Innovationen, die die Gestaltung der institutionellen Infrastruktur im Sinne *baulicher Veränderungen* betreffen.

Ein Bespiel für eine solche nennt Q7: „Dieser Jugendtreff ist neu eröffnet worden, als ich neu begonnen habe, beziehungsweise er ist gezügelt worden, von etwas weiter hinten. Von einem eher typischen Jugendtreff im Stil alt, verspraytzu einem zeitgemässen, modernen bedürfnisentsprechenden Jugendtreff. Das ist eine wesentliche Veränderung." (Q7 10–16)

Die von den Befragten beschriebenen möglichen Formen von Innovation in der Sozialen Arbeit beziehen sich auf unterschiedliche Ebenen der Leistungserbringung. Zusammenfassend kann festgehalten werden, dass es sich dabei entweder um Verfahren (Konzepte, Angebotsentwicklung, Methoden, Prozessabläufe, Instrumente) oder um die strukturellen Rahmenbedingungen dieser Verfahren (Organisationsform, Arbeitsstellen und Funktionen, bauliche Umgebung) handelt, deren übergreifendes Ziel es ist, das professionelle Handeln zu optimieren. Die Ergebnisse machen zudem deutlich, dass Veränderungen auf einer institutionellen Ebene häufig auch Veränderungen und Anpassungen auf einer anderen Ebene bedingen oder nach sich ziehen.

6.4 Grundlagen für Innovation

Sollen Aussagen dazu gemacht werden, was Innovationen in Institutionen der Sozialen Arbeit ermöglicht und fördert bzw. behindert, ist mit Blick auf die verbalen Daten zu unterscheiden zwischen Grundlagen, die nach dem Dafürhalten der Befragten die notwendigen Rahmenbedingungen für innovative Entwicklungen darstellen, und Faktoren, die spezifisch in Innovationsprozessen ihre Wirkung entfalten. Auf ersteres soll in der Folge eingegangen werden; letztere werden in Kapitel 6.7 ausführlich dargelegt. Dabei gelten Gegebenheiten und Praxen als Grundlagen für Innovationsprozesse, die geeignete Bedingungen dafür herstellen, dass in einer Institution Innovationen entstehen können. Dies bedeutet allerdings nicht, dass bei Vorliegen entsprechender Bedingungen auch tatsächlich innovative Entwicklungen stattfinden. Hingegen decken sich einige der nachfolgend genannten Elemente mit Faktoren, die sich – wie später zu sehen sein wird – in laufenden Innovationsprozessen als förderlich erweisen.

geeignete Bedingungen für die Entstehung von Innovationen	• kontinuierliche Weiterbildung der Mitarbeitenden • Wissensmanagement • Aspekte der Personalführung • finanzielle Ressourcen • Status der Institution hinsichtlich der Fachlichkeit • institutionelle Vernetzung • Wettbewerb • Einbezug wissenschaftlicher Evidenz • Wahrnehmen einer Ausbildungsfunktion

Tabelle 5: Grundlagen für Innovationen

Die Befragten erachten neben einer soliden Grundausbildung und entsprechend breiten Kompetenzen der Mitarbeitenden insbesondere *kontinuierliche Weiterbildung* und das Bestreben, sich bezüglich relevanten aktuellen Publikationen auf dem Laufenden zu halten, als wichtige Basis für innovatives Handeln in einer Institution.

> „Es muss auch ein Personal da sein, bei dem man nicht das Wissen von Grund auf aufbauen muss, quasi jemand fit machen, sondern es müssen die Personen da sein, die sagen können, okay, ich habe schon diesen Rucksack an und jetzt kommt die neue Herausforderungen, die und die Veränderung, die und die Sache, so. Kurzes Einarbeiten, damit man reagieren kann." (Q7 576–583)

Im Zusammenhang damit, dass Entwicklung und Innovation sich implizit auf Bestehendes beziehen, scheint es den befragten Personen mit Sicht auf die Zukunft angebracht, Verfahrensweisen, Konzepte und bisherige Entwicklungen zu dokumentieren, vorhandenes Wissen allen Mitarbeitenden zugänglich zu machen und ein eigentliches *Wissensmanagement* einzurichten.

> „Wir haben ein System eingeführt, zum Beispiel dass jede Weiterbildung, die besucht wird, jede Tagung, ist der Mitarbeiter verpflichtet unter dem Know-how-Transfer, den wir haben in den Sitzungen, in den Sitzungen ist das immer ein fixer Punkt, dort einfach ganz grob Auskunft zu geben. Jeder, der während der Woche oder durch die Wochen wieder irgend in einem Bereich etwas Neues erfährt (...), da ist man verpflichtet, das hinein zu geben. Also wir pflegen das Systemwissen und nicht das Individualwissen." (Q18 299–312)

In den Augen der Befragten bilden *Aspekte der Personalführung* eine zentrale Basis für Innovationen. Es geht um einen kompetenzorientierten Umgang mit Mitarbeitenden, deren Beteiligung in übergreifenden, zukunftsgerichteten Prozessen und um die Gewährung von Gestaltungsspielräumen.

> „Ich glaube, es ist so, wie es an vielen Orten ist, wo man Wert darauf legt, dass die einzelnen Mitarbeiter, Mitarbeiterinnen ihr Know-how und ihre Fähigkeiten einsetzen. Das ist so der Anfang, das ist so die Grundvoraussetzung, die wir haben. Dass so eine Kultur akzeptiert ist ein Stück weit auf dieser Ebene. Dann ist schon einmal etwas, dann ist schon eine Grundlage vorhanden." (Q7 74–81)

> Q16 beschreibt, wie in seiner Institution Entwicklungsprozesse gestaltet werden. Im Vordergrund stehen einerseits die Beteiligung der Mitarbeitenden und andererseits die Einhaltung von Prozessen, die sie zeitlich und organisatorisch strukturieren: „Ça se fait vraiment à l'interne avec les compétences multiples, finalement les conseillers sociaux, qui peuvent s'impliquer directement ou indirectement dans le développement de prestations. Finalement tout le monde peut y participer, d'une manière ou d'une autre, mais tout en suivant quand même un processus relativement bien défini, qui cible quand et comment (...)" (Q16 293–300)

Damit in einer Institution Innovationen möglich sind, erachten die Befragten hinreichende *finanzielle Ressourcen* und eine ausreichende, auch für Aussenstehende ansprechende Infrastruktur als weitere Basis.

> „Si l'on veut développer quelque chose, il faut aussi qu'il y ait des conditions matérielles. " (Q15 673–675)

> I: „Also Sie brauchen gut ausgebildete Leute, gibt es noch andere Grundlagen?" Q8: „Für uns ist es ein ewig leidiges Thema, funktionierende … ganz einfach ein funktionierender Maschinenpark. Das hört sich so einfach an, aber das ist natürlich ein brisantes Thema. Dass wir oft mit veralteten Maschinen arbeiten, bei denen die jungen Leute eigentlich nur noch darüber lachen (...) Also die Finanzen, um überhaupt so ein Angebot fahren zu können." (Q8 479–493)

Allerdings weist diesbezüglich eine der Befragten darauf hin, dass bei einer konsequenten Ausrichtung an den Bedürfnissen von Klientinnen und Klienten der Wille zu Innovation Möglichkeiten freisetzt, die notwendigen finanziellen Mittel zu beschaffen, wenn sie nicht zum Vornherein zur Verfügung stehen.

> „Auch da eine Frage der Gelder. Aber wenn man, das ist so etwas, wenn man wartet, bis endlich das Geld da ist, dann machst du nichts. Wir müssen uns die Möglichkeiten immer wieder frei schaufeln, etwas anzureissen, ohne dass wir das Geld haben. Und dann liegt es halt an uns, das ist halt auch nicht immer einfach." (Q6 725–731)

Nicht zuletzt trägt aus der Perspektive der Befragten auch der *Status einer Institution*, in einem bestimmten Themenbereich als Fachstelle und Kompetenzzentrum zu gelten, zur Innovationskraft bei. Dieses institutionelle Profil wirkt einerseits gegen innen, indem es die individuelle Identifikation mit der Institution erleichtert, und andererseits gegen aussen, da ein geeintes, starkes Auftreten zur Durchsetzung fachlicher Anliegen beiträgt.

> „Also wo in den Gemeinden nach wie vor das Einzelwesen gepflegt wird und immer wieder um ganz grundlegende Bedingungen, Arbeitsbedingungen, Rahmenbedingungen für die offene Jugendarbeit gekämpft werden muss, konnte man hier durch das, dass das eine grosse Organisation ist auch Fachwissen ansammeln, gezielt weiterentwickeln und so eigentlich eine hohe Professionalität erreichen." (Q8 23–35)

Darüber hinaus sind für die Befragten eine gute *institutionelle Vernetzung*, aus der intra- oder interprofessionelle Kooperationen entstehen können, und der Austausch zwischen Institutionen desselben Praxisbereiches wichtige Grundlagen für Innovationen. Eine ganz andere Auffassung haben diejenigen Befragten, die *wettbewerbsähnliche Verhältnisse* zwischen unterschiedlichen Institutionen für innovationsfördernd halten. Dass Einrichtungen der Sozialen Arbeit im Rahmen von Leistungsverträgen aus der Verwaltung ausgegliedert werden und sich periodisch einem gewissen Begründungsbedarf aussetzen müssen, scheint ihnen eine Anregung für Weiterentwicklungen zu sein.

> „Und ich denke, man müsste solche Institutionen, wie wir es sind, wirklich auch so im Sinn von New Public Management halt tatsächlich auch in so ein bisschen wettbewerbsnähere Strukturen bringen. Das heisst aus der Verwaltung ausgliedern. Ich denke, das ist jetzt die Erfahrung, ich kenne es aus der Verwaltung, Innovation und auch, ja das kann halt viel besser stattfinden in einem Umfeld, das auch innovativer sein kann, und das sind sicher nicht gerade die Verwaltungen." (Q3 1234–1244)

Ebenfalls als Grundlage für innovative Entwicklungen wird der *Einbezug von wissenschaftlicher Evidenz* in die konzeptionellen Überlegungen angesehen. Den Befragten stehen dazu Ergebnisse empirischer Forschung, eigene systematische Bedarfserhebungen und statistische Angaben als Basis für innovative Veränderungen vor Augen.

> „Stärker gewisse Zahlen auch wirklich auszuwerten. Also wenn man diese Zahlen hat, auch schlussendlich zu interpretieren oder interpretieren lassen und damit auch gewisse Verhalten anpassen (...)" (Q3 1057–1061)

Im Hinblick auf mögliche Innovationen erweist es sich für eine Institution nicht zuletzt als gewinnbringend, eine *Ausbildungsfunktion* wahrzunehmen, das heisst, Praktikantinnen und Praktikanten anzustellen, die neue Perspektiven einbringen und im besten Fall im Zusammenhang mit ihrer Ausbildung Anschlussmöglichkeiten an aktuelle theoretische Diskurse schaffen können.

> „Deshalb finde ich es auch wichtig, dass man Praktikumsstellen anbietet. Aber das ist eigentlich ein sehr wichtiger Punkt. Eben um Neuerung rein zu bringen oder Dinge genauer anzusehen." (Q12 922–926)

Zusammenfassend lässt sich festhalten: Bei den von den Befragten genannten Entstehungsbedingungen für Innovationen, handelt es sich um Grundlagen auf personeller Ebene (z.B. Weiterbildung) und auf struktureller Ebene (z.B. Infrastruktur, institutionelle Vernetzung), die sich sowohl an fachliche Standards guter Praxis wie auch an die gelungene sozialpolitische Positionierung einer Institution rückbinden lassen.

6.5 Auslösende Momente für Innovations- und Entwicklungsprozesse

Dass in Institutionen der Sozialen Arbeit Entwicklungs- und Innovationsprozesse in Gang gesetzt werden, hat unterschiedliche Ursachen und Gründe. Aus Sicht der Befragten sind *Veränderungen seitens der Klientinnen und Klienten* wesentliche Auslöser. Dabei kann es sich um deren veränderte Lebenswirklichkeit (vermittelt z.B. durch gesellschaftliche Veränderungen wie die Nutzung elektronischer Medien oder die Beschleunigung der Arbeitswelt), um veränderte Verhaltensweisen oder um neu auftretende bzw. komplexere Problemlagen handeln. Dies hat für die Soziale Arbeit zur Folge, dass Institutionen, wie ein Quartierzentrum oder ein Jugendtreffpunkt, anders oder in geringerem Ausmass genutzt werden, dass einem feststellbaren Bedarf nicht (mehr) adäquat begegnet werden kann, oder dass ein Festhalten am institutionellen Konzept Veränderungen auf einer anderen Ebene erfordert.

> „Dass wir natürlich merken, die Jugendlichen nützen die Jugendtreffpunkte anders, sie bewegen sich anders im öffentlichen Raum, also sprich, sie sind viel mehr draussen, nehmen anders teil daran, nutzen die Jugis anders, der Treffpunktcharakter ist heute eigentlich kleiner geworden als früher, da hat sich, so die animatorische, die selbstorganisierte Arbeit nimmt zunehmend einen grösseren Teil ein und das Treffen draussen wird wichtiger. Ist anders als noch vor ein paar Jahren, als der Jugendtreff bei vielen ein zweites zu Hause war." (Q8 153–163)

> „Und dadurch hat man wirklich gesagt, wenn wir die Idee des offenen Massnahmenvollzug mit Übungsfelder für die Insassen am Leben behalten wollen und nicht einfach alles in die Mauern einschliessen und versuchen, in dem engen Kontext mit ihnen zu arbeiten, dann müssen wir die Leute besser beurteilen und besser beobachten können." (Q1 171–177)

Als Auslöser wird von den Interviewten ferner die *Wahrnehmung von Überforderung* auf fachlich-inhaltlicher Ebene oder auf der Ebene der Arbeitsbelastung erwähnt, die Entwicklungsprozesse angezeigt erscheinen lassen oder notwendig machen.

> „Und da waren wir wieder gleich weit wie vorher, wieder völlig überfordert und aus diesen Gründen heraus – ich denke – so das Fass zum Überlaufen brachte eigentlich das Burnout, das ich hatte, dass auch die vorgesetzten Behörden, das ist bei uns der Kreisrat, ein Einsehen hatte. Und im Sinne einer Sofortmassnahme hat er uns eine Stelle bewilligt als Amtsvormund und eine zweite Stelle einfach einmal für eine Übergangsphase auch. In dieser Phase hat man dann eine Analyse gemacht." (Q18 60–69)

Auslöser *auf fachlicher Ebene* können auch dergestalt auftreten, dass Professionelle der Sozialen Arbeit aufgrund fachlicher Auseinandersetzungen im Team, divergierenden Praxen, der kontinuierlichen Reflexion der eigenen Praxis und systematischen Evaluationen einen Entwicklungs- und Innovationsbedarf feststellen und diesen dann bearbeiten.

> „Meistens ist es ja so, ja es entsteht aus einer Unzufriedenheit von ein paar Leuten, die zusammen diskutieren und merken, da stimmt irgendetwas nicht, oder da müssen wir jetzt irgendetwas verändern oder entwickeln." (Q2 372–376)

> I: „Et là, on pourrait aussi s'imaginer que … oui, que l'on trouve du développement par des professionnels." Q15: „Alors, voilà. Ça, nous le trouvons effectivement, mais nous le trouvons plutôt dans le questionnement, le questionnement sur nos pratiques." (Q15 430–434)

Die Aussagen der Befragten lassen erkennen, dass *Entwicklungen und Fachtrends*, die in der Sozialen Arbeit oder einem spezifischen Praxisbereich Verbreitung finden, auf ihre Institution Druck ausüben bzw. Defizite in bestimmten Aspekten aufzeigen. Dadurch werden Entwicklungsprozesse in Gang gesetzt oder Konzepte, die sich in der Sozialen Arbeit durchsetzen, werden institutionsspezifisch ausdifferenziert. Ebenfalls vermögen *Mitarbeitende* dank besuchten Weiterbildungen oder eigenen Ideen institutionsintern Entwicklungs- und Innovationsprozesse auszulösen. In besonderer Weise kommt die Funktion der fachlichen Zeitdiagnose jedoch *Leitungspersonen* zu, die über das Alltagsgeschehen einer Institution hinaus und vorausblickend Entwicklungen verfolgen und „die Nase draussen" (Q4 389) haben. Erwähnt wird in diesem Zusammenhang von den Befragten, dass das Innovationspotential nach dem Stellenantritt von neuen Leitungspersonen kurzfristig zunimmt, da sie die Institution zunächst unvoreingenommen betrachten.

> „Und nachher der Geschäftsführer, der oft einfach kommt und sagt, ich habe noch etwas gehört, das könnten wir doch auch noch und so. Er kommt mit diesen Sachen. Er ist halt auch derjenige, der irgendwie die Nase draussen hat und das auch wirklich mitbekommt." (Q4 384–389)

> „Der Wechsel der Direktion zum Beispiel hat solche Entwicklungen ausgelöst. Also vor einem Jahr ist ein neuer Direktor gekommen, der jetzt doch schon ein paar Dinge in Gang gebracht hat. Dem sind natürlich Dinge aufgefallen. Von aussen herangekommen, nicht in diesem Alltag drin gewesen und er war ziemlich so der Zünder von ein paar Projekten, welche jetzt im Moment gerade laufen." (Q2 358–365)

Weitere Auslöser dafür, dass in der Sozialen Arbeit Entwicklungs- und Innovationsprozesse eingeleitet werden, finden sich in *neuen gesetzlichen Rahmenbedingungen* und – erheblich diffuser – auch in den *Erwartungen der Öffentlichkeit*, die insbesondere über die Medienpräsenz bestimmter Themen (Sicherheit, Missbrauch der Sozialhilfe, Jugendarbeitslosigkeit) deutlich werden.

> „Ein Schlüsselmoment war sicher auch das neue Strafgesetzbuch, das jetzt einfach auch verlangt, dass man, dass, durch das, dass die Vollzugsplanung eben jederzeit einsehbar sind für die einweisenden Behörden. Also das wäre es ja auch vorher gewesen, die können jederzeit, schon früher hätten sie hier reinkommen können und sagen, wir möchten gerne schauen und so, aber das ist so wie, jetzt ist es noch offiziell im Strafgesetzbuch." (Q2 133–141)

> „Ich glaube, das ist auch eine riesige Entwicklung, die da eingetreten ist und zwar vor allem aufgrund von veränderten Erwartungen der Öffentlichkeit. Also die ganze Debatte nach dem Zollikerberg[12] und Verwahrungsinitiative und so." (Q1 428–432)

Ein anderes auslösendes Moment für Entwicklungs- und Innovationsprozesse sind in den Augen der Befragten *Erkenntnisse aus Wissenschaft und Forschung*, die beispielsweise aus einer Studie oder einem Studierendenprojekt resultieren. Neben Arbeiten mit direktem Bezug zur Institution, werden bisweilen auch Ergebnisse zu Themen des Praxisfeldes oder aus der Grundlagenforschung zu Kenntnis genommen.

> „Da waren ein paar Studentinnen hier, also Betriebsökonominnen waren das gewesen. Und wir haben eigentlich die Fragestellung ihnen gegeben: Wie kann man in dem Umfeld, in dem wir uns damals bewegt haben, eigentlich, mit was für Instrumenten kann man eigentlich eine professionellere Beurteilung, und auch eine Beurteilung, machen von den Ressourcen der Leute und von dem, was sie dazu gelernt haben." (Q3 161–169)

Beim kritischen Übergang von notwendigen zu hinreichenden Grundlagen für Innovationen kann ausserdem der Zufall mit im Spiel sein, und

12 Aufsehenerregender Mordfall bei dem ein Straftäter im Hafturlaub eine junge Frau umgebracht hat.

das Entstehen einer Innovation ist dem glücklichen Zusammentreffen bestimmter Sachverhalte und Personen zuzuschreiben.

> „Also ich kann es vielleicht so sagen, so wie ich es wahrgenommen habe, entstehen Angebote oft zufällig; wenn ein Interesse da ist, wenn die richtigen Leute zum richtigen Zeitpunkt genug Energie entwickeln und die Ärmel hochkrempeln wollen (...)" (Q13 375–380)

innere Auslöser auf der Ebene der Sozialen Arbeit (Institution, Disziplin)	**äussere Auslöser** einer Sachlage geschuldet, die unabhängig von der Sozialen Arbeit besteht und sich verändert
• fachlicher Austausch • Überforderung, nicht zufriedenstellende Leistungserbringung • Mitarbeitende (Weiterbildung, Idee) • Leitungspersonen (Zeitdiagnose, Institutionskritik) • Fachtrends • Erkenntnisse aus Wissenschaft und Forschung	• Veränderungen seitens des Klientels • gesetzliche Rahmenbedingungen • Erwartungen der Öffentlichkeit

Tabelle 6: Auslösende Momente für Entwicklungs- und Innovationsprozesse

Mit Blick auf auslösende Momente für Entwicklungs- und Innovationsprozesse in der Sozialen Arbeit kann zusammenfassend zwischen *inneren und äusseren Auslösern* unterschieden werden (vgl. Tabelle 6): Während sich die inneren insbesondere auf der Ebene des fachspezifischen Diskurses innerhalb der Profession Sozialer Arbeit finden, sind äussere einer Sachlage geschuldet, die unabhängig von der Sozialen Arbeit besteht und von dieser jedoch thematisiert werden kann oder muss. Als innere Auslöser werden bezeichnet: Durch Professionelle der Sozialen Arbeit festgestellter Innovationsbedarf (z.B. aufgrund nicht zufriedenstellender Leistungserbringung oder der thematischen Auseinandersetzung im Rahmen einer Weiterbildung), Befunde der Forschung oder im fachlichen Austausch mit anderen Institutionen festgestellter Bedarf. Äussere Auslöser liegen bei Veränderungen seitens des Klientels vor (wie veränderte Problemlagen, veränderte Nutzung der Institution), bei neuen gesetzliche

Rahmenbedingungen und bei spezifischen gesellschaftlichen Erwartungen.

6.6 Verfahren für die Gestaltung von Entwicklungs- und Innovationsprozessen

In den Gesprächen äusserten die Befragten auch ihre Vorstellungen darüber, wie Entwicklungsprozesse in der Sozialen Arbeit gestaltet sein sollten. Dabei beschrieben sie teilweise, was in ihrer Institution bereits praktiziert wird, teilweise nahmen sie aber auch auf einen erwünschten Idealzustand Bezug. Die Befragten sehen Entwicklungs- und Innovationsprozesse als Prozesse, an deren Anfang eine *gezielte Bedarfseinschätzung* erfolgen sollte, so dass in nachfolgenden Schritten an gesicherte Grundlagen angeknüpft werden kann.

> „Und ein ganz ein wichtiger Punkt, der dazu gehört, dass die Institution seit diesen Leistungsaufträgen nicht nur hochoffiziell, sondern auch ganz klar aus der professionellen Sicht heraus Bedarfseinschätzungen macht. Also das heisst, früher hat man mehr so ein Programmangebot gemacht und wenn niemand gekommen ist, okay, das ist vielleicht nichts, schaut man jetzt viel deutlicher, wo ist der Bedarf, wo ist dringlicher Bedarf." (Q5 418–427)

> Für Q15 ist es zwingend, dass Bedürfnisse mittels einer empirischen Erhebung ermittelt werden: „Pour connaître les besoins, nous sommes obligés de faire une enquête." (Q15 638f) Es geht in ihren Augen dabei primär darum, ein methodisch geleitetes Verstehen herzustellen: „Il faut une méthode, il faut pouvoir comprendre (...)" (Q15 569f)

In einem weiteren Schritt stellt sich die Frage, ob die für eine Entwicklung *notwenigen Wissensbestände* und Kompetenzen innerhalb der Institution bereits vorhanden sind, oder ob die Notwendigkeit besteht, zuerst Zugang zu diesem Wissen zu erhalten. Dies kann über die Weiterbildung von einzelnen Mitarbeitenden oder über umfassende interne Weiterbildungen erfolgen.

> In einer der Institution wird bei entsprechenden Entwicklungsabsichten in einem ersten Schritt das institutionsintern bei den Mitarbeitenden vorhandene Wissen gebündelt oder, sofern dieses nicht vorhanden ist, eine externe oder interne Weiter-

> bildung in die Wege geleitet: „Haben wir Wissen bei den Mitarbeitern und Mitarbeiterinnen, das wir anders verteilen müssen? Dafür haben wir dann auch wieder ein Gremium, Abeilungssitzungen, wo Wissen so weitergegeben werden kann. Schicken wir einzelne an eine Weiterbildung, das sie dann zurückbringen können? Bearbeiten wir es thematisch in einzelnen Treffpunkten? Veranstalten wir eben selber mit jemandem zusammen eine Weiterbildung? Da gibt es dann verschiedene Varianten." (Q8 327–336)

Über das intern vorhandene Wissen hinaus können auch unterschiedlich geartete Kooperationen einer Institution die erforderliche Expertise erschliessen. Kooperationen mit anderen Institutionen, mit Dachorganisationen und Verbänden, mit der öffentlichen Verwaltung, mit Expertinnen und Experten aus der Sozialen Arbeit und anderen Fachgebieten und nicht zuletzt mit Forschenden aus Hochschulen und sozialwissenschaftlichen Forschungsbüros.

> Q3 beschreibt, wie für die Entwicklung eines Assessments für Arbeitssuchende im Dienstleistungsbereich die Zusammenarbeit mit externen Experten gesucht wurde: „Also das haben wir natürlich, das konnten wir nicht selber, das ist klar, da haben wir Spezialisten für dieses Projekt geholt. Also das heisst etwa, es sind zwei gewesen, jemand der Planspielentwickler ist, der war aus A. und nachher auch noch eine deutsche Person, die einfach in dem Bereich Assessment wirklich auch ein Profi gewesen ist, und das haben wir mit ihnen zusammen entwickelt." (Q3 244–251)

Als wichtiger Kooperationspartner zur Fundierung von Entwicklungsprozessen in der Praxis der Sozialen Arbeit wird auch die sozialwissenschaftliche und sozialarbeiterische Forschung wahrgenommen. Dabei geht es aus der Sicht und von Seiten der Praxis um den Bedarf an neuem und spezifischem Wissen, an fachlich versierten Sichtweisen, an generalisierbaren Erkenntnissen – insbesondere aus dem Bereich der Wirkungsforschung und aus Langzeitstudien. Es handelt sich um Fragen, deren Bearbeitung die fachlichen Kompetenzen und zeitlichen Kapazitäten der Praxis übersteigen.

> „Ich denke schon, wenn man etwas umfassendere Analysen machen will, als Befragungen, Antworten auf spezifische Fragen haben will im Quartier, wo wir merken, dass wir das nicht gewährleisten können, weil wir einfach diese Kapazität nicht haben. Es gäbe schon interessante Fragen (...)" (Q6 404–409)

„Einfach die qualitative Nachbearbeitung der Fälle. Das wäre etwas sehr Interessantes. Ich habe es vorhin angedeutet. Also was ist jetzt aus ehemaligen Eingewiesenen von uns geworden und dann kommt der spannende Teil, und warum? Also wo sind sie, die, wo zum Beispiel die, die rückfällig geworden sind, wo sind sie jetzt genau abgestürzt? Oder die, die es geschafft haben. Gibt es da im Sinn von Abstraktionen irgendwelche wichtige Elemente, wo man sagt, genau wegen dem haben sie sich halten können oder so." (Q1 965–974)

In den Interviews zeigt sich, dass die Kooperation mit der Forschung sich für etliche Institutionen noch eher im Bereich des Wünschbaren denn des Realisierten bewegt. Dies hat teilweise mit Haltungsfragen oder mit mangelnden Kenntnissen über bestehende Möglichkeiten zu tun, teilweise aber auch mit fehlenden finanziellen Ressourcen.

„(...) ein Punkt war, also wir haben keine Forschungsmittel, das gehört nicht zu unserem Leistungsauftrag. Aber wir haben einen riesigen ... wir haben eine grosse Bereitschaft mit ihnen zusammen zu arbeiten." (Q5 1191–1196)

Hinsichtlich der Form der Zusammenarbeit mit Forschenden in Entwicklungs- und Innovationsprozessen bestehen bei den Befragten zwei unterschiedliche Auffassungen: Während im einen Verständnis von einem Forschungsauftrag seitens der Praxis und der anschliessenden – häufig legitimatorischen – Verwendung der empirischen Ergebnisse ausgegangen wird, steht das andere Verständnis für einen umsetzungsorientierten Prozess kooperativer Wissensbildung. Für die Befragten bedeutet die Zusammenarbeit mit Forschenden, dass aufgrund unterschiedlicher Perspektiven eine produktive Unruhe in der Institution entstehen kann (vgl. Q4 726–728). Demgegenüber findet sich auch das Verständnis, dass es Aufgabe der Praxis ist, im Vorfeld einer derartigen Zusammenarbeit die zu bearbeitende Fragestellung oder das Anliegen so präzis wie möglich zu klären und zu formulieren. Damit verbunden ist die Erwartung, dass konkrete Massnahmen aus den Forschungsergebnissen abgeleitet werden können. Dazu braucht es nach Ansicht der Befragten auf Praxisseite spezifische Kompetenzen (Forschungsverständnis, Erfahrungswissen explizieren) und auf Seiten der Forschenden Sensibilität für die Wirkung ihrer Präsenz innerhalb der Institution.

> „Ja also wir müssten uns sehr klar werden, was wollen wir genau mit diesem Forschungsprojekt herausbekommen (...) Und mein Anspruch wäre schon, dass wir sehr genau überlegen, was wollen wir eigentlich genau herausfinden." (Q1 950–957)

> „Und zwar braucht es aus meiner Sicht, auf der Seite Auftraggeber oder auf Seite Kunde, oder wie auch immer ihr diese Rolle dann nennt, braucht es sicher jemand, der sehr gut mitdenken kann und der wirklich auch, unter der Respektierung der gegenseitigen Rollen, wirklich dann auch während der – mindestens der – Konzeptphase auch dabei ist. Und immer wieder die Frage stellt: Wenn wir das raus bekommen, was hilft uns das ganz praktisch? Also nicht nur bei der ersten Sitzung, wo man sagt, dass sollte ungefähr rauskommen. Sondern der auch Zeit, Energie und zum Teil Know-how hat und inklusive methodischem Know-how, um da dabei zu bleiben und am Ball zu bleiben." (Q1 702–715)

Bei beiden oben dargelegten Formen der Zusammenarbeit von Praxis und Forschung kann sich eine kontinuierliche Zusammenarbeit mit einer bestimmten Forschungsinstitution über mehrere Entwicklungsprozesse hinweg als Vereinfachung erweisen. Entlastend wird auf Praxisseite ebenfalls empfunden, wenn die Initiative für eine Kooperation von der Forschung ausgeht.

Die Befragten sehen Entwicklungs- und Innovationsprozesse über deren Anfangsphase hinaus zunächst als *kooperative Prozesse*. Obwohl sich institutionsintern nicht selten einzelne Personen als treibende Kraft erweisen, scheint es in der Sozialen Arbeit üblich, dass Professionelle – und allenfalls andere Beteiligten – zusammenarbeiten, um eine Entwicklung zu realisieren.

> Dies zeigen die Ausführungen von Q4, der als Gegenhorizont dazu beschreibt, wie ungern gesehen wird, wenn Entwicklungsvorschläge in Einzelarbeit bewerkstelligt werden: „Person C (...) hatte einfach Interesse daran, das aufzugleisen. Er hat das Konzept geschrieben, hat das irgendwie auch alleine gemacht, ohne auch gross nachzufragen (...) Und dort habe ich auch gehört, dass sich Leute beklagt haben, da ist er nicht einmal fragen gekommen und hat nicht einmal gefragt, was habt ihr für Ressourcen. Und er hat aber ein Konzept geschrieben, das man durchaus brauchen kann." (Q4 444–457)

Für etliche der von den Interviewten beschriebenen Entwicklungs- und Innovationsprozesse ist charakteristisch, dass sie *projektförmig organisiert* sind und neben den Alltagsgeschäften angegangen werden. Diese Form erlaubt eine hohe thematische Arbeitsfähigkeit in einem klar umrissenen organisatorischen und zeitlichen Rahmen, die es zudem erlaubt, das Risiko des Scheiterns einzugrenzen und damit etwas abzufedern.

> „Ja ich denke, es läuft schon sehr viel über die Projektschiene. Dass man merkt, hier haben wir einen Bedarf oder hier braucht es jetzt eben eine Veränderung oder eine Entwicklung, und das nachher wirklich so in Gang setzt, dass man Projektgruppen gründet und, und die sich nachher daran macht." (Q2 825–830)

Mit Blick auf die Akzeptanz, die das Entwickelten künftig unter den Mitarbeitenden einer Institution findet, ist es jedoch aus Sicht der Befragten relevant, deren Einbezug und punktuelle Information sowie eine Vernehmlassungsphase vorzusehen. Dies ist laut den Befragten auch dort üblich, wo Entwicklungen schwerpunktmässig von Leitungsgremien in Angriff genommen werden.

> „Es ist immer so die Frage, wie viele Leute (...) Und dann sind wir ein Betrieb mit etwa 80 Mitarbeiter und dann trifft es etwa vier, die sich im stillen Kämmerchen das Hirn verdrehen und überlegen, wie können wir das jetzt und so. Und je mehr Leute man zusammen tut, umso unproduktiver wird es. Gleichzeitig könnte es den Schein haben, die hecken einfach etwas aus, und wir müssen es dann nachher umsetzen im Alltag. Und darum denke ich, ist es immer wieder wichtig, dass man auch an Sitzungen, zum Beispiel eine Koordinationssitzung, an der aus jedem Bereich jemand da ist, auch immer wieder informiert, Stand der Dinge ist so, und ihr könnt jederzeit fragen kommen und eure Infos einbringen und wir von der Projektgruppe auch Interviews machen mit den Leuten selber an der Front, und uns so Infos oder Ängste oder, oder Inputs einholen. Und das läuft eigentlich schon meistens in der Regel so." (Q2 321–342)

> Q12 als Leiter eines regionalen Sozialdienstes berichtet, wie Entwicklungsprozesse zwar oft von ihm angestossen und ausgearbeitet werden, er aber gleichzeitig die Rückmeldungen von Mitarbeitenden als wichtig erachtet und einholt: „Nein, ich bin klar nicht jemand, ich habe nicht das Gefühl, dass wir das hier im gesamten Team ... Und das würde auch niemand wollen. Und die sind relativ froh, dass ich das mache. Sie sagen immer: Nun geht er ins Labor. Aber ich will halt schon auch Rückmeldungen, und sie müssen dann letztendlich damit arbeiten und das muss klar sein, und sie sollen etwas dazu sagen. Aber ich denke, es ist einfacher, wenn schon etwas da ist, und man kann etwas dazu sagen, als von Grund auf das entwickeln." (Q12 518–527)

Dass Entwicklungen oft nicht in der Linien-, sondern in einer Projektorganisation durchgeführt werden, birgt aber auch die Gefahr, dass Geschäfte des Alltags zu kurz kommen, wenn die Grenzen der institutionellen Ressourcen nicht ausreichend berücksichtigt bzw. Innovationen aus Prestigegründen den Alltagsgeschäften vorangestellt werden. Dies kann für die Institution auch abträglich sein.

> Q4 schildert, wie die mit der Leitung des Case Managements betraute Person zusätzlich die Umsetzung eines neu entwickelten Angebotes übernommen hat: „Der hat dort zwei Leute geführt, er hat dann das mit der Standortbestimmung übernommen und das als zweites Bein irgendwie gemacht, hätte aber immer noch Case Management leiten sollen (...) Und jetzt ist das Case Management irgendwie in der Sauce, dank dem, dass man das irgendwie parallel laufen liess und dort habe ich [den Chef] auch immer gefragt: Bist du ganz sicher, willst du das so laufen lassen? Ich finde es nicht gut, dass das so läuft, dass das der nur noch so mit der linken Hand ein wenig schiebt und sonst nicht mehr beachtet. Und ja, das hat personell jetzt halt wieder Schwierigkeiten gegeben. Und Case Management ist von mir aus gesehen wichtiger als eine Standortbestimmung, weil das sind diejenigen, die mit draussen Kontakt haben. Und wenn der Aussenkontakt einfach nicht gut läuft, dann läuft es für die Gesamtinstitution schlecht." (Q4 272–290)

Neben der häufigen Arbeit in ad hoc und für ein bestimmtes Projekt zusammengestellten Gruppen gibt es vereinzelt ebenfalls Institutionen mit kontinuierlich eingerichteten Strukturen für Entwicklungen.

> Dies ist beispielsweise in der Institution von Q16 der Fall, in welcher sogenannte Kompetenzgruppen bestehen: „Une équipe de compétence … Donc un concept définit qu'est-ce qu'une équipe de compétence, à quelle fréquence elle se réunit, pour quels objets, quel est son mandat etc. Donc ça c'est un dispositif qui est mis en place et les conseillers sociaux ou d'autres en Suisse peuvent participer à ces équipes de compétence en fonction de leurs intérêts et ces équipes de compétences vont se réunir quelque fois dans l'année, mais font aussi un travail en parallèle pour développer des outils, des concepts liés à une thématique." (Q16 304–315)

Entwicklungs- und Innovationsprozesse – so die Hinweise in den verbalen Daten – sind *umsetzungs- und daher handlungsorientiert*. In einer der Institutionen wird aufgrund dieser Ausrichtung ein iteratives Vorgehen gepflegt, das eine frühe Implementierung des Entwickelten bei gleichzeitiger kontinuierlicher Überarbeitung beinhaltet.

> „Kann man sagen, wir sind sehr handlungsorientiert. Wir gehen eben iterativ vor, wir gehen mit einem Produkt schnell auf den Markt. Und entwickeln es danach kontinuierlich weiter. Das ist für uns, so das Leitmotiv, so zu sagen. Und wir machen auch nicht zu viel am Schreibtisch, also wir gehen schon sauber vor, aber setzen es nachher wirklich in der Praxis um und passen es dann an." (Q3 362–369)

Bei den von den Befragten genannten institutionsinternen Akteuren in Innovations- und Entwicklungsprozessen handelt es sich in erster Linie um Leitungspersonen, um gemischte Projektgruppen und um einzelne an einem Thema besonders interessierte Mitarbeitende. Leitungspersonen tragen einerseits durch ihre Initiative dazu bei, dass Prozesse der Entwicklung überhaupt in Gang kommen, und sichern andererseits durch entsprechende Signale und Entscheide deren Kontinuität. Ihre Vernetzung über die Institution hinaus ist zudem wichtig, wenn es darum geht, finanzielle Ressourcen zu mobilisieren und in strategischen Gremien Akzeptanz für das Ansinnen zu schaffen.

> Q10 sieht ihre Funktion als Leiterin eines Jugendheimes in Entwicklungsprozessen darin, durch klare Entscheide Sicherheit zu vermitteln: „Je pense que – comme je disais tout à l'heure – il faut être un leader sécurisant. Donc des fois, il faut décider, il faut viser juste." (Q10, 489–492)

Nicht selten agiert die Institutionsleitung in Innovations- und Entwicklungsprozessen ausschliesslich steuernd, während für die inhaltliche Arbeit eine Projektgruppe eingesetzt wird, die sich entweder aus Mitarbeitenden mit gleichen Interessen zusammensetzt oder aus Mitarbeitenden mit unterschiedlichen Funktionen innerhalb der Institution.

Anhand der Angaben aus den Gesprächen lässt sich ein idealtypischer Verlauf eines Innovationsprozesses von der Problemstellung bis zur Implementierung des Entwickelten wie folgt festhalten.

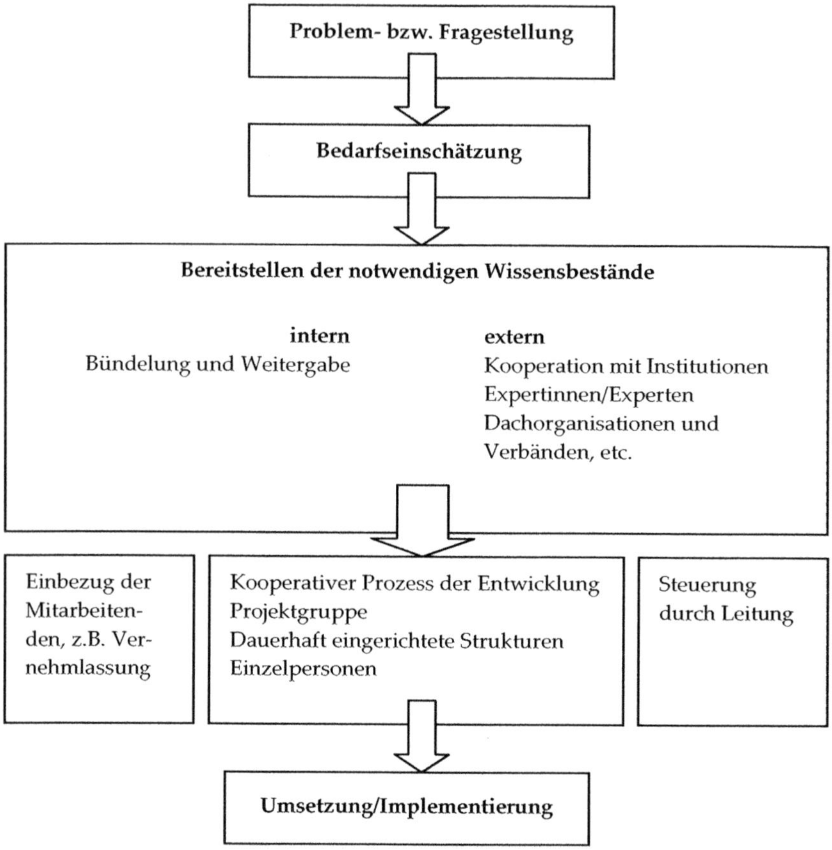

Abbildung 2: Idealtypische Gestaltung von Entwicklungs- und Innovationsprozessen

Zusammenfassend kann gesagt werden, dass Verfahren zur Generierung von Innovationen in der Sozialen Arbeit in den Augen der Befragten kooperative und häufig projektförmige Prozesse sind, in denen ein wissensbasiertes Vorgehen anzustreben ist. Zur Zusammenarbeit mit der Forschung bestehen zwei unterschiedliche Vorstellungen (Auftragsforschung versus kooperative Wissensbildung) mit entsprechenden Konsequenzen für die Gestaltung der Zusammenarbeit. Es wird deutlich, dass die Offenheit für Kooperationen mit Forschenden bei Professionellen der Sozialen Arbeit durchaus vorhanden ist, jedoch nur in wenigen Fällen auch konkret angestrebt oder umgesetzt wurde. Geteilt wird die Vorstellung, dass diese Zusammenarbeit stets einer definierten Problem- und Fragestellung folgen soll, wozu aber die vorgängige Bündelung von Wissen innerhalb der Praxisinstitution notwendig ist. Institutionsinterne Akteure in Innovationsprozessen sind im Wesentlichen Leitungspersonen, für spezifische Entwicklungsvorhaben eingesetzte Projektgruppen und einzelne thematisch interessierte Mitarbeitende.

6.7 Einflussfaktoren in Innovationsprozessen

Die von den befragten Personen über die allgemeinen Grundvoraussetzungen (Kapitel 6.4) hinaus genannten förderlichen und hinderlichen Faktoren in Entwicklungs- und Innovationsprozessen lassen sich analytisch auf fünf Ebenen bündeln:

- Ebene der Haltung und Kultur
- Ebene der Mitarbeitenden
- Ebene der Leitung und Führung
- Ebene der Institution
- Ebene des institutionellen Umfeldes

Förderliche Faktoren erleichtern dabei Entwicklungsprozesse oder wirken als Katalysator. Hinderliche Faktoren verzögern Entwicklungen, hemmen die Umsetzung eines innovativen Konzeptes oder führen dazu, dass Entwicklungsprozesse nicht zu Ende gebracht werden können. Nachfolgend werden die Ergebnisse gegliedert nach Einflussebenen referiert. Für jede der fünf Ebenen findet sich jeweils eine zusammenfassende tabellarische Darstellung der in der Analyse identifizierten Einflussfaktoren.

Eine erste Ebene, auf der förderliche und hinderliche Faktoren gebündelt werden können, ist diejenige der grundsätzlichen *Haltung* aller Akteure innerhalb einer Organisation (Mitarbeitende, Leitungspersonen auf strategischer und operativer Ebene) und der institutionellen *Kultur*.

Dabei erscheint den Befragten für Innovationen förderlich, wenn in einer Institution Offenheit und Transparenz herrscht, und ein Umgang mit Fehlern praktiziert wird, der von Akzeptanz geprägt ist. Im Weiteren erleichtert es Innovationsprozesse, wenn die Institution als Lerngemeinschaft und Innovation als umfassender Reflexionsprozess verstanden wird. Eine innovative Entwicklung kann somit die gesamte Institution erfassen und verändern.

> „Also das erste, was mir da gerade so einfällt, ist die Art und Weise wie wir intern zusammenarbeiten. Also wie wir Innovation generieren. Nämlich, also wir nennen uns nicht mehr nur eine Organisationsgemeinschaft, sondern eine Lerngemeinschaft." (Q5 295–300)

Als erschwerend erweist sich auf der Haltungsebene, wenn innerhalb einer Institution ein hoher Druck zu steter Entwicklung entsteht, und jede sich bietende Gelegenheit zur Veränderung unhinterfragt ergriffen wird, so dass keine Möglichkeit zur Konsolidierung besteht. Probleme werden dann nicht primär als solche thematisiert, sondern nur noch als Gelegenheit für Entwicklung wahrgenommen.

> „Alors ce qui se développe aussi et ce qui est un peu risqué, c'est l'obligation de maintenir les contrats, d'avoir toujours des nouveaux contrats, donc c'est une entreprise qui est entre guimets condamnée à se développer." (Q15 66–70)

Ebene Haltung/Kultur	
förderliche Faktoren	**hinderliche Faktoren**
• Konsens über grundsätzliche Haltung, umfassende Vision • Spielraum für Fehler • Kultur der Transparenz und Offenheit • Institution als Lerngemeinschaft • umfassender Reflexionsprozess • Freude an Neuem • ganzes Team trägt Prozess	• Zwang zur Entwicklung

Tabelle 7: Förderliche und hinderliche Faktoren in Innovationsprozessen auf der Ebene der Haltung und Kultur

Auf der *Ebene der Mitarbeitenden* wurden von den Interviewten die Qualifikation und Professionalität der Angestellten, die Möglichkeiten zu und Inanspruchnahme von Weiterbildung und Supervision sowie persönlichkeitsbedingte Faktoren als innovationsfördernde Kraft genannt. Zu den institutionell vorausgesetzten Qualifikationen für die Mitarbeitenden zählen die verlangte fachspezifische Grundausbildung und der erwartete Grad an Professionalität. In bestehenden Arbeitsverhältnissen kann Wissen zudem kontinuierlich erweitert und vertieft werden. In diesem Sinne werden die Reflexion der eigenen Praxis sowie die Nutzung von Weiterbildung und Supervision von den Befragten als förderlich für Innovationsprozesse angesehen.

> Q3 hält die Weiterbildung von Mitarbeitenden im Hinblick auf Entwicklungsprozesse für zentral: „Wir haben ein sehr hohes Weiterbildungsbudget, bei dem wir auch immer angeprangert werden (...) Wir können die Prozesse nur mit den, zu einem grossen Teil, mit bestehenden Mitarbeitenden machen. Es braucht wahnsinnig viel Erfahrung und wir müssen dort die Leute sehr breit ausbilden. Und nachher, wenn sie in ein neues Gebiet gehen, müssen wir sie ganz spezifisch noch zusätzlich ausbilden können. Und das haben wir, können wir aber auch." (Q3 421–431)

Neben fachlichen Aspekten kann auch die Persönlichkeit von Mitarbeitenden in Innovationsprozessen eine positive Wirkung entfalten. Genannt werden das Interesse der Mitarbeitenden an einem guten Geschäftsgang sowie die Eigenschaften Neugier, Offenheit oder Veränderungs- und Lernbereitschaft.

> „Was braucht es noch? Ja es braucht natürlich immer wieder die Personalführung, die Leute müssen ja immer weiter lernen. Die müssen, ihre Neugier ist das eine, müssen sie einfach ihre Kompetenzen weiterentwickeln, weil man weiss gar nicht, sie müssen auch das Sensorium, für das was kommt oder, Zukunftsorientierung, die antizipatorische Vernunft wie es Glasl sagt, das muss gepflegt werden." (Q5 998–1006)

Als Faktoren, die sich in Innovationsprozessen auf der Ebene der Mitarbeitenden als hemmend erweisen, gelten einerseits persönliche Aspekte wie Handlungsunsicherheit, persönliche Ängste in fachlicher Hinsicht oder mangelnde Flexibilität. Andererseits können auch zwischenmenschliche und kommunikative Schwierigkeiten Entwicklungs- und Innovationsprozesse behindern. In gleicher Weise wirken strukturell bedingte, jedoch auf personaler Ebene sich äussernde Faktoren wie mangelnde Zeitressourcen, eine hohe Fallbelastung oder die Beanspruchung durch andere Projekte.

> Q4 beschreibt die Befürchtungen der Mitarbeitenden in Entwicklungsprozessen: „Bei denen [den Mitarbeitenden] hat es hauptsächlich Angst ausgelöst. Au, irgendwie einfach jetzt wird der ganze Arbeitsplatz verändert, und jetzt kann ich dann nicht mehr kreativ sein, und ich kann die Leute nicht mehr so betreuen wie sie bis jetzt betreut wurden, und dann sind wir am Schluss so wie die Institution Z. Es passierten sehr viele Widerstände, zum Teil konnte man die Haare ausreissen, was da passierte, aber es war einfach so." (Q4 736–744)

> „Mich dünkt es, es ist ganz sicher auch eine Ressourcenfrage, wenn man einfach sonst genug zu tun hat, macht man das nicht auch noch. Das merke ich bei mir selber." (Q11 370–373)

Vorhandene Offenheit bzw. mangelnde Flexibilität bei Mitarbeitenden wird auch mit deren Anstellungsdauer in der Institution in Verbindung gebracht: Langjährigen Mitarbeitenden wird zugeschrieben, sich wenig auf Neuerungen einlassen zu können, während neue Angestellte neuen Ideen gegenüber als aufgeschlossener wahrgenommen werden oder diese selbst einbringen.

Ebene Mitarbeitende	
förderliche Faktoren	**hinderliche Faktoren**
• gute Grundausbildung und breites Wissen • Einsatz von Wissen und Fähigkeiten • hohe Professionalität • Suche nach effizienterer Arbeitsweise	• durch andere Projekte beansprucht • mangelnde Zeitressourcen • hohe (Fall-)Belastung
• kontinuierliche Weiterbildung • Supervision • Infragestellung der eigenen Praxis	• fehlende Akzeptanz • Widerstand, Konservativismus • Ängste • Handlungsunsicherheit • unzureichende Flexibilität • zwischenmenschliche und kommunikative Schwierigkeiten
• Offenheit • Lernbereitschaft • Neugier • Interesse an gutem Geschäftsgang	

Tabelle 8: Förderliche und hinderliche Faktoren in Innovationsprozessen auf der Ebene der Mitarbeitenden

Die dritte Ebene, auf der Aussagen der Befragten zu Förderlichem und Hinderlichem in Innovationsprozessen zusammengefasst werden können, ist diejenige der *Leitung und Führung*. Im Rahmen einer förderlichen Einflussnahme von Leitungspersonen auf Innovationsprozesse ist zwischen der Gestaltung und Steuerung von laufenden Entwicklungen und der Herstellung von allgemeinen, aber im weiteren Sinne ebenfalls innovationsfördernden Rahmenbedingungen für die Mitarbeitenden zu unterscheiden.

Führungspersonen in der Sozialen Arbeit nehmen, wie bereits oben erwähnt, in Entwicklungs- und Innovationsprozessen eine wichtige Rolle ein. Durch entsprechende Koordination und institutionelle Verankerung können sie diesen Prozessen Gewicht verleihen. Durch ihr Verhalten können sie vorleben, dass Entwicklungen notwendig sind.

Q17 erklärt, welche Wirkung er einer innovativen Direktion in einem Betrieb zuschreibt: „Ja, wie steht auch die Leitung dahinter, das steht und fällt schlussendlich auch mit der Leitung." (Q17 622f)

Der Wille von Leitenden zur Veränderung manifestiert sich überdies in der entsprechenden Unterstützung, im Antizipieren und Thematisieren von Widerständen in Entwicklungs- und Innovationsprozessen und in einer geeigneten Kommunikation mit der strategischen Führung der Institution. Darüber hinaus wirkt die Entscheidungsfreude von Leitungspersonen entlastend in Entwicklungsprozessen, die für das Personal verunsichernd wirken können.

> „Und ähm… der Punkt ist einfach der, er [der Direktor] musste zuerst intern die Leute für die Idee auf das Boot holen, und das hat er sehr gut gemacht. Gegen Widerstände. Und vom Vorgehen her ist er da sehr geschickt gewesen. Sehr geschickt gewesen, weil er zuerst intern die Leute überzeugt hat und danach die Ressourcen akquirierte." (Q1 197–203)
>
> Q10 ist der Auffassung, dass Leitungspersonen ab einem bestimmten Zeitpunkt in Entwicklungsprozessen klare Entscheide treffen sollten, um möglichst wenig Unsicherheit aufkommen zu lassen : „…à un moment donné, il faut se lancer à la direction et il faut dire, voilà maintenant je vous propose ça, on va faire ça. Il faut pas trop non plus demander, parce qu'on insécurise." (Q10 337–341)

Im Zusammenhang mit einem in Innovations- und Entwicklungsprozessen förderlichen Führungsstil halten die Interviewten fest, dass dieser partizipativ und kompetenzorientiert sein sollte. Zudem gewährt ein entsprechendes Personalmanagement den Mitarbeitenden die Freiräume für individuelle Schwerpunktsetzungen, thematische Konstanz und Spezialisierung.

> „Also mich dünkt es, so die Art von Führung, die unsere Leitung hat, die dünkt mich sehr förderlich, weil sie uns so einbeziehen, aber auch Entscheidungen treffen können und mal sagen, so ist es jetzt. Und mich dünkt es, so ist es effizient und wir haben trotzdem das Gefühl, also wir können wirklich auch mitsprechen. Also ja, der Führungsstil ist förderlich." (Q11 290–297)
>
> Q16 schildert die Vorzüge eines Systems permanenter Kompetenzgruppen in seiner Institution, die im Zusammenhang mit Entwicklungsprozessen zum Zuge kommen: „(...) en tout cas un facteur qui facilite ce développement de concepts, d'outils à l'interne avec ce dispositif, ces équipes de compétences, c'est finalement la possibilité à chaque conseiller, conseillère social d'être acteur et de participer à la réflexion et au travail de développement." (Q16 337–343)

Zu hinderlichen Faktoren, die sich in Innovations- und Entwicklungsprozessen auf der Ebene der Leitung manifestieren, lassen sich anhand der Datenanalyse folgende Aussagen herausarbeiten: Sowohl ein allzu hohes Tempo wie auch eine zögernde Umsetzung behindern Entwicklungen. Letzteres ist der Fall, wenn Führungskräfte im Tagesgeschäft verhaftet bleiben und darüber hinaus keine Vision zu entwickeln vermögen.

> Q4 beschreibt, wie das hohe Innovationstempo den Abschluss von Projekten und die nachfolgend notwendigen personellen Anpassungen verhindert: „(...) jetzt ist das andere noch nicht einmal abgeschlossen und jetzt ist schon das nächste wieder an der Reihe." (Q4 66–68)

> „Aber wenn ich meine Kollegen in anderen Kantonen höre, da bemerke ich einfach eine grosse Hilflosigkeit, und dann schauen sie immer so an mir herauf, und dann muss ich sagen, es hängt nicht von mir ab, aber man muss irgendwie eine Strategie haben, und man muss diese vor allem auch umsetzen. Man kann nicht immer sagen: Ich habe keine Zeit wegen dem Tagesgeschäft." (Q18 900–907)

Störend wirken sich ebenfalls eine mangelnde Priorisierung und zu geringe Aufmerksamkeit für auftretende Schwierigkeiten in Entwicklungsprozessen bzw. die ausbleibende Suche nach alternativen Vorgehensweisen aus, die letztlich als Mangel an Kontinuität wahrgenommen werden. Weiter scheint es den Befragten für den Verlauf von Entwicklungen abträglich, wenn strukturelle Veränderungen von Seiten der Leitung vorschnell als Innovation bezeichnet werden.

> Q4 sagt im Zusammenhang mit einem neu entwickelten Assessment für Erwerbslose: „Vielleicht was so Schwierigkeiten anbelangt, dass man die zu wenig beachtet, das würde ich sagen. Dass man zu stark über das hinweg geht und das Gefühl hat, ja, ja, irgendwie geht das schon. Dass wir das vielleicht ein bisschen zu wenig ernst nehmen. Also eben jetzt gerade, dass es so wenig Anmeldungen sind. Wir probieren nicht auf irgendeinem anderen Gashebel etwas zu machen." (Q4 323–330)

Schliesslich findet sich in den Interviews der Hinweis auf die persönliche Innovationskraft von Leitungspersonen. Sofern an der Spitze einer Institution eine innovative Persönlichkeit steht, erhalten die von ihr oder anderen eingebrachten Ideen eine gewisse Schubkraft. Leitungspersonen aus der Sozialen Arbeit kommt im Zusammenhang mit Entwicklungs-

und Innovationsprozessen nicht zuletzt auch die Funktion zu, Sensibilität für Tendenzen innerhalb der Disziplin oder des Praxisfeldes zu entwickeln, diese in einem ersten Schritt ungefiltert aufzugreifen und gedanklich weiter zu verfolgen.

> „Es braucht natürlich auch eine sehr innovative Direktion, die dahinter steht und das unterstützt und, und durch die Art und Weise, wie ein Betrieb geführt wird, auch vorlebt." (Q2 639–642)

> „Und nachher der Geschäftsführer, der oft einfach kommt und sagt, ich habe noch etwas gehört, das könnten wir doch auch noch und so. Er kommt mit diesen Sachen. Er ist halt auch derjenige der irgendwie die Nase draussen hat und das auch wirklich mitbekommt. Und dort ist er sehr, das schätze ich sehr an ihm, eigentlich offen bei allem. Der macht nicht schon die Schere (...)" (Q4 384–391)

Ebene Leitung/Führung

förderliche Faktoren	**hinderliche Faktoren**
• Notwendigkeit von Entwicklungen und Veränderungen vorleben • dezidierter Wille zur Veränderung, Unterstützung • Koordination der Entwicklung • Verankerung in Jahresplanung • Schlüsselpersonen, die Entwicklung fördern • Personalmanagement (Freiraum für Schwerpunktsetzung der Mitarbeitenden, thematische Konstanz) • partizipative und kompetenzorientierte Führung • Entscheidungsfreude • Widerstände antizipieren oder thematisieren • Supervision • Nähe zu strategischer Führung	• zu hohes Tempo • zu langsames Tempo • mangelnde Priorisierung • intransparente Kommunikation • zu wenig Aufmerksamkeit für Schwierigkeiten, mangelnde Kontinuität • ausbleibende Suche nach alternativen Vorgehensweisen • vorschnelle Bezeichnung von strukturellen Veränderungen als Innovation • im Tagesgeschäft verhaftet

Tabelle 9: Förderliche und hinderliche Faktoren in Innovationsprozessen auf der Ebene der Leitung/Führung

Eine weitere Ebene, auf der förderliche und hinderliche Elemente aus der Analyse der verbalen Daten gebündelt werden können, ist diejenige der *Institution*. Dabei handelt es sich teilweise um Aspekte, die im Zusammenhang mit Führungsentscheiden stehen bzw. aufgrund von solchen Bestand haben. In der Folge stellen sie prägende Elemente der je spezifischen institutionellen Organisation dar. Es geht in Bezug auf die Beförderung und Behinderung von Innovationsprozessen namentlich darum, welche Gefässe und Strukturen bestehen, wie Prozesse der Information, Dokumentation und Evaluation gestaltet und wie Mitarbeitende und Ressourcen (Finanzen, Infrastruktur) angeordnet sind.

Für Entwicklungsprozesse förderlich erweist sich, wenn in einer Institution Möglichkeiten bestehen, sich temporär und in konzentrierter Form von den Tagesgeschäften zurückzuziehen, über den Regelbetrieb hinausweisende Gedanken zu verfolgen und damit entsprechende Prozesse anzustossen. Erwähnt werden Formen wie interne Weiterbildungen oder Retraiten.

> Q4 nennt die jährlich stattfindenden Visionstage und die Fragen, denen sich die Mitarbeitenden in diesem Rahmen stellen: „(...) wo positionieren wir uns, wo können wir Nischen öffnen, Möglichkeiten suchen, und da haben wir eigentlich, wie heissen die ..., so Visionstage gehabt. Was wäre noch möglich, wohin könnten wir eigentlich noch?" (Q4 586–590)

> Eine andere Form des Rückzugs von den Tagesgeschäften erwähnt Q12: „(...) dort haben wir so reagiert, dass wir dieses Jahr das erste Mal praktisch zu getan haben und gesagt haben, jetzt machen wir einen Jahresabschluss. Damit wir entsprechend Zeit haben." (Q12 157–160)

Eine Vielfalt von Kompetenzen und vorhandenen Erfahrungen bei den Mitarbeitenden und ein gezieltes Wissensmanagement vermögen Entwicklungsprozesse zu unterstützen. Ebenso tragen funktionierende Informationsflüsse und sorgfältige Dokumentation zum Gelingen von Entwicklungen und Innovationen bei, indem Wissen ebenso wie Lücken des Wissens und Handelns allgemein zugänglich und bearbeitbar gemacht werden.

> Q13 formuliert, in welcher Form sie Datenablage und Wissensmanagement für wichtig hält: „Punkt zwei ist: Ich finde es wichtig, dass Wissen fliesst und dokumentiert ist" (Q13 985f) und „Im Sozialhilfebereich, Sozialversicherungsbereich gibt es sehr, sehr viele Gesetze und Verordnungen. (…) Da bin ich froh, dass wir national jemanden haben, der sich darum kümmert und dass wir hier, innerhalb vom Team jemanden haben, der dieses Thema hat, der praktisch der Wissensverwalter zum Thema Recht mit der Verantwortung, es weiterzugeben." (Q13 976–984)

Schliesslich werden auch eine ansprechende Infrastruktur sowie ausreichende zeitliche finanzielle Ressourcen genannt, wenn es um Förderliches in Innovations- und Entwicklungsprozessen geht. Diese beiden Elemente scheinen für Motivation und Sicherheit bei den Mitarbeitenden zu sorgen, die dann eher bereit sind, Unsicherheit bergende Prozesse mitzutragen.

> Q8 führt zu finanziellen und zeitlichen Ressourcen aus: „Und dann heisst es, dass wir, die Niederschwelligkeit, die wir eigentlich anbieten wollen in dem Bereich gar nicht anbieten können, weil wir das Geld nicht haben, die Maschinen anzubieten, oder auch sozial schwächer Gestellte, die zu Hause nicht alle ein tolles Programm haben, sich daran entwickeln können. Also die Finanzen, um überhaupt so ein Angebot fahren können." (Q8 486–493)

Auf institutioneller Ebene als hinderlich für Entwicklungsprozesse hat sich in den Augen der Befragten erwiesen, wenn innerhalb einer Institution eine thematisch-fachliche Spezialisierung nur unzureichend erfolgen kann, oder zu wenig Personen zu einem bestimmten Thema arbeiten, so dass kein Austausch und keine Erweiterung des Wissens stattfinden können.

> „Und weil es eben noch so viele Bereiche sind, mit denen man zu tun hat, kann man sich in die einzelnen Bereiche zu wenig vertiefen, so dass man auch Forschungsergebnisse richtig studieren kann und richtig versuchen zu verstehen. Das ist, vielleicht ist das auch der Nachteil bei unserem Dienst, weil wir halt polyvalent sind. Ja, wir sind überhaupt nicht spezialisiert, wir können alle alles." (Q11 527–534)

> „Eine Schwierigkeit war, dass ich fast der einzige bin, der das macht und so an dem Verständnis arbeitet. Und da war mir dann auch nicht so wohl." (Q7 140–143)

In ähnlicher Weise behindernd wirkt sich in Entwicklungsprozessen aus, wenn zwischen den einzelnen Funktionen innerhalb der Institution eine grosse Distanz besteht, die nur durch hohen Verständigungs- und Kommunikationsaufwand überbrückt werden kann. Eine beträchtliche Behinderung von Innovationsprozessen kann zudem aus dem Widerstand von (langjährigen) Mitarbeitender erwachsen, der die Entwicklung bremst oder anderweitig hemmt. Worin dieser Widerstand gründen kann, wurde zuvor hinsichtlich der persönlichen Faktoren auf der Ebene der Mitarbeitenden beschrieben.

Auch eine ungenügende Evaluation des Bestehenden bzw. dessen mangelnde Dokumentation kann in Entwicklungsprozessen behindernd wirken. Dies in der Weise, dass geeignete Fundierungen und differenzierte Argumente fehlen, die gerade in Schlüsselphasen eines Entwicklungsprozesses unabdinglich sind.

> „Gewisse Sachen sind wichtig, dass sie einfach auch mal über eine gewisse Zeit sind, dass man sie dann auswertet und schaut. (...) Ich denke, in unserer schnelllebigen Zeit finde ich die Tendenz eher, dass man einfach zu schnell ... Es kommt da wieder irgendetwas Neues und dann ..., und da probiert man ... Ja, etwas auch eine Weile sein lassen, auch wenn nicht immer alles gerade optimal sein mag, aber wirklich nach einer vernünftigen Zeit auswerten können und sagen okay, das sind die positiven Aspekte, das sind die negativen. Wollen wir da etwas anpassen oder nicht." (Q11 648–662)

> Q5 schildert, wie mangelnde Dokumentation die Spuren einer Entwicklung verwischt, so dass sie weder andernorts aufgegriffen noch argumenativ belegt werden kann: „Oder es laufen viele solcher Projekte, die dann einfach durch die Nichtdokumentation verloren gehen." (Q5 311–313)

Auch bezüglich der Ressourcen gibt es in den Augen der Befragten hinderliche Faktoren in Entwicklungsprozessen: Findet auf organisatorischer Ebene bei hohem Arbeitsaufkommen keine Entlastung der Mitarbeitenden statt, werden Entwicklungsprozesse aufgrund mangelnder zeitlicher Ressourcen behindert, wenn nicht das Alltagsgeschäft hintan stehen kann. In ähnlicher Weise wirken sich knappe finanzielle Mittel, ein ungeeigneter Standort oder unattraktive Räumlichkeiten aus.

> „Hinderlich ist, dass wir einfach unsere Jobs machen, und dass wenn ich etwas Zusätzliches übernehme, einfach etwas wegfällt oder meine Mitarbeitenden einfach irgendetwas mehr machen müssen. Also dass man nicht zusätzliche Ressourcen hat." (Q4 501–506)

> Q14 beschreibt, dass der Standort der Institution den erforderlichen Kriterien nicht zu genügen vermag und damit die Entwicklung in ihrer Umsetzung behindert: „Also das war wirklich ein hinderlicher Teil und ein anderer Teil, dass der Ort, der Standort nicht sehr ideal ist (...) Das ist ausgewählt worden von Leuten, die nicht in einem solchen Angebot gearbeitet haben. Das ist wirklich sehr hinderlich auch." (Q14 142–149)

Hinsichtlich der förderlichen und hinderlichen Faktoren auf institutioneller Ebene lässt sich ergänzend anmerken, dass sich in den verbalen Daten sowohl Hinweise dafür finden, dass in Institutionen einer gewissen Grösse (gemessen an der Anzahl Mitarbeitenden) und Heterogenität durch die mögliche Bündelung von Fachwissen und eine anregende Vielfalt eher Innovationsprozesse zu Stande kommen, wie auch dafür, dass grosse Institutionen träge sind und innovative Entwicklungen schwer Eingang finden.

> „Mit guter Grösse, damit meine ich, dass ich ein Kader habe von fünf, die in unterschiedlichen Dienstleistungen arbeiten, deswegen mit unterschiedlichen Klientengruppen und unterschiedlichen Aufgaben zu tun haben und die Vielfalt bereichert." (Q13 693–697)

> „Par contre, je crois que c'est vrai que F. est un gros bateau et je pense que c'est plus difficile d'induire des changements dans une très grosse structure que dans une structure plus petite ou une petite institution (...) 'est très difficile d'amener un changement dans un site aussi grand que ça." (Q9 337–344)

Ebene Institution

förderliche Faktoren	**hinderliche Faktoren**
• Rückzugsformen aus Alltagsgeschäften • Gefässe zur Generierung von Ideen • Gefässe für interne Weiterbildung • Grösse der Institution • Heterogenität der Kompetenzen • neue Mitarbeitende • intern vorhandene Erfahrung • übergreifende nationale Struktur der Institution • funktionierende Informationsflüsse • gezieltes Wissensmanagement • systematische Bedarfserhebung • überinstitutionelle Zusammenarbeit, Vernetzung • Infrastruktur (wie ansprechende, grosszügige Räume) • sorgfältige Dokumentation • ausreichende finanzielle Mittel	• unzureichende Spezialisierung • wenig Exponentinnen bzw. Exponenten eines Themas in der Institution, zu kleines Team • Grösse der Institution • langjährige Mitarbeitende • grosse Distanz zwischen Funktionen innerhalb der Institution • inhaltliche Divergenzen mit finanzieller Trägerschaft • Handlungsdruck • institutionsinterne Kulturunterschiede • ungenügende Evaluation • mangelnde Dokumentation • ungeeigneter Standort • ungenügende finanzielle Ressourcen

Tabelle 10: Förderliche und hinderliche Faktoren in Innovationsprozessen auf der Ebene der Institution

Eine letzte Ebene, auf der Einflussfaktoren auf Innovations- und Entwicklungsprozesse zu bündeln sind, befindet sich ausserhalb der Institution in deren politisch-administrativem *Umfeld*. Förderlich für Entwicklungsprozesse wirkt sich dabei aus, wenn auf die Zusammenarbeit mit Institutionen zurückgegriffen werden kann, die im selben thematischen Feld verankert sind.

> „Also förderlich ist ganz klar gewesen, dass wir von den Ressourcen der anderen vergleichbaren Institutionen haben profitieren können, also wir haben ganz viel was Qualitätssicherung, Qualitätsmanagement anbelangt haben wir übernehmen können. Das war sehr förderlich" (Q14 133–138)

Als erschwerend und einengend empfunden werden dagegen gewisse administrative Zuständigkeiten und der mangelnde politische Wille,

Veränderungen zu wagen, zu unterstützen und/oder dafür notwendige Investitionen zu tätigen.

> „Das ist, also das ist die Steuerung vom Sozialdepartement die ist eigentlich eher, ich sage es jetzt einmal ins Mikrophon rein: lästig. Weil die Institutionen sind sehr, sehr, sehr stark lokal verhaftet." (Q5 700–704)

Von den Befragten wird ebenfalls als behindernd wahrgenommen, wenn in der Sozialen Arbeit eine Zusammenarbeit mit den Ausbildungsstätten nicht möglich ist, bzw. neue Themen dort nicht aufgenommen und gefördert werden.

Ebene institutionelles Umfeld	
förderliche Faktoren	**hinderliche Faktoren**
• zugängliche Ressourcen anderer vergleichbarer Institutionen	• einengende administrative Zuständigkeiten • Konkurrenz zu anderen Anbietern • mangelnder politischer Wille • fehlendes Interesse der Ausbildungsstätten

Tabelle 11: Förderliche und hinderliche Faktoren in Innovationsprozessen auf der Ebene des institutionellen Umfeldes

Zusammenfassend ist zu Einflussfaktoren in Entwicklungs- und Innovationsprozessen festzuhalten, dass förderliche und hinderliche Faktoren unterschieden werden können, und dass sich diese entlang von fünf Ebenen gliedern lassen. Es handelt sich um die Ebene der allgemeinen Haltung und institutionellen Kultur, die Ebene der Mitarbeitenden, die Ebene der Leitung und Führung, die Ebene der Institution und ihrer Strukturen und die Ebene des institutionellen Umfeldes.

Die auf der Ebene der Institution und der Kultur gebündelten Faktoren lassen erkennen, dass es in Innovationsprozessen um den Umgang mit Wissen, den Erwerb und Austausch von Wissen und damit verbunden um Lernen geht. Die Befragten schreiben das Gelingen oder Scheitern von Innovationsprozessen wesentlich dem Potential der in einer Institution Beschäftigten zu. Sofern dieses Potential qua Aus- und Weiterbildung vorhanden ist, kommen weitere Rahmenbedingungen fördernd oder erschwerend hinzu. Die auf der Ebene der Leitung zusammengefassten Einflüsse beziehen sich auf die Aufgabe, Entwicklungsprozesse zu koordinieren, zeitlich zu organisieren und in der Institution zu verankern. Die Nennung von eher wenigen Einflussfaktoren für das institutionelle Umfeld mag darauf verweisen, dass die Kompetenz und Verantwortung für Innovationsprozesse von den Befragten in erster Linie innerhalb der Institutionen und innerhalb der Sozialen Arbeit verortet werden.

6.8 Erfolgsaspekte von Entwicklungen und Innovationen in der Sozialen Arbeit

Die Erfolgsaspekte von Innovationen in der Sozialen Arbeit zeigen auf, was die Interviewten als Nutzen und Gewinn von Prozessen und Prozessergebnissen ansehen. Die Aussagen zu diesem Thema fallen recht unterschiedlich aus. Sie lassen sich hinsichtlich dreier Aspekte gliedern: Wird ein Nutzen primär darin gesehen, bestimmte Sachverhalte abzuwenden (Verhinderung) oder bestimmte Sachverhalte entstehen zu lassen (Ermöglichung)? Wird Erfolg und Nutzen von Entwicklungen in einem klientenbezogenen, einem institutionellen oder einem gesellschaftlichen Kontext verortet? Wird Nutzen und Erfolg in monetären, quantifizierenden oder nicht quantifizierenden Begriffen gefasst? Darüber hinaus lässt sich anhand der verbalen Daten zwischen einem unmittelbarem Nutzen und sich daraus ergebenden Folgewirkungen unterscheiden.

Die folgenden Ausführungen orientieren sich an der untenstehenden tabellarischen Zusammenführung (Tabelle 12) und folgen dabei der Achse der primär Nutzniessenden bzw. des sozialen Systems, in dem sich der Nutzen vorwiegend bemerkbar macht (Institution, Klientel, Gesellschaft).

	überwiegend institutionsbezogen	überwiegend klientenbezogen	überwiegend gesellschaftsbezogen
Verhinderung	• Verhinderung von Kosten • Reduktion von Kosten • geringere Fehlerquote • Zeitersparnis	• Verhinderung sozialen Abstiegs • Verminderung von Rückfälligkeit • Verminderung von Gewalt	• Verhinderung von Kosten • Reduktion von Kosten
Ermöglichung	• effizienterer Einsatz der Mittel Verfahrenssicherheit • erhöhte Professionalität • Wissensbestände und Kooperationen zur weiteren Nutzung • Wissenstransfer • Profilierung der Institution • neue oder verbesserte Einnahmemöglichkeiten	• verbesserte Bewältigungsstrategien • erhöhte Lebensqualität • zeitliche und finanzielle Entlastung • Integration • sozialräumliches Engagement	• Sicherheit • Integration • Belebung des öffentlichen Raumes • Schaffung neuer Stellen

Tabelle 12: Nutzen- und Erfolgsaspekte von Innovationen in der Sozialen Arbeit

Ein wesentlicher Nutzen von Innovationen in der Sozialen Arbeit taucht in der tabellarischen Zusammenstellung nicht auf, weil er sich sowohl auf der institutionellen wie auf der klientenbezogenen Ebene zeigt und schliesslich auch gesellschaftliche Folgen hat: Wenn die Befragten von einer umfassenden und gezielten Ausrichtung am Bedarf der Klientinnen und Klienten sprechen, von der Erfüllung des institutionellen Auftrages oder von der Umsetzung eines Konzepts trotz veränderten Ausgangsbedingungen seitens des Klientels, dann kann dieser Nutzen generalisierend als bessere Leistungserbringung durch die Soziale Arbeit gefasst werden. Dieser Mehrwert stellt sich ferner ein, wenn Entwicklungen eine differenziertere Ressourcenerfassung, schnellere und präzisere Interventionen oder eine grössere zeitliche Verfügbarkeit der Mitarbeitenden ermöglichen. Auf der Ebene der Institution werden diese Aspekte unter anderem als erhöhte Professionalität sichtbar.

> Q3 umschreibt das generelle Bestreben der Optimierung sozialarbeiterischer Praxis und formuliert damit den Erfolgshorizont von Entwicklungen: „Wie macht man das am besten, was wir machen." (Q3 846)

Ein Indikator für diesen Erfolgsaspekt von Entwicklungen und Innovationen ist, dass die entsprechende Leistungserbringung von Klientinnen und Klienten beansprucht wird, und eine Passung zwischen Angebot und Nachfrage besteht. Wie jedoch mehrere Interviewte ausdrücklich erwähnen, müsste eine bessere Leistungserbringung im Rahmen einer systematischen Evaluation erfasst und nachgewiesen werden.

> „Und ich finde es auch gegenüber unseren Geldgebern und jenen in der Öffentlichkeit wäre eine ordentliche, gründliche Evaluation, statt nur einfach mit unserem popligen Fragebogen –Wie geht es ihnen? Finden sie es teuer? – Klar fände ich das wichtig. Und da verstehe ich Forschung mehr im Sinne von Evaluation von Bedürfnissen, in Gegenüberstellung von bestehenden Angeboten, um das noch besser zu können" (Q13 730–742)

Auf *institutioneller Ebene* werden Erfolge von Entwicklungen und Innovationen sichtbar, indem Kosten, Fehler oder Zeitaufwand verringert oder verhindert werden. Die Hinweise der Befragten gründen einerseits auf ihren persönlichen Einschätzungen, werden aber andererseits auch an konkreten Indikatoren festgemacht.

> Für Q18, der eine Amtsvormundschaft leitet, bemisst sich der Erfolg nicht zuletzt an der Verringerung der Fehlerquote insbesondere an der Anzahl hängiger Haftungsfälle, in die die Institution involviert ist: „Ich habe gehört von anderen Amtsvormundschaften in der Nähe von Ihnen, dass sie wöchentlich etwa einen Fall haben, einen Haftungsfall. Ich weiss von andern, dass sie mindestens monatlich einen haben. Wir haben vielleicht zwei pro Jahr. Und das zeigt mir einfach so im Rückblick, (...) dass sich das letztlich, ja eigentlich die Vorleistungen, die wir erbracht haben, die Denkarbeit, die wir gemacht haben, dass sich das gelohnt hat." (Q18 155–167)

> „Unter dem Strich muss man sagen, spart natürlich auch die Gemeinde. Es kommt billiger." (Q12 318f)

Ausserdem zeigt sich der institutionelle Nutzen von Entwicklungen für die Befragten in einem Zugewinn an Verfahrenssicherheit, an Professionalität und an Wissen. Hinzu kommen neue Kooperations- und Transfermöglichkeiten, zusätzliche Einnahmemöglichkeiten, erhöhte Effizienz im Einsatz der finanziellen Mittel. Ein weiterer Nutzen findet sich in den Augen der interviewten Professionellen in einer gestärkten Reputation und einem klarer konturierten Profil der Institution. Alle diese Elemente werden mit einer besseren Erfüllung des institutionellen Auftrags in Verbindung gebracht. Verfahrenssicherheit und Klarheit erscheinen den Befragten besonders für die Zusammenarbeit mit anderen Stellen und mit Klientinnen bzw. potentiellen Klienten von Belang, da dadurch eine vorhergehende Triage und fallbezogene Absprachen in geringerem Mass notwendig sind.

> „Wenn es wirklich wie klar ist, so sind die Abläufe, so ist der ganze Prozess und alle machen es gleich und alle halten sich an diesen Prozess. Dann bringt das nur schon wahnsinnig viel Klarheit, auch für den Klient. Und das ist schon ein riesiger Gewinn." (Q2 275–279)

Eine erhöhte Professionalität zeigt sich in den Augen der Befragten in einer verbesserten internen Zusammenarbeit, dem vermehrten Austausch der Mitarbeitenden zu methodischen Fragen, einem erhöhten Verantwortungsbewusstsein und in vereinfachten organisatorischen Abläufen.

> „Die Leute reden miteinander (...) Und dann beginnt man schon miteinander zu diskutieren und, und ich denke, das ist, dort ist die Chance, dort zeigt sich eben auch die Chance von solchen Projekten, dass die Leute miteinander reden, sich austauschen (...)" (Q2 258–271)

In eine ähnliche Richtung geht die Feststellung, dass in Entwicklungsprozessen Wissen und Kontakte entstehen, die zu einem späteren Zeitpunkt wiederum nutzbar sind. Möglich wird in Folge von Entwicklungsarbeiten auch der Wissenstransfer in andere Institutionen oder Praxisfelder.

> „Also das ist natürlich das zusätzliche Know-how, das wir gewonnen haben, und das fliesst natürlich im Betrieb überall ein. Also es wird auf einmal Zukunft, es gibt dann Folgeprojekte aus dem (...) Also wir sind da sehr viel in Kontakt mit anderen Institutionen in dem Bereich. Und das bringt uns für die Zukunft einfach auch Entwicklungsperspektiven in eine andere Richtung." (Q3 297–310)

> Q17 beschreibt, wie aus dem Praxisbereich konkrete Anfragen an die Institution gerichtet werden: „Ja können sie uns Tipps geben und so. Da ist natürlich der Leiter (...) Da wird schon er hauptsächlich angefragt. Und da müssten Sie im Prinzip ihn fragen, wie er das macht. Ich weiss einfach, dass wir viel angefragt werden, in Bezug auf Strukturen. Ja, so Checklisten, oder. Unterhaltsverträge, wie macht ihr das? (...) Er gibt das ab, wo er Erfahrung hat. Er ist sich auch nicht zu schade, wirklich Dinge herauszugeben, wie so Checklisten, wie man es machen könnte und da hört man immer wieder, dass das eine oder andere übernommen wird." (Q17 546–560)

Es ist nicht zuletzt der oben genannte Wissenszuwachs, der dazu führt, dass ein weiterer institutioneller Nutzen von Entwicklungsprozessen die erfolgreiche Positionierung und Profilierung einer Institution sein kann. Daraus und durch eine dezidierte fachliche Position lassen sich durchaus Argumente ableiten, die mit Erfolg in sozialpolitische Debatten eingebracht werden können, oder die es der Institution erlauben, ihren Wirkungsradius zu erweitern.

> „Da geht es darum, dass wir stärker präsent sind, dass man uns im Quartier mehr wahrnimmt, dass man sich positionieren kann über die Spielanimation oder einmal über eine Filiale zum Beispiel im Quartier." (Q6 348–352)

> „Also der Nutzen für die Institution ist, in Sachen Öffentlichkeitsarbeit ganz klar, dass sie zeitgemäss arbeitet (...) dass man auch einen gewissen Auftrag hat als grösste Institution in der Region in diesem Bereich so etwas zu machen, also das sind so die Punkte, so die Profilierung auch etwas Neues zu entwickeln." (Q7 220–227)

> „Ich habe das nachher auch gebraucht, um auszuweisen gegenüber – also auf der politischen Ebene – um mehr Stellen zu erhalten, und habe es wirklich auch begründen können." (Q17 264–267)

Auf einer finanziellen Ebene kann für die Institution der Erfolg von Entwicklungen und Innovationen darin bestehen, dass eine höhere Effizienz im Einsatz der Mittel möglich wird, oder dass über die Vermarktung eines neu entwickelten Produktes neue Einnahmemöglichkeiten für die Institution entstehen.

> „Wir haben mit ausgesprochen wenig Mitteln ganz viele Möglichkeiten eröffnet für Kinder mit Behinderung (...) Das beeindruckt mich an dem Projekt eigentlich am meisten, dass man jetzt nicht 100'000 Franken [entspricht 75'000 €] irgendwohin

setzt, sondern einfach mal guckt, wie macht man etwas Bestehendes funktionsfähig." (Q13 445–458)

Q3 schildert, dass das intern entwickelte Assessmentinstrument für Erwerbslose aus dem Dienstleistungsbereich nun gewinnbringend vermarktet werden kann: „Also wir haben zum Beispiel dort drin auch Aufträge von der Privatwirtschaft, das kann man auch gerade sagen. Das haben wir sonst so noch nie gehabt. Das ist auch so ein Produkt, das man in der Privatwirtschaft verkaufen kann. Es gibt dort auch einen Markt." (Q3 311–315)

Betrachtet man die Aussagen der Interviewten zum Nutzen, den Entwicklungen und Innovationen in der Sozialen Arbeit für deren *Klientinnen und Klienten* bringen, dann lässt sich wiederum zwischen einem Verhinderungsnutzen und einem Ermöglichungsnutzen differenzieren. Zur ersten Nutzenkategorie gehört, dass sozialer Abstieg verhindert und Rückfälligkeit vermindert werden kann.

„Je vernetzter wir arbeiten, umso grösser ist die Wahrscheinlichkeit, dass der Insasse tatsächlich, ich sage jetzt, ungefährlicher aus dem Zentrum geht, als dass er eingetreten ist. Und ich rede hier jetzt nicht von heilig, das bringen wir in Einzelfällen auch hin, aber in aller Regel sind wir sehr froh, wenn er einfach Krankheitseinsicht hat und nachher Strategien hat, die er umsetzen kann, dass es nicht wieder zum Verstoss kommt. Also da haben wir markante Gewinne, aber ich kann das natürlich nicht quantifizieren." (Q1 354–365)

Q3 berichtet vom Nutzen von spezifischen Angeboten für Erwerbslose: „Dass sie wirklich nicht runter fallen und noch mehr Kosten verursachen." (Q3 931f)

Folgende Nutzenaspekte auf Seiten des Klientels lassen sich als Ermöglichungsnutzen zusammenfassen: Durch mehr Selbstbestimmung und erhöhte Selbstaktivität wird ihre Lebensqualität gesteigert. Klientinnen und Klienten sowie ihre Angehörigen werden durch neue Entwicklungen in der Sozialen Arbeit finanziell und zeitlich entlastet. Sozialräumliches Engagement und Integration ermöglichen eine verstärkte Teilhabe am öffentlichen Leben. Die im Kontakt mit der Sozialen Arbeit entwickelten Bewältigungsstrategien erleichtern Klientinnen und Klienten eine autonome Lebensführung.

Q14 benennt die Erfolgsquote des auf selbständiges Wohnen ausgerichteten Lernangebotes für Menschen mit Behinderung: „... dass sie wirklich das Leben von

Menschen mit Behinderung in die Selbstbestimmung hineinführt (...) Die hat sehr gute Erfahrungen gemacht, also dass 75% nachher auch länger auch wirklich allein wohnen, mit Begleitung oder ohne Begleitung." (Q14 47–56)

Q16 beschreibt den Nutzen eines neuartigen Integrationscoachings für Personen mit einer länger dauernden Krankheitsabwesenheit am Arbeitsplatz: „Finalement ce sont d'abord les employés concernés. S'ils peuvent reprendre une activité professionnelle plus tôt que ... plus tôt que d'obtenir éventuellement une rente invalidité, donc financièrement c'est un intérêt économique pour ces employés qui sont concernés." (Q16 235–240)

Im Kontext der Nutzenaspekte von Entwicklungen und Innovationen in der Sozialen Arbeit scheint es zudem zentral, dass diese von den Klientinnen und Klienten auch als solche wahrgenommen werden. Erst im Zusammenspiel von professionell und individuell wahrgenommenem Nutzen, stellt sich dieser in einem nachhaltigen Sinne ein.

Oder wie Q4 es ausdrückt: „(...) wenn sie positiv reden und selber einen Nutzen daraus ziehen konnten, dann reden sie auch positiv, dann würde ich sagen, hat es für die gesamte Institution sicher einen Nutzen" (Q4 207–210).

Wenn durch eine neuartige Entwicklung in der Sozialen Arbeit ein Nutzen erzielt werden kann, bedeutet dies oft auch auf übergeordneter *gesellschaftlicher Ebene* einen Erfolg. Dabei geht es einerseits um die Verhinderung und Reduktion von Kosten und andererseits um die Realisierung zentraler Werte wie Sicherheit, Integration, Verminderung von Vorurteilen oder einen belebten öffentlichen Raum. Schliesslich kann die Schaffung neuer Stellen im Zuge konzeptueller Änderungen ebenfalls als Erfolg auf gesellschaftlicher Ebene betrachtet werden.

„Es hat ja auch – neben der Qualitätsverbesserung – Lebensqualitätsverbesserung – hat es ja auch einen volkswirtschaftlichen Aspekt; dass es auch billiger ist." (Q14 81–84)

„Aber wo wir markant gewinnen, ist Sicherheit und therapeutische Fortschritte." (Q1 352–354)

Q9 berichtet, dass die konzeptuelle Neuausrichtung der Institution die Schaffung einer neuen Stelle notwendig gemacht hat: „Suite à cette formation est apparu qu'il fallait créer un nouveau poste à l'internat, un responsable pédagogique du projet des jeunes. C'est-à-dire qu'à l'internat chez nous, il y aura le responsable pédagogique et des psychologues qui sont aussi des personnes qui contribuent à la réflexion (...) Donc c'était essayer de créer un poste pour que cette personne puisse être en ressource pour les groupes éducatifs et les responsables de groupe." (Q9 78–90)

Hinsichtlich der Erfolgsaspekte von Entwicklungen und Innovationen in der Sozialen Arbeit ist über die Differenzierung der sozialen Systeme hinweg, für die sich der Nutzen bemerkbar macht (Institution, Klientel, Gesellschaft), wie erwähnt zwischen einem *monetär-materiellen*, einem *mittelbar quantifizierbaren* und einem *nicht quantifizierbaren, wertbezogenem Nutzen* zu unterscheiden. Ein materieller Nutzen ergibt sich dort, wo Innovationen in der Sozialen Arbeit Kosten verhindern oder reduzieren, einen effizienteren Einsatz der Mittel erlauben (höherer Wirkungsgrad bei gleichen Kosten) oder neue bzw. verbesserte Einnahmemöglichkeiten schaffen. Darüber hinaus nennen die Befragten Erfolgsaspekte, die nicht unmittelbar materiell sind, sich jedoch durchaus quantifizieren lassen, so beispielsweise Zeitersparnis. Allerdings sind hier zwei Vorbehalte anzubringen: Zum einen wurde in der vorliegenden Studie die Perspektive von Klientinnen und Klienten der entsprechenden Institutionen nicht erfasst. Es bleibt also offen, wie ihre Wahrnehmung der institutionellen Entwicklungen und Innovationen ist, bzw. ob sich daraus eine für sie erkennbare Veränderung ergeben hat. Zum anderen sind die durch Innovationen verhinderten Kosten oft nicht abschliessend zu ermitteln, weil dabei äusserst komplexe Wirkungszusammenhänge erfasst und Extrapolationen gemacht werden müssen. Ein dritter nicht unerheblicher Aspekt zur Bewertung des Erfolgs von Innovationen in der Sozialen Arbeit liegt schliesslich in der Realisierung zentraler gesellschaftlicher und damit teilweise auch rechtlich abgesicherter Werte (Sicherheit, soziale Sicherung, Integration, Lebensqualität), welche sich zwar kaum angemessen quantifizieren lassen, deshalb jedoch nicht minder bedeutungsvoll sind.

Zusammenfassend werden Erfolgsaspekte von Innovationen – im Sinne von Nutzen bzw. von Indikatoren für denselben – von den Befragten für die Institution, für die Klientinnen und Klienten sowie für einen allgemeinen gesellschaftlichen Kontext benannt. Welcher Art der jeweilige Nutzen ist, aus dem die sozialen Systeme Gewinn ziehen, unterscheidet sich je nach Praxisfeld und spezifischer Entwicklung bzw. Innovation. Generalisierend kann der Nutzen als Zugewinn und Ermöglichung vom Nutzen als Verhinderung von Negativfolgen unterschieden werden. Für alle Ebenen kann zudem zwischen monetärem Nutzen (z.B. Kostenreduktion), quantifizierbarem Nutzen (z.B. Zeitersparnis) und nicht quantifizierbarem Nutzen (z.B. Integration) differenziert werden.

6.9 Zusammenfassung der Ergebnisse aus der inhaltsanalytischen Auswertung

Die Ergebnisse der inhaltsanalytischen Auswertung der verbalen Daten machen deutlich, dass das Material zu unterschiedlichen Aspekten von Innovation in der Sozialen Arbeit und zu Innovationsprozessen in Praxiseinrichtungen reichhaltig ist, jedoch auch Limitationen aufweist. Der Innovationsbegriff findet zwar in den unterschiedlichen Praxisfeldern der Sozialen Arbeit Verwendung. Die grundlegende Schwierigkeit im Hinblick auf die Klärung des Innovationsbegriffs für die Soziale Arbeit liegt jedoch in dessen geringer Verankerung im Fachdiskurs und seiner mithin wenig reflektierten und fundierten Verwendung. Hier spiegelt sich auf Praxisebene der Befund aus der theoretischen Diskussion. Es ist davon auszugehen, dass in der Praxis der Sozialen Arbeit Entwicklungen und Entwicklungsvorhaben offensiv als Innovation bezeichnet werden, wenn es darum geht, Aufmerksamkeit zu erzielen und entsprechende Unterstützung und finanzielle Mittel zu sichern.

Bei den in den Interviews genannten Formen von Innovation handelt es sich entweder um Konzepte und Verfahren der Leistungserbringung (Methoden, Prozessabläufe, Instrumente) oder um die strukturellen Rahmenbedingungen dazu (Organisationsform, Arbeitsstellen und Funktionen, bauliche Umgebung). Mit deren Entwicklung wird das übergeordnete Ziel verfolgt, professionelles Handeln in der Sozialen Arbeit zu optimieren und/oder veränderten Gegebenheiten anzupassen. Auslösende Momente finden sich in einer mangelnden Passung zwischen fachlichen Ansprüchen und aktueller Praxis, wobei diese durch einen veränderten Erkenntnisstand oder durch Veränderungen im bearbeiteten Realitätsausschnitt hervorgerufen sein kann (innere und äussere Auslöser). In den Entwicklungs- und Innovationsprozessen zeigen sich enge Bezüge zwischen den unterschiedlichen organisatorischen, personellen und fachlichen Ebenen professioneller Leistungserbringung: Veränderungen in einem Bereich bedingen oft Anpassungen in einem anderen Bereich oder setzen diese voraus.

Die aus der Sicht der Befragten für das Entstehen von Innovationen in der Sozialen Arbeit notwendigen Grundlagen und die in Innovationsprozessen wirksamen Einflussfaktoren stehen in engem Zusammenhang mit allgemeinen Merkmalen guter Praxis (kontinuierliche Weiterbildung, Wissensmanagement, vernetztes Arbeiten, Einbezug wissenschaftlicher Erkenntnisse) und mit Aspekten lernender Organisationen, die über eine hohe Fachlichkeit verfügen und auch Druck von aussen produktiv begegnen und verarbeiten.

Die befragten Personen identifizieren anhand der Entwicklungs- und Innovationsprozesse, an denen sie beteiligt waren oder sind, was deren Verlauf beeinflusst. Diese Einflussfaktoren lassen sich in ihrer Vielfalt nach positiver bzw. negativer Wirkung sowie nach der Ebene, auf der sie zu verorten sind, differenzieren. Da sich die Befragten in ihren Ausführungen nicht auf einzelne Entwicklungsprozesse und seine Implikationen beziehen, lässt sich am vorhandenen Datenmaterial nicht systematisch herausarbeiten, in welcher Weise und in welchem Zusammenspiel die Einflüsse zum Tragen kommen.

Hinsichtlich der Nutzen- und Erfolgsaspekte von Innovation zeigen die Ergebnisse, dass sie auf unterschiedlichen Ebenen (Verhinderung vs. Ermöglichung; institutions-, klienten- oder gesellschaftsbezogen) anzusiedeln sind. Der Nutzen von Innovationen lässt sich dabei nur teilweise quantifizieren oder gar als monetäre Grösse benennen. Im Zusammenhang mit Erfolgsaspekten von Innovationen haben einige Befragte darauf hingewiesen, dass die Soziale Arbeit die Wirksamkeit von Innovationen empirisch belegen und sichtbar machen sollte. Dazu braucht es Evaluations- und Wirkungsforschung, welche die in Innovationsprozessen in Aussicht gestellten Verbesserungen prüft. Darin einfliessen müssten auch die Einschätzungen der direkt involvierten Adressatinnen und Adressaten. Eine klare Differenzierung unterschiedlicher Nutzenaspekte mag dabei das Verständnis dafür steigern, dass in der Sozialen Arbeit zuweilen materielle Mehrauslagen einen immateriellen Gewinn generieren. Oder in den Worten eines Befragten: *„Also materiell mittelfristig legen wir natürlich Geld drauf, weil wenn alles langsamer geht, haben wir weniger Umsatz und so weiter."* (Q1 329–331) Und weiter: *„(...) aber wo wir aber markant gewinnen, ist Sicherheit und therapeutische Fortschritte."* (Q1 352–354)

6.10 Ergebnisse der vergleichenden Analyse

Im Anschluss an die oben dargestellten Ergebnisse aus der inhaltsanalytischen Auswertung sollen nun die Erkenntnisse aus der weiterführenden vergleichenden Analyse dargelegt werden. Dieser Analyseschritt erlaubt es, Zusammenhänge zwischen einzelnen zuvor erläuterten Ergebniskategorien und Merkmalen von befragten Personen bzw. institutioneller Kontexte sichtbar zu machen und auffällige Bündelungen und wiederkehrende Konstellationen herauszuarbeiten. Es lassen sich auf diese Weise vorläufige Antworten auf folgende Fragen generieren: Was sind die Merkmale von Professionellen, die ein bestimmtes Innovationsverständnis vertreten? Welche Auslöser von Innovationsprozessen kommen in welchen institutionellen Kontexten zum Zuge? Zu erwarten sind zudem Hinweise zu den am Schluss des theoretischen Teils formulierten Thesen, die den Bezug von Innovation und institutionellem Kontext fokussieren.

Wie im Kapitel zum methodischen Vorgehen dargelegt, wurden zur vergleichenden Analyse für die bereits vorliegenden Bündelungen aus der inhaltsanalytischen Datenauswertung Merkmalsräume aufgespannt, in welche die einzelnen Interviewten mit ihren objektiven Merkmalen bzw. denjenigen der Institution eingetragen wurden. Die Merkmale der Personen, die in den Vergleich mit den Ergebnissen der Inhaltsanalyse einflossen, sind

- das Geschlecht
- das Alter
- die sprachregionale Verortung (Deutschschweiz, Romandie)
- der Ausbildungsabschluss (Abschluss in Sozialer Arbeit, fachfremder Ausbildungsabschluss, universitärer Abschluss)
- die Position innerhalb der Institution (Leitung, mittleres Kader, Mitarbeitende)
- die Anstellungsdauer in der Institution

Als Merkmale zur Differenzierung der institutionellen Kontexte der Befragten dienten

- die Grösse bzw. die Anzahl Mitarbeiterinnen und Mitarbeiter der Institution (bis 20, zwischen 20 und 40, über 40 Mitarbeitende)
- die Zuordnung der Institution zu gesetzlicher oder freiwilliger Sozialer Arbeit
- der stationäre oder ambulante Charakter der Institution
- der Finanzierungsmodus der Institution

Beim Finanzierungsmodus der Institutionen wurde zwischen ausschliesslicher Finanzierung durch die öffentliche Hand, ausschliesslicher Eigenfinanzierung und den beiden Mischformen von öffentlichen Geldern/Eigenleistung bzw. Subventionen/Eigenleistung unterschieden, wobei Subventionen im vorliegenden Verständnis stets mit einer befristeten Leistungsvereinbarung verbunden sind.

Der möglichen Kritik, dass die Vielzahl der Merkmalskombinationen ein Erkennen von Regelmässigkeiten erschwert, wurde dadurch begegnet, dass nur für diejenigen Aspekte eine vergleichende Auswertung vorgenommen wurde, die sich in der bisherigen Analyse als ausreichend trennscharf erwiesen hatten (Innovationsverständnis, Formen von Innovation, Auslöser, Einflussfaktoren, Erfolgsaspekte). Zu betonen ist weiter, dass die aus der vergleichenden Analyse gewonnenen Aussagen keinen generalisierenden Anspruch sondern Hypothesecharakter haben.

6.10.1 Innovationsverständnis

Ausgehend von den inhaltsanalytisch herausgearbeiteten Innovationsverständnissen (Innovation als Ergebnis, als Prozess oder als Haltung), wird an dieser Stelle darauf eingegangen, welche der Befragten ein bestimmtes Innovationsverständnis vertreten bzw. in welchen institutionellen Kontexten ein bestimmtes Innovationsverständnis verortet werden kann

Einzelne Befragte nehmen dem Innovationsbegriff gegenüber eine grundsätzlich skeptische Haltung ein bzw. halten dessen Verwendung für eine Modeerscheinung. Es handelt sich dabei vorwiegend um ältere Professionelle aus den französischsprachigen Teilen der Schweiz. Dies wirft die Frage auf, ob der Innovationsbegriff sprachregional einen anderen Stellenwert hat. Denn dass eine skeptische Haltung eine Generationenfrage wäre, lässt sich anhand der Aussagen von anderen Befragten widerlegen, die über 45 Jahre alt sind und ebenfalls eine lange Anstellungsdauer in derselben Institution aufweisen (wie zum Beispiel Q5 und Q18). Dass auch der Fachdiskurs grosse sprachregionale Differenzen in seiner inhaltlichen Ausrichtung aufweist, stützt diese Annahme zumindest teilweise.

Weiter zeigt sich, dass die Befragten ein mehr oder weniger umfassendes Verständnis von Innovation haben. Bei den Befragten, die Innovation als Prozess *und* als Ergebnis verstehen, handelt es sich um Männer aus der Deutschschweiz, die tendenziell über keinen disziplinären Hintergrund in der Sozialen Arbeit verfügen und in leitender Position tätig sind. Zwei der Befragten verstehen Innovation als Ergebnis *und* als Haltung (Q7, Q8). Sie arbeiten beide in derselben Institution der offenen Jugendarbeit. Dies ist im Übrigen der einzige Fall, in dem beide Interviewte aus einer Institution dasselbe Innovationsverständnis vertreten. Befragte, die im Zusammenhang mit Innovation den Fokus ausschliesslich auf das Ergebnis richten, sind Sozialarbeiterinnen und Sozialarbeiter, die über eine langjährige Berufserfahrung verfügen, jedoch keine Leitungsfunktion innehaben. Eine auf Innovation bezogene Ergebnisorientierung findet sich also einerseits bei Leitungspersonen ohne Ausbildungshintergrund in der Sozialen Arbeit und andererseits bei Mitarbeitenden mit langjähriger Berufserfahrung. Es kann angenommen werden, dass der Fokus auf Innovation als Ergebnis aus einem – bei Leitungspersonen und Mitarbeitenden ohne Leitungsfunktion möglicherweise unterschiedlich begründeten – Interesse an der Praxisveränderung und -optimierung erwächst, bei dem der Entwicklungsprozess in den Hintergrund tritt.

Befragte, die Innovation als Prozess *und* als Haltung verstehen, gehören in ihrer Institution dem mittleren Kader oder der Leitung an, sind mittleren Alters (40 bis 50 Jahre alt), und haben alle einen Ausbildungsabschluss in Sozialer Arbeit. Es muss an dieser Stelle offen bleiben, ob ein Innovationsverständnis ohne Ergebnisbezug, diesen als selbstverständlich impliziert und deshalb unerwähnt lässt, ob eine gewisse Resignation im Zusammenhang mit dem Ergebnis von Entwicklungsprozessen ausdrückt wird, und damit die Unwägbarkeiten von Innovationsprozessen stärker gewichtet werden.

Bezieht sich die vergleichende Analyse darauf, in welchen Institutionen welches Innovationsverständnis vertreten wird, sind die Ergebnisse wenig eindeutig und aussagekräftig. Wie oben erwähnt, gibt es nur eine Institution, in der ein übereinstimmendes Innovationsverständnis der beiden Befragten besteht. Es handelt sich um eine Institution im Bereich der offenen Jugendarbeit, die in einer Netzwerkstruktur einzelne Entwicklungsprozesse zentralisiert durchführt.

Das Verständnis von Innovation in der Sozialen Arbeit ist bei den Befragten also ausgesprochen heterogen und kann eher mit Merkmalen der Personen als mit Institutionen in Verbindung gebracht werden. Dies mag verdeutlichen, dass sich der Innovationsbegriff auf institutioneller Ebene noch nicht etabliert hat, und sich die Befragten entsprechend auf kein institutionell und/oder fachlich verankertes und gefestigtes Verständnis abstützen können.

6.10.2 Formen von Innovation

Unterzieht man die genannten Formen von Innovationen einer vergleichenden Analyse nach personalen Merkmalen der Befragten, ergeben sich folgende Feststellungen: Anpassungen der institutionellen Organisationsform werden einzig von Befragten als Innovation bezeichnet, die über eine Ausbildung in Sozialer Arbeit verfügen. Möglicherweise ist ihnen aufgrund des fachlichen Hintergrunds am ehesten klar, dass die Erbringung sozialarbeiterischer Leistungen nicht nur eine bestimmte inhaltliche Ausrichtung impliziert, sondern auch entsprechender Rahmenbedingungen bedarf. Institutionelle Differenzierungen (z.B. neue Angebote oder eine Spezialisierung) werden vorwiegend von Leitungspersonen als Innovation betrachtet, die über keinen Ausbildungshintergrund in der Sozialen Arbeit verfügen. Es ist zu vermuten, dass gerade deutlich wahrnehmbare institutionelle Veränderungen gut als Innovation zu fassen sind und auch ausserhalb des Fachbereiches als solche geltend gemacht werden können.

Interessant ist das Bild, das sich ergibt, wenn eruiert wird, inwiefern sich innerhalb derselben Institution die Aussagen der beiden Befragten mit und ohne Leitungsfunktion decken: Hohe Übereinstimmung ergibt sich hinsichtlich Methoden und Verfahren als Form von Innovation. Dies möglicherweise, weil Leitende über die strategische Entwicklung und Mitarbeitende über die konkrete Erprobung und Umsetzung in vergleichbarem Masse in methodischen Veränderungen involviert sind. Ähnlich verhält es sich ferner für Instrumente (Hilfsmittel, Dokumente, Checklisten). Bauliche Veränderungen hingegen sehen einzig Mitarbeitende ohne leitende Funktion als Innovation – unter Umständen weil dadurch ihr Arbeitsumfeld unmittelbar tangiert und die Abläufe der klientenbezogenen Arbeit verändert werden.

Die Betrachtung der genannten Formen von Innovation nach der institutionellen Verortung der Befragten zeigt Folgendes: Für die Soziale Arbeit im gesetzlichen Bereich werden kaum Innovationen im Bereich konzeptueller Neuerungen genannt. Hingegen erscheinen neu geschaffene Funktionen und Stellen sowie die Neudefinition von Prozessen und

Abläufen nur in diesem Bereich als Innovation. Grosse Bedeutung kommt in der gesetzlichen Sozialarbeit auch Entwicklungen im Zusammenhang mit Methoden und Instrumenten zu. Es zeichnet sich somit ab, dass in Bereichen der Sozialen Arbeit, die in die öffentliche Verwaltung eingebunden sind, Neuerungen innerhalb eines konzeptuellen Rahmens entstehen, der gegeben ist bzw. als gegeben betrachtet wird, den es jedoch gestaltend zu nutzen gilt. Befragte, die in einer Institution mit teilweiser oder ausschliesslicher Eigenfinanzierung arbeiten, nennen als mögliche Innovationsformen dagegen konzeptuelle Neuerungen, institutionelle Differenzierung und Anpassung der Organisationsform. Es zeigt sich eine Ausrichtung auf Neuerungen, die Wirkung nach aussen zu entfalten vermögen, und auf damit einhergehende Anpassungen auf der Ebene der Organisation. Neuartige Instrumente nennen einzig Interviewte als Innovation, die in einer Institution mit umfassender oder partieller Finanzierung durch die öffentliche Hand arbeiten. Es scheint, dass insbesondere in diesen Bereichen derartigen Neuerungen Bedeutung beigemessen wird. Dies wird zusätzlich durch die Tatsache unterstrichen, dass sich die Aussagen der Mitarbeitenden mit und ohne Leitungsfunktion in diesen Institutionen decken, wenn es um Innovation in Form von Instrumenten geht.

Unabhängig vom Finanzierungsmodus einer Institution werden konzeptuelle Neuerungen wie auch institutionelle Differenzierungen insbesondere in Institutionen ab mittlerer Grösse (30 Mitarbeitende und mehr) als mögliche Innovationsformen angesehen. Dies legt den Schluss nahe, dass allenfalls erst ab einer bestimmten Anzahl von Mitarbeitenden die Ressourcen bzw. die Heterogenität ausreichen, um Entwicklungen dieser Art anzuschieben.

6.10.3 Auslöser für Innovationsprozesse

Hinsichtlich der Frage, was in der Sozialen Arbeit Innovations- und Entwicklungsprozesse auslöst, hat die inhaltsanalytische Bearbeitung des Datenmaterials gezeigt, dass in den Augen der Befragten die auslösenden

Momente insbesondere in einem durch Professionelle festgestellten Bedarf und in den veränderten Bedürfnisse von Klientinnen und Klienten liegen. Beide Elemente stehen in enger Verbindung: Veränderte Lebenslagen induzieren einen professionellen Diskurs, der Lücken, Mängel und Innovationsbedarf offen legt. Zudem gilt eine öffentlich formulierte Notwendigkeit als Auslöser für Veränderungen in der Sozialen Arbeit. Damit ist angedeutet, dass einerseits Professionalität und andererseits gesellschaftlicher Druck auf die Soziale Arbeit von den Befragten als verantwortlich für Entwicklungsprozesse gesehen werden.

Forschung und Weiterbildung tauchen in den Interviews als Auslöser von Innovationsprozessen nur vereinzelt (Q2, Q3, Q8) auf. Dies zeugt von einem mangelnden professionellen Selbstverständnis derjenigen Befragten mit einem Ausbildungshintergrund in der Sozialen Arbeit. Sich als Angehörige einer Profession zu verstehen, würde bedingen, die Wissenschaft und die Vermittlung von spezifischen Wissensbeständen als konstitutives Element des eigenen Berufes anzusehen und wahrzunehmen. Auffallend ist Q3, der sowohl Forschung wie auch Weiterbildung als Auslöser für Innovationsprozesse erwähnt. Er scheint als Leitungsperson mit kaufmännischem Hintergrund – und daher vermutlich mit einem eingeschränkten Zugang zum fachlich-professionellen Diskurs der Sozialen Arbeit – das Bedürfnis zu haben, auf diesem Wege Fachlichkeit einzuholen. Dieser Befund wird dadurch gestützt, dass Q3 als einziger Befragter weder den professionellen Bedarf noch die veränderten Anliegen der Klientel oder gesellschaftlichen Druck als Auslöser von Entwicklungsprozessen sieht, sondern einzig Aufträge von zuweisenden oder finanzierenden Stellen nennt.

Unterscheidet man beim Veränderungsbedarf, ob dieser von Leitenden oder von Mitarbeitenden erkannt wird, dann äussern sich beide Seiten in die Richtung, dass überwiegend Mitarbeitende Innovationsprozesse initiieren und entscheidend darauf einwirken. Fachliche Trends sehen ausschliesslich Befragte mit disziplinärer Verortung in der Sozialen Arbeit als Auslöser für Innovationsprozesse. Dies ist insofern nahe liegend, als dass sie qua Ausbildung und Zugehörigkeit zur *professional community* den Zugang zum Fachdiskurs haben. Von Q14 lassen sich auffallenderweise keine Aussagen zu auslösenden Momenten von Entwicklungs- und Innovationsprozessen finden. Sie verfügt als sozialpädagogische Mitarbeiterin eines Angebotes für Menschen mit einer Behinderung über keine qualifizierende Ausbildung für diesen Bereich. Als Kindergärtnerin und Erwachsenenbildnerin mögen ihr deshalb Feinheiten im Prozessverlauf entgehen, oder sie verfügt nicht über das Wissen und die Kompetenz, diese zu benennen. Dass ihre erst kurze Anstellungszeit dafür entscheidend sein könnte, ist dagegen unwahrscheinlich, denn andere Befragte mit ähnlich kurzer Anstellungsdauer vermögen sehr wohl, zur Frage nach auslösenden Momenten Stellung zu beziehen (so z.B. Q7 und Q11).

Institutionelle Differenzen bei den Auslösern von Innovationsprozessen lassen sich zu Aufträgen ausmachen: Aufträge werden nur im Kontext ambulanter Einrichtungen als Auslöser von Innovationsprozessen wahrgenommen. Diese Stellen weisen entweder eine gemischte Finanzierung (öffentliche Gelder und Eigenfinanzierung oder Subventionen und selbst erwirtschaftete Mittel) oder aber eine reine Eigenfinanzierung auf. Für Institutionen, die finanziell direkt von der öffentlichen Hand getragen werden und im Bereich der gesetzlichen Sozialarbeit verankert sind, lässt sich aufzeigen, dass sie in erhöhtem Mass einem äusseren Druck ausgesetzt sind: Gesetzesänderungen und gesellschaftlicher Druck werden beinahe ausschliesslich von Befragten aus solchen institutionellen Kontexten als Auslöser für Innovations- und Entwicklungsprozesse angegeben.

6.10.4 Einflussfaktoren in Innovationsprozessen

Die vergleichende Analyse zu Einflussfaktoren, die in Innovationsprozessen fördernd oder behindernd zum Tragen kommen, zeigt Folgendes: Förderliche Faktoren finden sich vor allem auf der Ebene von Haltung und Kultur innerhalb einer Institution und im Zusammenhang mit dem Führungsverständnis der Leitungspersonen, welches sich nicht zuletzt in institutionellen Strukturen niederschlägt. Vergleicht man die genannten

Faktoren unter einem personenbezogenen Blickwinkel, gilt es, die Aussagen von Leitungspersonen mit denjenigen von Mitarbeitenden zu kontrastieren. Es lässt sich dabei festhalten, dass es Mitarbeitenden eher gelingt, hinderliche und förderliche Faktoren in Innovationsprozessen zu benennen. Bei Führungspersonen finden sich hingegen nur wenige Aussagen zu Einflussfaktoren auf der Leitungsebene. Angesichts der Tatsache, dass gerade diese Einflussfaktoren für den Verlauf von Entwicklungsprozessen von Mitarbeitenden als hochrelevant angesehen werden, scheinen Leitende kein ausgeprägtes Bewusstsein für die eigene Funktion und die Bedeutung ihres Führungsverständnisses für Innovationen zu besitzen. Mitarbeitende ohne Leitungsfunktion dagegen sind kritischer: Hindernde Faktoren in Innovationsprozessen sehen sie vielfach bei den Mitarbeitenden einer Institution und insbesondere auf persönlicher Ebene (Konservativismus, Ängste aufgrund von Handlungsunsicherheit, etc.). Leitungspersonen machen förderliche Faktoren vor allem auf der institutionellen Ebene fest (Personalbestand, Organisation und Prozesse, Gefässe, Infrastruktur und Mittel). Festzustellen ist folglich, dass Leitungspersonen Faktoren, die zum Gelingen von Innovationsprozessen beitragen, eher mit objektivierbaren Grössen auf der Ebene der Institution in Verbindung bringen als mit Aspekten rund um ihren eigenen Führungsstil.

Bringt man die Aussagen der Befragten mit ihrem Ausbildungsabschluss in Verbindung, zeigt sich, dass fehlende Professionskompetenz nur dann Aussagen zu Innovation und Einflussfaktoren verhindert, wenn es sich dabei um einen nicht-universitären Abschluss handelt und die Person keine Leitungsfunktion innehat. So fällt einerseits wiederum Q14 auf, die als Kindergärtnerin und Erwachsenenbildnerin ein Wohnprojekt leitet. Ihre Aussagen zu Einflussfaktoren beziehen sich lediglich auf das institutionelle Umfeld und die Infrastruktur des von ihr geleiteten Angebots. Q1, Q5 und Q13 hingegen, die zwar keinen sozialarbeiterischen oder sozialpädagogischen Hintergrund haben, jedoch über eine universitäre Ausbildung verfügen, liefern eine vielschichtige Analyse der Einflussgrössen in Innovationsprozessen.

Weitere Parallelen ergeben sich zwischen denjenigen Befragten, die erst seit einem Jahr oder weniger in der jeweiligen Institution arbeiten (Q1, Q6, Q11, Q13, Q14 und Q16): Sie verorten hinderliche Faktoren in Innovationsprozessen vor allem auf der institutionellen Ebene und erkennen förderliche Faktoren vor allem auf der Leitungsebene. Der unvoreingenommene Blick von neuen Mitarbeitenden richtet sich, so lässt sich folgern, zuerst kritisch auf institutionelle Belange, während sie den neuen Vorgesetzen gegenüber eine wohlwollende Haltung einnehmen. Q2, Q4, Q9 und Q15, die ihrerseits zwischen sieben und neun Jahren am selben Ort arbeiten, scheinen – zumindest im Zusammenhang mit Entwicklungen und Innovationen – einen durchwegs kritischeren Blick auf die Leitung der jeweiligen Institution zu werfen.

Sehr präsent mit ihren Einschätzungen zu innovationsfördernden oder -hindernden Einflüssen sind Q4, Q11 und Q15, die als Professionelle der Sozialen Arbeit ein breites Verständnis von Leitungs- und Organisationsaspekten in Entwicklungsprozessen an den Tag legen. Q4 und Q15 blicken auf eine langjährige Berufserfahrung in der Sozialen Arbeit und auf eine Anstellungsdauer von über sieben Jahren in der jeweiligen Institution. Q11 hingegen ist 27 Jahre alt und erst seit einem Jahr in der Institution tätig. Seine breit gefächerten Überlegungen zu Innovationsprozessen scheinen auf einer fundierte Ausbildung und hohem professionellem Interesse zu fussen. Auffallend ist zudem, dass Q15 und Q16, die in einer als Aktiengesellschaft organisierten Institution arbeiten, keine Aussagen zu Einflussfaktoren auf der Ebene der Mitarbeitenden machen. Es scheint, dass ihnen in einer derart organisierten Einrichtung Strukturen und Aspekte der Leitung für Entwicklungsprozesse bedeutsamer erscheinen als der Beitrag, den Mitarbeitende zu deren Gelingen oder Misslingen beitragen können.

Unter dem Gesichtspunkt der institutionellen Verortung werden weitere Parallelen in den Argumentationsmustern der Befragten sichtbar: Befragte aus der Sozialen Arbeit im gesetzlichen Bereich (stationär oder ambulant) sehen auf institutioneller Ebene nur hemmende Faktoren für Innovationsprozesse und argumentieren hinsichtlich förderlichen Faktoren stark auf der Ebene der Leitung und der professionellen Kompetenz der Mitarbeitenden. Daraus ist abzuleiten, dass aus der Sicht dieser Befragten trotz einschränkenden institutionellen Gegebenheiten Innovationen gelingen können, wenn die Leitung und die Mitarbeitenden über entsprechende Kompetenzen verfügen. Dies stützt die zuvor erläuterte Feststellung, wonach in Institutionen der gesetzlichen Sozialarbeit Innovation als Prozess im Vordergrund steht. Interviewte aus der gesetzlichen Sozialarbeit, so zeigt sich weiter, benennen keine Einflussfaktoren für Entwicklungs- und Innovationsprozesse auf der Ebene des institutionellen Umfelds, obwohl – wie zuvor ausgeführt – in ihren Augen diese Prozesse nicht selten durch äusseren Druck angestossen werden. Auch Q5, Q6, Q7 und Q8 vertreten vergleichbare Ansichten betreffend der Einflussfaktoren, die sie vor allem auf der Ebene der Haltung und der Institution ansiedeln: Alle vier arbeiten in einer ambulanten, staatlich subventionierten Institution der Sozialen Arbeit. In ihrer Argumentation bildet Positionierung ihrer Institution und deren organisatorische Ausgestaltung die Grundlage, um den Leistungsauftrag mit den Behörden auszuhandeln.

Schliesslich zeigt die vergleichende Analyse hinsichtlich der institutionellen Kontexte, dass in kleinen (bis 20 Mitarbeitende) und mittelgrossen (zwischen 20 und 40 Mitarbeitende) Einrichtungen der Sozialen Arbeit ein positiver oder negativer Einfluss der Haltung und Persönlichkeit der Leitungspersonen wahrgenommen wird, während in grossen Institutionen (über 40 Mitarbeitende) dies nicht der Fall ist. Daraus kann geschlossen werden, dass Haltung und Persönlichkeit der Leitenden in Einrichtungen mit über 40 Mitarbeitenden weniger direkt Wirkung entfalten, was angesichts der dort meist weniger flachen Hierarchien und längeren Kommunikationswegen plausibel erscheint.

6.10.5 Erfolgsaspekte von Innovationsprozessen

Bei den von den Befragten genannten Erfolgsaspekten von Innovationen liegt der Fokus klar auf den Aspekten der Ermöglichung und des Zugewinns: Eine Vielzahl von Aussagen bezieht sich dabei auf Nutzen- und

Erfolgsaspekte bezüglich der Klientel und der Institutionen. Weiter fällt auf, dass eine grosse Anzahl Aussagen zum Nutzen von Innovationen von Befragten aus der gesetzlichen Sozialarbeit stammen, so dass von einer verstärkten Nutzenorientierung in diesem Bereich ausgegangen werden kann. Ein Nutzen von Innovationen im Sinne von Verhinderung im klientenbezogenen Bereich (Verhinderung von sozialen Abstiegen, von Rückfälligkeit oder von Gewalt) wird dagegen nur von drei Interviewten genannt. Alle drei (Q1, Q3 und Q13) haben keinen Ausbildungshintergrund in der Sozialen Arbeit, bekleiden jedoch eine leitende Stelle in der Institution. Ein Nutzen von Innovationen verstanden als Ermöglichung auf einer gesellschaftlichen Ebene wird ausschliesslich von Leitungspersonen der stationären gesetzlichen Sozialarbeit (Q1 und Q10) ins Feld geführt. Dies kann mit dem primären institutionellen Auftrag der Reintegration und den damit verbundenen Herausforderungen für die Arbeit im stationären Rahmen erklärt werden.

Bei genauerem Hinsehen, wer von den Befragten sich in welcher Weise äussert, fällt zudem Folgendes auf: Neben Q13 erwähnen nur Befragte aus der gesetzlichen Sozialarbeit (Q11, Q17 und Q18) institutionsbezogene Verhinderungen wie Kostenreduktion, Zeitersparnis oder eine geringere Fehlerquote als Erfolgsaspekte von Innovationen. Diese Sensibilität kann durchaus mit dem – auch öffentlich diskutierten – Kostendruck auf die gesetzliche Sozialarbeit in Zusammenhang gebracht werden. Q13 fällt zusammen mit Q11, Q3 und Q1 durch die Benennung vielfältiger Nutzenaspekte auf. Bei Q11 konnte dies bereits in ähnlicher Weise bei Überlegungen zu möglichen Einflussfaktoren in Innovationsprozessen festgestellt werden. Q1 und Q3 sind zwei Leitungspersonen aus dem ökonomischen bzw. kaufmännischen Bereich und ohne Ausbildungshintergrund in der Sozialen Arbeit. Es ist möglich, dass Nutzenüberlegungen aufgrund ihres disziplinären Hintergrundes für sie naheliegend sind.

Einen monetären Nutzen (weniger Kosten, mehr Gewinn) von Innovationen beachten insbesondere Leitende von Institutionen der Sozialen Arbeit. Bei Q12, der einen regionalen Sozialdienst leitet, hat dies mit dem finanziellen Druck auf die Institution zu tun. Bei Q16 ist die Orientierung an einem finanziellen Nutzen durch die institutionelle Organisationsform als Aktiengesellschaft und die Gewinnbeteiligung der Mitarbeitenden bedingt. Weitaus am deutlichsten sehen die Befragten den Nutzen von Innovationen in der Sozialen Arbeit in einem immateriellen Bereich. In diesem Punkt lässt sich keine Differenz zwischen Leitenden und Mitarbeitenden der verschiedenen Institutionen ausmachen, sofern sie einen Ausbildungshintergrund in der Sozialen Arbeit haben. Ob und in welcher Art diese Nutzenorientierung in Beziehung mit der viel besprochenen Ökonomisierung des Bereichs steht, muss an dieser Stelle offen bleiben.

6.11 Zusammenfassung der Ergebnisse aus der vergleichenden Analyse

Die Ergebnisse der vergleichenden Analyse machen deutlich, dass sich Verbindungen zwischen innovationsbezogenen Aussagen und bestimmten institutionellen Kontexten bzw. Personen mit bestimmten soziodemographischen Merkmalen herstellen lassen. Die in der Analyse sichtbar werdenden Verbindungen erhärten zum einen Befunde, die bei der Aufarbeitung des Diskussionsstands festgehalten wurden. So replizieren beispielsweise die empirischen Ergebnisse, dass der Innovationsbegriff in der Sozialen Arbeit noch wenig systematisch diskutiert wird, und ein in den unterschiedlichen Praxisbereichen und Institutionen vorgefundenes Verständnis von Innovation sich eher aus der persönlichen Auffassung speist denn aus einem disziplinären Diskurs. Ebenfalls wird deutlich, dass der in der Stichprobenauswahl berücksichtigte Faktor der Position der Befragten innerhalb der Institution tatsächlich die Wahrnehmung von Innovationsprozessen mit beeinflusst: Mitarbeitende mit und solche ohne Leitungsfunktion wie auch Mitarbeitende mit langer bzw. kurzer Anstellungsdauer in einer Institution haben bei der Betrachtung von Innovationsprozessen einen anderen Fokus.

Insgesamt führt die vergleichende Analyse zu Aussagen, die Zusammenhänge aufzeigen und damit Hinweise auf weiterführende Fragestellungen beinhalten: Innovation in Form konzeptueller Neuerung oder institutioneller Differenzierung hängt mit der Grösse einer Institution zusammen. Erst ab einer bestimmten Anzahl von Mitarbeitenden (20 und mehr) scheint das Potential vorhanden zu sein, um konzeptuelle Entwicklungen voranzutreiben und grundlegend neue Angebote auszuarbeiten. Gleichzeitig ist anzunehmen, dass ab einer kritischen Zahl Mitarbeitenden die damit verbundene Trägheit der Prozesse Innovationen behindert. Forschung entfaltet für Innovationen in der Sozialen Arbeit nicht die Wirkung, die aufgrund der Entwicklungen der letzten Jahre und einem erhöhten Forschungsaufkommen erwartbar wäre. Die Zusammenarbeit mit Forschenden wird zwar von zahlreichen Befragten als wünschbar skizziert, findet aber aktuell wenig statt: Das Wissen, das Innovationen zu Grunde liegt, kann von den Befragten wenig explizit gemacht werden. Gesetzesänderungen und gesellschaftlicher Druck werden beinahe nur von Befragten aus der gesetzlichen Sozialarbeit als Auslöser für Entwicklungen und Innovationen genannt, was der Tatsache entspricht, dass diese Institutionen einem erhöhten Druck von aussen ausgesetzt sind. Dieser Exponiertheit entsprechen eine hohe Nutzenorientierung sowie die Betonung von Verhinderungsnutzen (Kostenreduktion, Zeitersparnis, usw.) für Entwicklungen und Innovationen. Ob und welche Einflussfaktoren in Innovationsprozessen identifiziert werden, scheint von der Ausbildung, der Funktion und der Anstellungsdauer der Befragten in der Institution abzuhängen. Innovationen in der Sozialen Arbeit erfüllen, je nach Institution und je nach Perspektive, unterschiedliche Funktionen. Diese können in der Erfüllung des fachlichen Auftrags begründet sein, aber beispielsweise auch im Zusammenhang mit strategischen Zielen (z.B. Sichtbarkeit und Image der Institution) stehen. Der Funktion von Innovation entspricht, welche Formen von Veränderung in der Folge als Innovation bezeichnet werden

Die Ergebnisse der vergleichenden Analyse erlauben auch Aussagen zu den in Kapitel 4.9 herausgearbeiteten Thesen. Diese werden im Rahmen des Fazits in Kapitel 7.3 ausführlich dargelegt.

7 Diskussion, Fazit und Ausblick

Die übergeordneten Fragestellungen der vorliegenden Arbeit richteten sich auf Merkmale von Innovation in der Sozialen Arbeit und auf Einflussgrössen, die Innovationsprozesse in der Sozialen Arbeit ermöglichen und begünstigen. Ein zentrales Ziel war zudem, eine theoretisch fundierte Definition von Innovation in der Sozialen Arbeit vorzulegen.

In diesem Kapitel sind zunächst die wichtigsten Ergebnisse der empirischen Untersuchung Gegenstand der Diskussion. Weiter werden die Schlüsse dargelegt, die hinsichtlich der erkenntnisleitenden Fragen (Merkmale von Innovation in der Sozialen Arbeit, innovationsermöglichende und -behindernde Faktoren) und der theoretisch hergeleiteten Thesen zu ziehen sind (Kapitel 7.1 bis 7.4). Auf dieser Grundlage wird die in Kapitel 4 vorgeschlagene Definition von Innovation in der Sozialen Arbeit in einigen wesentlichen Punkten präzisiert und ergänzt (Kapitel 7.4). Im Lichte der theoretischen Überlegungen und empirischen Erkenntnisse ergeben sich zum Thema Innovation wichtige Implikationen für die Soziale Arbeit. Ausführungen dazu finden sich in Kapitel 7.5. Im anschliessenden Ausblick wird kritisch betrachtet, welche Relevanz dem Erarbeiteten zukommt, und welches die offenen Fragen und Forschungsdesiderata zu Innovation in der Sozialen Arbeit sind. Einige persönliche Bemerkungen runden diesen Teil ab.

7.1 Innovationsverständnis und Innovationsformen

Das in der qualitativen Untersuchung herausgearbeitete Verständnis von Innovation als Prozess, als Produkt oder als Haltung gegenüber Veränderung spiegelt die in etlichen Definitionen des Begriffs wiederkehrende Unterscheidung von Entwicklung (Prozess, der zu Innovation führt) und

Produkt (Ergebnis dieses Prozesses) (Edquist 1997, Grasshoff 2008, Maier et al. 2007: 810). Dass Innovation von den Befragten ausserdem als Haltung thematisiert wird, deutet einerseits auf eine wesentliche Differenz der Sozialen Arbeit zu technischen oder gewinnorientierten Bereichen hin: Im Zentrum des Innovationsgeschehens stehen weniger Produkte als vielmehr Menschen und die Beziehungen, in welchen Innovation entsteht (Hartley 2005: 33). Darüber hinaus wird andererseits klar, dass im Zusammenspiel der Beteiligten einzelne Personen mit ihren Überzeugungen durchaus Einfluss nehmen können. Ferner heben die Befragten zum Aspekt der Neuartigkeit, der als zentrales Merkmal von Innovation gilt, die Notwendigkeit eines Vergleichs hervor und differenzieren nach dem Mass der Veränderung. Auf diese Relativität sind verschiedene Autoren eingegangen, so beispielsweise Hauschildt (2004), der bei Innovationen eine prozedurale Dimension (wo beginnt und endet die Neuerung?), eine inhaltliche Dimension (was ist neu?) und eine subjektive Dimension (für wen ist es neu?) von Neuartigkeit unterscheidet. Dass in der Sozialen Arbeit nicht in erster Linie von radikaler Neuartigkeit ausgegangen wird, stützt den Befund von Osborne, der für personenbezogene soziale Dienstleistungen überwiegend evolutionäre Innovationen (neue Dienste für gleiche Adressatinnen und Adressaten oder Anpassung bestehender Dienste für neue Zielgruppe) festgestellt hat (Osborne 1998: 1148). Das von Kraan et al. für soziale Dienste vorgebrachte Fazit, wonach viele Professionelle zwar ein neues Vorgehen oder eine neue organisatorische Praxis nennen, wenn sie nach Innovation gefragt werden, den Begriff aber ohne präzise Definition verwenden (Kraan et al. 1991: 87), ist anhand der hier vorliegenden Ergebnisse zu differenzieren: Zwar können die Befragten nicht auf eine präzise und fachlich fundierte Definition von Innovation zurückgreifen, ihr Verständnis umfasst jedoch durchaus eine Anzahl derjenigen Elemente, die sich aus der theoretischen Analyse ergeben haben.

Die als Ergebnis der empirischen Untersuchung bezeichneten unterschiedlichen Formen von Innovation in der Sozialen Arbeit (siehe Kapitel 6.3) weisen über die gängige Differenzierung von Produkt- und Prozessinnovation hinaus. Dies deckt sich mit den Aussagen von Hartley, die als weitere Formen auch die strategische Innovation oder Innovationen der Steuerungsform thematisiert (Hartley 2005: 28). Die von den Befragten genannten Formen von Innovation lassen sich als Konzepte und Verfahren sozialarbeiterischer Leistungserbringung und als deren organisatorische Rahmenbedingungen zusammenfassen, was sich als anschlussfähig an die Innovationstypologie des soziotechnischen Systemansatzes erweist, die zur Differenzierung von Innovationen den technologischen Bereich einer Organisation einerseits und den auf Struktur und Abläufe bezogenen, administrativen Bereich andererseits unterscheidet (Maier et al. 2007: 811–813). Der Blick in die Literatur bestätigt auch die in der Analyse festgestellte Interdependenz der verschiedenen Formen von Innovation. Die Rede ist dort entweder von Primär- und Sekundärinnovationen (Kanter Moss 1988: 197), von multidimensionalen Innovationen (Hartley 2005: 28) oder von einem zirkulären Innovationsverständnis, das Innovationen als soziales Geschehen und damit als komplexe Strukturänderung begreift (Bormann 2010: 51f). Während Länsisalmi et al. zum Schluss kommen, dass im Bereich von personenbezogenen Dienstleistungen Innovationen im Sinne von Verfahren überwiegen (Länsisalmi et al. 2006: 69–71), kann eine derartige Quantifizierung der Innovationsformen für die Soziale Arbeit auf der Grundlage der empirischen Ergebnisse hier nicht vorgenommen werden.

7.2 Innovationsermöglichende und -begünstigende Faktoren

Die für die vorliegende Arbeit erkenntnisleitende Frage, welche Faktoren Innovationsprozesse in der Sozialen Arbeit ermöglichen und/oder begünstigen, richtete sich auf all jene Aspekte, die mit dem Entstehen von Innovationen in Verbindung gebracht werden können. Allerdings ist zu den in der empirischen Untersuchung als Grundlagen für Innovationen kategorisierten Sachverhalten zu bemerken, dass in etlichen Publikationen zwar Faktoren bezeichnet werden, die mit dem Auftreten von Innovation in Organisationen in Verbindung gebracht werden können. Ob es sich dabei aber um Grundlagen handelt, die vor Einsetzen des Innovationsprozesses vorliegen (müssen) oder um Faktoren, die während des Innovationsprozesses wirken, bleibt zumeist unklar. Ähnliches stellt Krause fest, wenn sie anmerkt, dass die Beschreibung von Innovationsprozessen stets mit der Phase der Ideengenerierung einsetzt und fundamentale Bedingungen vernachlässigt werden (Krause 2005: 63). Aufgrund dieses Mangels werden die zum Thema vorliegenden Beiträge ausschliesslich unter dem Aspekt von Einflussfaktoren besprochen.

In der vorliegenden Studie konnte aus den verbalen Daten herausgearbeitet werden, dass die Befragten für Innovationsprozesse zwischen Auslösern innerhalb und ausserhalb der Sozialen Arbeit unterscheiden. Benannt ist damit, wo die Befragten den Ausgangspunkt für Veränderungen verorten, und zugleich, wer in ihren Augen den Veränderungsbedarf identifiziert: Nämlich entweder Akteure der Sozialen Arbeit, Personen aus einem anderen Berufsfeld, eine soziale Bewegung, die breite Öffentlichkeit oder potentielle Adressatinnen und Adressaten. Es finden sich in der Literatur derweil auch andere Differenzierungen zu den Auslösern von Veränderungen. So wird unterschieden, ob eine Einrichtung aus der Not mangelnden Erfolgs oder mangelnder Ressourcen zu Veränderungen gezwungen ist, oder ob überschüssige Ressourcen es erlauben, das Risiko einer Innovation zu tragen, und deshalb aktiv nach einem Veränderungsbedarf gesucht wird (Osborne/Brown 2005: 24–26 und 122). Gestützt auf eine Studie, die auf einer Interviewerhebung in Start-Up-Unternehmen basiert, verweisen Maier et al. auf die am häufigsten genannten Quellen für Innovation: Es handelt sich um die Auseinandersetzung der Fachkräfte mit einem bestehenden Problem, die Diskussion im Team und mit Kunden sowie die Bedürfnisse des Marktes (Maier et al. 2007: 817). Maier et al. stellen zudem fest, dass schlecht definierte Probleme, bei welchen entweder der Ausgangszustand, die weiteren Operationen und/oder der Zielzustand unklar sind, charakteristischerweise den Beginn von Innovationsprozessen markieren (ebd.). Die aus der vorliegenden Studie hervorgehenden Befunde für die Soziale Arbeit stehen also den Aussagen von Maier et al. und Osborne/Brown gegenüber, die davon ausgehen, dass ein Veränderungsbedarf stets von derjenigen Organisation festgestellt wird, die nachfolgend die Veränderung generiert.

Dies ist ein Hinweis darauf, dass die Soziale Arbeit noch zuwenig Definitionsmacht über ihre eigenen Aktivitäten und programmatischen Ausrichtungen entwickelt hat, während in anderen Feldern diese proaktive Bewegung Innovationsgelegenheiten zu suchen, selbstverständlich ist (Drucker 1998: 150–156). Ergänzende Anhaltspunkte ergeben sich aus organisationspsychologischen Erkenntnissen, die innovationsbezogenes Verhalten in Betrieben auf die Beurteilung der Situation durch Führungskräfte als veränderungsbedürftig (gemessen an einem Soll-Zustand) und veränderungsfähig (beurteilt anhand der vorliegenden materiellen und immateriellen Ressourcen) zurückführen (Krause 2005: 62f). Interessant ist die festgestellte positive Rückkoppelung dieser beiden Beurteilungsgrössen: „Mit der Zunahme der wahrgenommenen Situationskontrolle, also der erlebten Veränderungs*fähigkeit* der Situation, steigt das Anspruchsniveau." (Krause 2005: 63, Hervorhebung im Original)

Die qualitative Untersuchung hat gezeigt, dass Verfahren, die in der Sozialen Arbeit zu Innovationen führen, projektförmig organisiert und umsetzungsorientiert sind sowie institutionsinterne und/oder -externe Kooperation beinhalten, die mit einer Bündelung von Wissen bzw. dem Zusammenführen verschiedener Wissensformen einhergeht. In der Literatur werden Verfahren der Innovationsentwicklung häufig unter dem Aspekt des Innovationsmanagements besprochen. Zur Gliederung der Verfahren wird auf Phasenkonzepte zurückgegriffen, die in unterschiedlichen Variationsformen Schritte der Problemidentifikation, der Vorbereitung, der Generierung, der Beurteilung, der Umsetzung und der Stabilisierung umfassen (Maier et al. 2007: 817). Ein solchermassen breit gefasstes Modell ist zwar durchaus auch für die Soziale Arbeit anwendbar, wie in Kapitel 6.6 gezeigt wurde. Je nach Praxisfeld müssen indes weitere Aspekte mit berücksichtigt werden, weil ein lineares Modell sich als wenig realitätsnah erweist. So ist im Bereich sozialer Dienste meist keine experimentelle Versuchsphase möglich, sondern Entwicklungen können erst in ihrer faktischen Anwendung eingeschätzt werden. Ein innovatives Elaborat durchläuft deshalb bis zur Festschreibung in die Routine notwendigerweise sich wiederholende Schlaufen der Umsetzung in vorläufiger Form, der Beobachtung, der Evaluation und Anpassung. Noch fehlen für die Soziale Arbeit detaillierte Hinweise für Innovationsmodelle, die aufzeigen, wie Innovationen gestaltet und vorangebracht werden können. Zwar beschreibt der in Kapitel 4.6 vorgestellte Praxisoptimierungs-Zyklus die kooperative Wissensbildung von Forschenden zusammen mit Praktikerinnen und Praktikern in einem handlungsentlasteten Raum, doch weist dieses Modell der Wissensgenerierung mit Bezug auf Innovationen Einschränkungen auf: Es bleibt hinsichtlich der Problemidentifikation eher unspezifisch und verweist einseitig auf Forschung als Medium dazu. Es lässt die Beurteilung, ob eine Praxisoptimierung tatsächlich erfolgen konnte, weitgehend offen, da mit der vorgeschlagenen Evaluation keine über die kooperative Wissensbildung hinausgehende, vergleichende Perspektive verbunden ist. Und schliesslich bleibt das Modell auch hinsichtlich der Umsetzung und Stabilisierung des Entwickelten vage.

In der inhaltsanalytischen Auswertung der verbalen Daten konnte ein vertiefter Einblick gewonnen werden, welche Einflüsse auf Entwicklungs- und Innovationsprozesse sich in den Augen der befragten Personen förderlich oder hinderlich auswirken. Diese sollen nun gebündelt nach Einflussebene (Organisationskultur, Mitarbeitende, Leitung, Organisationsstruktur) besprochen werden.

Dass die Befragten Elemente der Organisationskultur als Einflussfaktoren in Innovationsprozessen sehen, deckt sich mit der durch Blättel-Mink hervorgehobenen allgemeinen Bedeutung der Kultur eines Kollektivs für Innovation (Blättel-Mink 2006: 79–96). Ebenso ergeben sich bei der Betrachtung einzelner Einflussfaktoren kultureller Art Übereinstimmungen zu Ergebnissen anderer Studien: Die in der vorliegenden Analyse festgestellte Bedeutung eines von Fehlertoleranz und Wertschätzung geprägten Organisationsklimas sowie der Stellenwert geteilter Visionen für den positiven Verlauf von Innovationsprozessen bzw. für das Auftreten von Innovation bestätigen die Befunde zum Management in öffentlichen Verwaltungen und Erkenntnisse der Sozialpsychologie (Osborne/Brown 2005: 81f; Streicher et al. 2009: 106f). Die vorliegende Untersuchung legt dar, dass als innovationsfördernd wahrgenommen wird, wenn Institutionen als Lerngemeinschaften und Innovation als umfassender Reflexionsprozess gelten. Dies eröffnet Bezüge zu Arbeiten, die auf den Konnex zwischen Innovation und Lernen hinweisen. Lernen wird dabei als Quelle von Innovation (Schulz 2005), als Folge davon (Perrin 2002) oder als Element in einem zyklischen Prozess (Albury 2005) verstanden. Smith zeigt auf, wie eine Orientierung am Lernen weniger Entdeckungen und Erfindungen fokussiert als problemlösende Aktivitäten, die Wissen neu kombinieren und adaptieren (Smith 2000: 10). Die Verbindung von Innovation und Lernen verweist auf nichtlineare Modelle und soziale Prozesse komplexer Systemtransformationen (Kehrbaum 2009; Kriegesmann et al. 2005). Edquist hält dazu fest, dass neben dem Lernen, im Sinne formaler Aus- und Weiterbildung und durch wissenschaftliche Forschung sich auch andere Formen von Lernen in Innovationen niederschlagen: „In many cases innovation is a consequence of various kinds of learning processes embedded in various ordinary (...) activities." (Edquist 1997: 18) Oder wie Bormann es ausdrückt, ist Innovation „ohne implizites oder explizites, deklaratives und prozedurales Wissen nicht denkbar" (Bormann 2010: 83). Befunde zu einzelnen Elementen der Organisationskultur zeigen für den Bereich der Humandienstleistungen, dass diese zu unterschiedlichen Zeitpunkten im Innovationsprozess unterschiedlich wirken. So erweist sich eine kohärente Kultur für die Identifikation von Innovationspotential zwar als abträglich, weil kontradiktorische Reibungsflächen fehlen (Jaskyte/Kisieliene 2006: 168), laufende Innovationsprozesse profitieren dagegen von der vermittelten Sicherheit und Orientierung (Hauser 1998: 248f). Wie bereits ausgeführt, erlaubt die Datengrundlage der vorliegenden Studie keine Aussagen dieser Art zum Wirkungszeitpunkt von Einflussfaktoren.

Die für die Ebene der Mitarbeitenden identifizierten Einflussfaktoren in Innovationsprozessen stützen die Befunde anderer Untersuchungen, die ebenfalls personale Eigenschaften und individuelles Verhalten mit Innovationsprozessen in Verbindung bringen. Dies gilt sowohl für die hinderlichen Faktoren (strukturelle Belastungen und persönliche Eigenschaften) (Rothman et al. 1979: 59) wie auch für die förderlichen Faktoren (fundierte Ausbildung und kontinuierliche Weiterbildung, Professionalität, kompetenter Umgang mit Wissen, Eigenschaften wie Offenheit und Lernbereitschaft) (Kimberly/Evanisko 1981: 696; Merlin-Brogniart/Moursli-Provost 2007: 21f; Streicher et al. 2009: 106). Während Kimberly/Evanisko und Merlin-Brogniart/Moursli-Provost sozialwissenschaftlich argumentieren und das Ausbildungsniveau bzw. die professionelle Vernetzung als bedeutsam hervorheben, geben Streicher et al. psychologische Persönlichkeitsaspekte an. Dass Einzelpersonen durch besondere Schaffenskraft und durch ein hohes Mass an verbindlichem Engagement in der Institution hervorstechen, führen sie auf deren intrinsische Motivation zurück. Tatsächlich scheint es gerade für den Non-Profit-Bereich angesichts geringer Möglichkeiten zu finanziellen Anreizen besonders relevant zu sein, im Zusammenhang mit Innovation auf hoch motivierte und gut qualifizierte Mitarbeitende rekurrieren zu können (Cohen 1999: 48; Perri 1993: 402). In Bezug auf Wissen und Innovation auf individueller Ebene verweisen Maier et al. darauf, dass domänenspezifisches Wissen einerseits eine hohe Bedeutung für innovatives Verhalten hat und andererseits vorhandene Wissensschemata Innovationen auch behindern können. Die Autoren kommen zum Schluss, dass Wissen flexibel nutzbar sein muss, um in Innovationsprozessen eine entsprechende Wirkung zu entfalten (Maier et al. 2007: 824).

Für die Ebene der Leitung konnte in der Analyse der verbalen Daten herausgearbeitet werden, dass sowohl Mitarbeitende wie Leitungspersonen neben einem partizipativen Führungsstil die ideelle und faktische Unterstützung von Veränderungen durch Leitende (Koordination, Förderung, Entscheidungsfreude, thematisieren von Widerständen) als förderlich erachten. Als hinderlich scheint ihnen hingegen ein unangemessenes Zeitmanagement (zu langsam oder zu schnell vollzogene Entwicklungen), eine konservative Haltung, intransparente Kommunikation und eine geringe Aufmerksamkeit für allfällige Schwierigkeiten in Innovationsprozessen. Hinsichtlich der positiven Bedeutung eines partizipativen Führungsstils für Innovationsprozesse zeigt sich eine Übereinstimmung mit einer Reihe von Autorinnen und Autoren (Axtell et al. 2000; Krause 2005; Maier et al. 2007; Shin/McClomb 1998). Es müsste jedoch genauer geklärt werden, welche konkreten Aspekte der Führung unter der Bezeichnung ‚partizipativ' subsumiert werden (Damanpour 1991: 569). Für Führungskräfte in der Wirtschaft folgert Krause aufgrund einer entsprechenden empirischen Untersuchung, dass ein partizipativ-delegierender Führungsstil gepaart mit innovationsbezogener Unterstützung (Fehlertoleranz, Kompromissbereitschaft, Anerkennung innovationsbezogener Aktivitäten) und der Weitergabe von Expertise und Fachwissen erfolgskritische Faktoren für Innovationen sind (Krause 2005: 66-75). Die von Osborne/Brown (2005: 134) oder Streicher et al. (2009: 106) festgehaltene Relevanz einer nachhaltigen Unterstützung durch die operative und strategische Leitung lässt sich mit dem Hinweis aus der vorliegenden Untersuchung in Verbindung bringen, dass sich die Nähe von Leitungspersonen zur strategischen Führung einer Organisation in Innovationsprozessen auszahlt. In den Interviews wird ferner die Verweildauer von Leitungspersonen in einer Einrichtung als Einflussgrösse im Hinblick auf Innovationen angesprochen. Aus der Metaanalyse zu Determinanten organisatorischer Innovation folgert Damanpour hierzu, dass entgegen den Erwartungen die Wahrscheinlichkeit von Innovation in einem Unternehmen mit der Verweildauer von Führungskräften nicht zunimmt, sondern vielmehr anzunehmen ist, dass neue Leitungspersonen – aufgrund einer anderen Perspektive, neuen Ideen und geringerer Verpflichtung gegenüber internen Gepflogenheiten – eher Innovationen anregen und umsetzen (Damanpour 1991: 576) .

Wie in der empirischen Untersuchung gezeigt, betreffen Einflussfaktoren, die auf der Ebene der institutionellen Organisationsstruktur innovative Entwicklungen behindern oder fördern, Prozesse der Information, Dokumentation und Evaluation sowie die Anordnung von Mitarbeitenden und Ressourcen (Finanzen, Infrastruktur). In der bereits erwähnten Metaanalyse von Damanpour wird in Übereinstimmung mit den Ergebnissen aus der vorliegenden Untersuchung zur Sozialen Arbeit offensichtlich, dass für nicht gewinnorientierte Organisationen deren Spezialisierung und Professionalität positiv mit dem Auftreten von Innovation korreliert, die Differenzierung in fachliche Einheiten hingegen nicht ins Gewicht fällt (ebd.: 576).

Für Non-Profit-Organisationen bleibt unklar, inwiefern Innovationen mit der Organisationsgrösse zusammenhängen. Während gewisse Autoren davon ausgehen, dass eine grosse Anzahl von Mitarbeitenden positiv mit der Auftretenswahrscheinlichkeit von Innovationen korreliert (Camison-Zornoza et al. 2004; Damanpour 1991; McDonald 2007), weisen Maier et al. sowie Osborne/Brown auf Kontroversen in dieser Thematik hin (Maier et al. 2007; Osborne/Brown 2005): Für einen positiven Einfluss spricht, dass in grossen Organisationen mehr Ressourcen zu Verfügung stehen, um riskantere Vorhaben voranzutreiben. Ein negativer Zusammenhang zwischen Organisationsgrösse und Innovativität wird dagegen dahingehend begründet, dass in kleinen Organisationen Abstimmungsprozesse einfacher sind, was die Akzeptanz für Neuerungen erhöht. In den verbalen Daten finden sich hinsichtlich der Institutionsgrösse beiderlei Aussagen. Interessant ist in diesem Punkt der Hinweis von Maier et al., dass die mit einer grossen Anzahl Mitarbeitenden verbundene Heterogenität nur dann positiv zum Tragen kommt, wenn sie an einen gemeinschaftlichen, konsensorientierten Kommunikationsstil gekoppelt ist, in dem Optionen nicht zu früh beurteilt werden (Maier et al. 2007: 828). Auch Damanpour unterstreicht die Bedeutung der internen Kommunikation für Innovation, doch ohne sie mit anderen Determinanten zu verbinden (Damapour 1991: 568). Bezüglich finanzieller Ressourcen und Innovation stellen Maier et al. fest, dass bei zu wenig verfügbaren Ressourcen der Spielraum für Innovation zu gering ist, bei einem Übermass an Ressourcen unter Umständen jedoch wenig gezielt in minder erfolgversprechende Projekte investiert wird (Maier et al. 2007: 832). Zur Bedeutung von Organisationsstrukturen für Innovation zeigt Kanter Moss anhand etlicher Beispiele, wie Mikroprozesse der Zusammenarbeit in übergeordnete organisatorische Konstellationen eingebettet sind. Zentral ist hierzu die Feststellung, dass „the development of innovation requires a different set of practices and different modes of organization than the management of ongoing, established operations" (Kanter Moss 1988: 170). So bedingt beispielsweise die Unvorhersehbarkeit von Innovationen eine beträchtliche organisatorische Flexibilität.

Die für die vorliegende Arbeit wichtige Frage, welche Faktoren Innovationsprozesse in der Sozialen Arbeit ermöglichen und/oder begünstigen, richtet sich einerseits auf Gegebenheiten, die die Basis für das Zustandekommen von Innovationen bilden und damit die Wahrscheinlichkeit ihres Auftretens steigern, andererseits visiert sie auch Faktoren an, die laufende Entwicklungsprozesse beeinflussen. Zusammenfassend konnten disziplinäre, institutionelle und personale Faktoren identifiziert werden, die Innovation in der Sozialen Arbeit ermöglichen und begünstigen. Vereinfacht ausgedrückt, braucht es für das Gelingen einer Innovation den geeigneten Rahmen für die Zusammenarbeit der beteiligten Personen sowie dessen adäquate Nutzung durch die Mitwirkenden aufgrund ihres Wissens, ihrer Kompetenzen, ihrer Haltungen und Werte. Entscheidend geprägt wird der Rahmen durch die Leitung einer Einrichtung sowie durch die installierten Strukturen bzw. die entstandenen Haltungen und Kulturelemente.

Angesichts des komplexen Zusammenspiels von Einflüssen auf unterschiedlichen Ebenen, ist das Verständnis, Innovationen seien unter entsprechender Berücksichtigung der relevanten Faktoren geplant herstellbar, als verkürzend abzulehnen. Ebenso kann vor diesem Hintergrund nicht von Innovationsprozessen die Rede sein, denn ob ein Entwicklungsvorhaben zu einem innovativen Ergebnis führt, lässt sich zwar beeinflussen, aber erst nachträglich schlüssig feststellen. Die Absicht einer Institution, Innovationen zu fördern, ist dennoch legitim und sollte sich darin niederschlagen, dass geeignete Bedingungen dafür realisiert bzw. Hemmnisse für Innovation identifiziert und beseitigt werden. Entsprechende Bestrebungen können sich an folgenden Fragestellungen orientieren: Ist die Innovationsfähigkeit von Mitarbeitenden über ihre formalen Kompetenzen wie auch über ihr Wissen und ihre Haltungen gegeben? Bestehen Leitungsformen, die auf Partizipation, auf koordinierende Unterstützung von Neuerungen und auf eine transparenten Thematisierung von Widerständen ausgerichtet sind? Ist die Organisationsstruktur so gestaltet, dass sie angesichts des spezifischen politischen und institutionellen Umfeldes die kontinuierliche Reflexion der Praxis ermöglicht? Sind kulturelle Bedingungen für Innovation innerhalb der Einrichtung vorhanden?

7.3 Innovation im institutionellen Kontext

Aus den empirischen Ergebnissen lassen sich Bezüge zu den theoretisch hergeleiteten und in Kapitel 4.9 festgehaltenen Thesen herstellen. Diese werden nunmehr summarisch dargelegt.

Die erste These thematisiert das Auftreten von Innovationen im Zusammenhang mit Merkmalen des Praxisbereichs bzw. der Institution und bezieht sich insbesondere auf genuin sozialarbeiterische Innovationen. Sie lautet: *Von der Sozialen Arbeit angestossene Innovationen sind eher in Praxisfeldern und Institutionen zu erwarten, die nicht in das politisch-administrative System eingebunden sind und deren Finanzierungsform eine weniger direkte politische Einflussnahme bedeutet.* Als Innovationen, die von innen und somit von der Sozialen Arbeit angestossen werden, gelten jene, die ihren Auslöser und den Kern ihrer Entwicklung im professionellen Kontext haben. Im Gegensatz dazu stellen von aussen angestossene Innovationen solche dar, die einer Sachlage geschuldet sind, die unabhängig von der Sozialen Arbeit besteht, wie beispielsweise Veränderungen seitens der Klientel, neue gesetzliche Rahmenbedingungen oder spezifische gesellschaftliche Erwartungen (vgl. Kapitel 6.5).

Zu Institutionen, die nicht Teil der öffentlichen Verwaltung sind, liegen aus der vorliegenden Untersuchung nur wenig spezifische Ergebnisse vor. Die empirischen Erkenntnisse liefern hingegen Anhaltspunkte zu Innovation in der gesetzlichen Sozialarbeit, die erlauben, die These zu differenzieren bzw. mit verändertem Fokus zu formulieren. So zeigt die inhaltsanalytische Auswertung der Daten den hohen äusseren Druck, der auf der gesetzlichen Sozialarbeit lastet und dazu führt, Innovationen in diesem Kontext als häufig von aussen angeregt wahrzunehmen. Zudem hat sich in der vergleichenden Analyse erwiesen, dass im Rahmen der gesetzlichen Sozialarbeit kaum konzeptionelle Neuerungen als Innovation erwähnt werden. Veränderungen entstehen dort vielmehr innerhalb eines konzeptuellen Rahmens, den es optimal zu nutzen gilt. Hinderlichen Faktoren auf institutioneller Ebene stehen förderliche Faktoren auf der Ebene der Mitarbeitenden und der Leitung gegenüber: Kompetenzen und Eigenschaften der Mitarbeitenden und Leitungspersonen erlauben, den eher eingeschränkten Raum für Innovation in Einrichtungen mit gesetzlichem Auftrag vorteilhaft auszugestalten. Hinsichtlich der eingangs genannten These ergibt sich folgendes Fazit: Das Auftreten von Innovationen, die genuin im Diskurs der Sozialen Arbeit verankert sind, steht nicht im Zusammenhang mit dem Finanzierungsmodus und dem Grad der Einbettung einer Institution in den politisch-administrativen Kontext. Hingegen zeigt sich, dass die institutionelle Einbettung für das Entstehen von Innovationen insofern eine Rolle spielt, als dass sie zu anderen Formen von Innovation und einer anderen Logik in Innovationsprozessen führt. Die Bedingungen für Innovation in Institutionen mit direkter Einbindung in die öffentliche Verwaltung sind andere als für Institutionen mit freier Trägerschaft oder gemischter Finanzierung, und entsprechend ist mit anderen Verläufen in Entwicklungsprozessen zu rechnen.

Auch die zweite These bezieht sich auf institutionelle Bedingungen für Innovationen: *Innovationen entstehen insbesondere in Institutionen, in denen ein hohes Bewusstsein für die Professionalität der Sozialen Arbeit besteht, diese konsequent gefördert und ein bewusster Umgang mit Wissen gepflegt wird.* Zum Zusammenhang von Professionalität und Innovation finden sich in den Ergebnissen einige Anhaltspunkte. In den Augen der Befragten gewährleistet Professionalität eine fundierte Analyse der Lebenslagen von Adressatinnen und Adressaten und führt dazu, dass Bedürfnisse im Sinne von Mängeln oder Lücken erkannt werden und die Entwicklung entsprechender Angebote sich auf Fach- und Erfahrungswissen abstützt. Die vergleichende Analyse zeigt überdies, dass Befragte mit einem Ausbildungsabschluss in Sozialer Arbeit im Gegensatz zu denjenigen ohne Diplom oder einer anderweitigen Ausbildung – mit Ausnahme erfahrener Leitungspersonen – eher in der Lage sind, eine breitgefächerte Analyse der Einflüsse in Entwicklungsprozessen vorzunehmen und auf diesem Weg innovationsrelevante Faktoren zu identifizieren. Sie besitzen zudem ein vertieftes Verständnis für Organisationsaspekte, die für Entwicklungen und Innovationen bedeutsam sein können. Wie sich anhand von Q7 und Q11 aufzeigen lässt, hat gerade die jüngere Generation ausgebildeter Sozialarbeiterinnen und Sozialarbeiter eine hohe Sensibilität für Belange der Sozialen Arbeit als Profession erworben. Die aus der vergleichenden Analyse hervorgehenden Anhaltspunkte zur zweiten These müssen jedoch relativiert werden, weil sie sich auf Personen und nicht auf institutionelle Kontexte beziehen: Es bleibt unklar, ob die Professionalität der Mitarbeitenden im institutionellen Kontext tatsächlich zum Zuge kommt, oder ob sie durch andere institutionelle Gegebenheiten überlagert wird und für Innovationsprozesse keine Wirkung entfaltet. Um weitergehende Aussagen zur zweiten These formulieren zu können, ist auf die Ergebnisse der inhaltsanalytischen Auswertung zurückzugreifen, die unter anderem auf institutionelle Grundlagen und Einflussfaktoren für Innovationsprozesse hinweisen. Als Rahmenbedingungen für innovative Entwicklungen werden eine solide Grundausbildung und breite fachliche Kompetenzen der Mitarbeitenden angegeben. Ebenso bilden kontinuierliche Weiterbildung und Supervision eine wichtige Basis für Innovationsprozesse. Damit Wissen breit zugänglich und nutzbar wird, erweist es sich als wertvoll, bisherige Verfahrensweisen und Konzepte zu dokumentieren. Die befragten Praktikerinnen und Praktiker plädieren im Zusammenhang mit Innovation deshalb für ein eigentliches Wissensmanagement. Eine hohe Professionalität der Mitarbeitenden, die kontinuierliche Reflexion der Praxis sowie die Suche nach einer effizienteren Arbeitsweise bilden eine wichtige Grundlage für Innovation in der Sozialen Arbeit. Schliesslich auch der Einbezug wissenschaftlicher Evidenz und die Zusammenarbeit mit Forschenden erwähnt, wenn es darum geht, für Innovationsprozesse Förderliches zu benennen. Als Fazit ergibt sich, dass erforderliche Grundlagen und günstige Bedingungen für Innovationen in den Institutionen vorliegen, die sich um eine professionelle Praxis der Sozialen Arbeit bzw. deren weitere Optimierung bemühen. Die vorliegenden Ergebnisse stützen die zweite These und zeigen, dass ein hohes Bewusstsein für Professionalität und ein bewusster Umgang mit Wissen das Entstehen von Innovationen positiv beeinflussen. Anzufügen bleibt, dass in neuem Wissen zwar die Möglichkeit zu Innovation schlummert, diese aber erst durch konkrete Entwicklungen und durch die Einbindung in professionelles Handeln Gestalt erhält.

Die Hinweise zu den Zusammenhängen zwischen Innovation und institutionellem Kontext lassen erkennen, dass es dabei weniger darum geht, ob in einer bestimmten Art von Organisation Innovation eher zu Stande kommt als in einer anderen, sondern vielmehr darum, sich die je nach institutionellem Kontext unterschiedlichen Bedingungen für Innovation vor Augen zu halten und diese in konkreten Bestrebungen nach Veränderung und Verbesserung angemessen zu berücksichtigen: Eine professionelle Praxis Sozialer Arbeit beinhaltet das Potential zu Innovation, weil jeglicher mit der entsprechenden Offenheit und dem erforderlichen professionellen Wissen angegangene Entwicklungsbedarf die Möglichkeit birgt, in einer Innovation zu resultieren.

7.4 Merkmale von Innovation in der Sozialen Arbeit

Die vorliegende Arbeit hat – neben der Exploration des Bedingungsgefüges für die Entstehung von Innovation in der Sozialen Arbeit – zum Ziel, konzeptuelle Klärungen für die Soziale Arbeit vorzunehmen und durch die theoretische und empirische Auseinandersetzung mit Innovation gegenstandbezogene Merkmale zu eruieren. Deshalb werden an dieser Stelle die in Kapitel 2.3 herausgearbeiteten allgemeinen Merkmale von Innovation auf die Soziale Arbeit und die in Kapitel 4 vorgeschlagene Definition von Innovation in der Sozialen Arbeit im Lichte der empirischen Ergebnisse überprüft.

Ein wesentliches Merkmal von Innovation ist deren Neuheit: Innovation steht in enger Verbindung mit Veränderung. Diese erfolgt bereits im Prozess, in dessen Verlauf eine Entwicklung realisiert wird und an dessen Anfang die Feststellung eines Veränderungsbedarfs steht. Innovationsprozesse können deshalb ebenfalls als Lernprozesse begriffen werden. Andererseits hat das aus der Entwicklungsarbeit hervorgehende, innovative Erzeugnis das Potential, verändernd auf die bisherige Praxis zu wirken. Innovation ist demgemäss sowohl Prozess als auch (materielles oder immaterielles) Produkt dieses Prozesses. Im Zusammenhang mit der Arbeitsweise in der Sozialen Arbeit und in Übereinstimmung mit den empirischen Ergebnissen kann davon ausgegangen werden, dass Einzelinitiativen zwar möglich sind, Neues jedoch kaum ohne Einbindung in ein Team oder einen umfassenderen institutionellen Kontext zustande kommen kann. Dies bedeutet, dass die Entstehung von Neuheit in der Sozialen Arbeit wissens- und zeitintensiv ist.

Neuheit muss an Neuartigkeit gekoppelt sein, damit von Innovation gesprochen werden kann. Dieses Merkmal steht zugleich in engem Bezug zur Relativität von Innovation: Zum einen muss Neuartigkeit als Diskontinuität festgestellt werden und zum anderen ist diese Feststellung nur möglich, wenn die Vergleichbarkeit zum Bisherigen gegeben ist. Da Innovation in hohem Mass paradox und voraussetzungsvoll ist, erweist sich das Auftreten oder vielmehr das Gewahrwerden von radikaler Neuartigkeit als wenig wahrscheinlich. Allerdings sind der Relativität auch Grenzen zu setzen: Die Neuartigkeit einer Innovation in der Sozialen Arbeit sollte mindestens so umfassend und dauerhaft sein, dass sie die Art und Weise des Arbeitens oder den Charakter der Organisation wesentlich verändert (Brown 2010: 3; Hartley 2005: 27). Relativität impliziert zugleich eine Innovation feststellende Instanz: Dass dabei, wie Kehrbaum fordert, ein Höchstmass an Partizipation im Rahmen einer „mitbestimmungsdominierten Innovationsdemokratie" (Kehrbaum 2009: 137) gewährleistet ist, erscheint auch für die Soziale Arbeit angebracht, denn die relevanten Vergleichsdimensionen ergeben sich sowohl aus dem Stand des Diskurses der *professional community* und der *scientific community*, wie auch aus der Wahrnehmung der adressierten Leistungsempfänger. Eine Identifikation von Innovation bedingt demnach Überblick und eine Verständigung zwischen Vertreterinnen und Vertretern beider Gemeinschaften wie auch das Einholen von Einschätzungen seitens der Klientinnen und Klienten. Innovation in der Sozialen Arbeit ist folglich stets relativ zum momentanen Stand der professionellen Entwicklung.

Die Innovationen inhärente Unsicherheit ist in der Sozialen Arbeit besonders bedeutsam, da ihre Praxis unmittelbar in das Leben von Adressatinnen und Adressaten eingreift. Die Unsicherheit erwächst aus der Sozialen Arbeit selbst, aus gesellschaftlichen Veränderungen wie auch aus der Innovation und ihrer Wirkung. Ungewissheiten oder Bedenken sind deshalb ernst zu nehmen. Damit aber die Unsicherheit von Innovationen nicht lähmend wirkt und Weiterentwicklungen verhindert, kann eine vorgängige Risikoeinschätzung die Gelegenheit zu Gegenmassnahmen schaffen. Notwendig ist ferner eine Evaluation, die Wirkungen und Wirkungsweisen der Innovation erfasst und auf diese Weise bearbeitbar macht.

Zentral für das Verständnis von Innovation in der Sozialen Arbeit ist ausserdem die Plastizität von Innovationen im Zusammenhang mit ihrer prozessualen und sozial strukturierten Entwicklung. Welche Elemente und Akteure im Kontext der Sozialen Arbeit dafür relevant sind, zeigen die Ergebnisse der empirischen Untersuchung deutlich. Sie sind auf der Ebene des Individuums (Mitarbeitende, Leitungspersonen), der Institution, der Sozialen Arbeit als Disziplin und auf der Ebene des institutionellen Umfelds und der Politik angesiedelt. Die Ausgangslage der Sozialen Arbeit, die professionelle Autonomie trotz Fremdfinanzierung zu sichern, veranschaulicht, wie problematisch unter Umständen die Plastizität von Innovationen sein kann: Die Entwicklung eines innovativen Konzepts bedeutet bei fehlenden finanziellen Ressourcen noch keine Umsetzung hin zu einer innovativen Praxis.

Aufgrund der vorliegenden empirischen Ergebnisse und der weiterführenden Überlegungen lässt sich die in Kapitel 4 vorgeschlagene Definition von Innovation in der Sozialen Arbeit überprüfen und in drei Punkten präzisieren. Sie sei zur Erinnerung nochmals aufgeführt: *Innovationen in der Sozialen Arbeit sind auf neuem oder neu kombiniertem Wissen basierende, in intendierten und kooperativen Prozessen entwickelte Organisations- und Arbeitsformen, Programme, Konzepte und Verfahren, die einen Mehrwert namentlich für Adressatinnen und Adressaten erzeugen.*

1. Die vorangegangenen Ausführungen verdeutlichen, dass das zentrale Merkmal von Innovation ihre Neuartigkeit und Erwartungswid-

rigkeit ist. Innovationen unterscheiden sich wesentlich vom vorangehenden Zustand und markieren einen qualitativen Bruch in der Praxis der Sozialen Arbeit. Diesem Element ist insofern Rechnung zu tragen, als für die Entstehung von Innovation nicht nur Wissen erforderlich ist, sondern sich auch die neuartige Qualität der auf seiner Grundlage entstandenen Erzeugnisse als bedeutsam erweist. Die Definition ist dementsprechend mit dem expliziten Hinweis auf Neuartigkeit zu ergänzen.

2. Die aus Entwicklungsprozessen in der Sozialen Arbeit hervorgehenden Erzeugnisse sind – dies hat die empirische Untersuchung offensichtlich gemacht – als Konzepte, Verfahren oder Organisationsformen zusammenzufassen. Entsprechend kann die Definition in diesem Punkt verdichtet und die Begriffe ‚Arbeitsformen' und ‚Programme' weggelassen werden.

3. Einen Wertebezug in der Definition von Innovation in der Sozialen Arbeit ausdrücklich zu erwähnen, erübrigt sich aufgrund der Tatsache, dass sich Soziale Arbeit als Profession versteht, und damit eine Orientierung an gesellschaftlichen Zentralwerten einhergeht. Gleichzeitig erweist sich eine explizite zur Abgrenzung gegenüber einer ökonomischen Innovationslogik als wichtig, da in der Sozialen Arbeit und anderen öffentlichen Diensten eine Innovation ihren Nutzen nicht einseitig für die Organisation erweisen kann, sondern sich auch am Nutzen für die Adressatinnen und Adressaten und an einem mittelfristigen Zeithorizont messen lassen muss: „In public services, however, innovation is justifiable only where it increases public value in the quality, efficiency or fitness for purpose of governance or services." (Hartley 2005: 30) Aus diesem Grunde wird der Hinweis auf den durch Innovationen entstehenden Mehrwert beibehalten und auf Adressatinnen und Adressaten hin spezifiziert.

Dies führt zu einer präzisierten Definition von Innovation in der Sozialen Arbeit: *Innovationen in der Sozialen Arbeit sind auf neuem oder neu kombiniertem Wissen basierende, in intendierten und kooperativen Prozessen entwickelte, neuartige Konzepte, Verfahren und Organisationsformen, die einen Mehrwert namentlich für Adressatinnen und Adressaten erzeugen.*

7.5 Implikationen für die Soziale Arbeit

Soll Soziale Arbeit den Begriff der Innovation inhaltlich konzis verwenden und Bestrebungen unternehmen, dieses Konzept in Wissenschaft und Praxis zur Anwendung zu bringen, sind zudem einige Überlegungen bedeutsam, die an dieser Stelle in sieben Punkten zusammengefasst werden.

1. *Innovation beschreibt Prozesse, die in der Sozialen Arbeit ohnehin stattfinden*, denn die Praxisorientierung der Sozialen Arbeit impliziert Fragen, wie sich Wissen in der Praxis umsetzen lässt und wie in der Praxis identifizierte Handlungsprobleme im Rahmen von Konzepten, Verfahren und Organisationsformen aufgegriffen und bearbeitet werden können. Überlegungen zu diesen Fragen müssen freilich nicht zwingend unter einer innovationsspezifischen Perspektive erfolgen. Sich vor Augen zu führen, in welchem Verhältnis Innovation zu ähnlichen, gleichwohl anders gelagerten Konzepten wie Professionalisierung, Organisationsentwicklung oder Projektarbeit steht, kann diesbezüglich hilfreich sein. Prozesse der Organisationsentwicklung konzentrieren sich auf die Gestaltung von Strukturen und Abläufen, von zwischenmenschlichen Kommunikations- und Verhaltensmustern, aber auch von Normen und Werten. Sie sind auf einen geplanten und längerfristigen Wandel ausgerichtet, der eine Steigerung der Produktivität einer Organisation zum Ziel hat sowie eine Verbesserung ihrer Problemlösekapazität (Grunwald 2001: 1313). Modellprojekte sind eine Form der exemplarischen und zumeist evaluierten Umsetzung eines neuen Konzepts. Im Vergleich zu Innovation beschränken sich beide Ansätze auf eine bestimmte Form von Entwicklung oder auf eine bestimmte Entwicklungsphase. Projektarbeit bezieht sich dagegen allgemein auf eine Arbeitsweise und bedeutet die in einer speziellen und befristeten Organisationsform erfolgende Bearbeitung eines Problems, für die bereits eine Zielrichtung und ein Zeitrahmen vorliegen und/oder bereichs- bzw. fachübergreifende Zusammenarbeit erforderlich ist. Projektarbeit ist nicht zuletzt auf Lernen ausgerichtet, was zugleich auf Innovation zutrifft. Am ehesten ist Innovation mit dem Professionalisierungskonzept in Verbindung zu bringen, das die Siche-

rung von Rationalitätsstandards im beruflichen Handeln angesichts der Spannung zwischen Wissensbezug und Lebenspraxis anstrebt (Dewe/Otto 2001: 1416). Innovation kann hinsichtlich der Ebene der Veränderung ebenso umfassend sein. Ihr Fokus in der Sozialen Arbeit ist zunächst spezifischer, weil eine einzelne, an eine Institution oder ein Praxisfeld gebundene Veränderung als Prozess und als Ergebnis mit handlungspraktischer Relevanz betrachtet werden kann.

2. Das Konzept der Innovation ist in der Sozialen Arbeit angekommen, unbesehen oder trotz einer noch immer bestehenden technisch-ökonomischen Ausrichtung, und muss entsprechend weiterentwickelt und differenziert werden. Wenn in der Sozialen Arbeit anhand des Innovationskonzepts verdeutlicht werden kann, dass und wie neues oder neu kombiniertes Wissen zu fundamental neuen Praktiken führt, soll und darf dies nicht bedeuten, dass die Soziale Arbeit einer kompetitiven Marktlogik unterliegt und die eigenen theoretischen Rahmenkonzepte durch ökonomisch ausgerichtete ersetzt. Ungeachtet seiner bislang anderen Prägung sollte das Innovationskonzept in der Sozialen Arbeit hingegen nicht prinzipiell abgelehnt werden. Dass es unter anderen Vorzeichen und in einer anderen Ausrichtung verwendet wird als in einem technischen und/oder gewinnorientierten Kontext, muss sich an drei Kriterien erweisen: Erstens hat die Ausrichtung an Bedarfen von Adressatinnen und Adressaten Priorität. Zweitens soll mit Innovation nicht ein Alleinstellungsmerkmal angestrebt werden, sondern die Sicherung und Verbesserung der Professionalität und Qualität Sozialer Arbeit. Drittens muss nicht nur der Innovationsbegriff in eine allgemeine theoretische Fundierung Sozialer Arbeit eingebettet werden, sondern auch die konkrete Innovation bedarf inhaltlicher Bezüge zu den Theorien des jeweiligen Praxisfeldes. Vor diesem Hintergrund ist es wichtig, dass für die Soziale Arbeit eine eigenständige Definition von Innovation besteht, welche die Eigenheiten des Feldes zum Ausdruck bringt. Noch wichtiger ist hingegen, dass es der Sozialen Arbeit gelingt, dieses Innovationsverständnis sichtbar zu machen und ihm Geltung zu verschaffen, so dass das Innovationskonzept insgesamt erweitert werden kann. Soziale Arbeit muss hier – wie in anderen Bereichen auch – Anschlussfähigkeit signalisieren, ohne Eigenständigkeit zu verlieren.

Das Interesse an innovativen Entwicklungen gilt es mit demjenigen an Arrangements von Transfer zu koppeln, so dass deren Einbettung in den disziplinären Wissensbestand erfolgen kann (Hartley 2005: 27): Professionelles Handeln in der Sozialen Arbeit ist nur begrenzt standardisierbar, denn es sind fallspezifisch und situativ Übersetzungs-, Interpretations- und Modifikationsleistungen notwendig, die den Bezug zwischen Theorie und Praxis bzw. zwischen unterschiedlichen Wissensbeständen und einer konkret interessierenden Problemlage herstellen. Dies bedeutet jedoch nicht, dass nicht auf übergeordneter Ebene an Technologien im althergebrachten Verständnis von Verfahrenskunde[13] gearbeitet werden soll. Im Zusammenhang mit Innovationen geht es dabei um die Übertragbarkeit von Konzepten, Verfahren und Strukturen aus einem Praxisfeld in ein anderes bzw. um das Anpassen einer innovativen Entwicklung für einen anderen institutionellen Kontext.

3. Innovation ist infolge ihrer relativen Aspekte und der komplexen sozialen Prozesse, die ihr zugrunde liegen, nicht planbar; hingegen ist die Herstellung geeigneter Bedingungen für Innovation möglich (Kehrbaum 2009: 35; Schulz 2005: 227–229). Deshalb ist Innovation als Zielgrösse zugunsten von Entwicklung und Verbesserung hintan zu stellen. Das handlungsentlastete Lernen im Anwendungskontext mag dabei proaktiv und reaktiv, mehr oder weniger umfassend und radikal sein, je nach Notwendigkeit und Möglichkeit (Osborne/Brown 2005: 223f). Ist dadurch ein Beitrag zu einer besseren Praxis der Sozialen Arbeit geleistet, wird sekundär, ob es sich dabei zugleich um eine Innovation handelt. Neben der Herstellung innovationsbegünstigender Bedingungen ist es ebenso wichtig, ein Instrumentarium zum Erkennen von Problemlagen, zur Generierung und Sicherung lösungsrelevanten Wissens sowie zur Realisierung der vorgeschlagenen Lösungen zu entwickeln.

4. Das Interesse an Innovation darf nicht dazu führen, die Routine gering zu schätzen. Innovation entsteht, wenn den gegensätzlichen Anforderun-

13 Altgriechisch téchne: Fähigkeit, Kunstfertigkeit, Handwerk; und altgriechisch lógos: Lehre, Vorgehensweise.

gen von Flexibilität und Offenheit auf der einen Seite und Stabilität auf der anderen Seite ausgewogen Rechnung getragen wird (Krause 2005: 75). Gleichzeitig sichert nur eine leistungsfähige Routine den Freiraum, der an anderer Stelle der Innovation und der darin eingelagerten grundlegenden Infragestellung dient (Kriegesmann et al. 2005: 126). Dies hat Konsequenzen für diejenigen Mitarbeitenden einer Einrichtung, die sich mit Entwicklungsprozessen befassen, denn sie müssen den gegensätzlichen Anforderungen von Flexibilität und Stabilität gewachsen sein. Neben der in der empirischen Untersuchung bereits herausgearbeiteten Bedeutung von fundierter Ausbildung bzw. kontinuierlicher Weiterbildung in Bezug mit Innovation erwachsen aus dieser Feststellung weitere Implikationen für Fachkräfte, die Entwicklungsprozesse leiten: Zusätzlich zu einer breiten fachlichen Expertise ist es notwendig, über Kenntnisse zur Gestaltung von Entwicklungsprozessen zu verfügen sowie sich spezifische Kompetenzen anzueignen, um an der Schnittstelle von Forschung und Praxis tätig zu sein.

5. *Innovation steht in engem Bezug zur Sozialen Arbeit als Profession und ihrem Entwicklungs- und Erkenntnisstand*; sie orientiert sich an denselben Idealen wie die Profession und unterliegt vergleichbaren Kritikpunkten. Zwei Akzente sind hierzu wichtig: Erstens darf der Innovationsbegriff in der Sozialen Arbeit nicht dazu benutzt werden, unter dem Deckmantel seiner positiven Färbung einem Spar- oder Rationalisierungsdruck Akzeptanz zu verschaffen. Zweitens ist zu beachten, dass Soziale Arbeit im Kern die Bewältigung von Ungewissheit darstellt und somit einen spezifischen Typus offener Formen von Professionalität beansprucht (Müller 2005: 741). Wissenschaft und Forschung leisten wichtige Beiträge zur Beschreibung und Analyse sozialer Probleme, zur Legitimation und Beurteilung ihrer Bearbeitung und damit zur Fundierung und Weiterentwicklung der Profession. Auch auf anderem Weg hervorgebrachtem Wissen (Erfahrungswissen, Handlungswissen, Wertwissen) ist aber die Berechtigung und die Relevanz in Entwicklungsprozessen nicht abzusprechen. Auf institutioneller Ebene ist damit auf den Stellenwert eines Wissensmanagements verwiesen: Im Hinblick auf Entwicklungen, Innovationen und die weitere Professionalisierung geht es um einen be-

stimmten Umgang mit dem Wissen, das in Einrichtungen immer schon in Gebrauch ist. Es soll explizit gemacht werden, so dass es in gebündelter, strukturierter und subjektunabhängiger Form abrufbar ist.

6. *Innovation in der Sozialen Arbeit kann nicht Selbstzweck sein*, sondern ist immer durch das Bewusstsein um ein Problem und mit dem Anliegen, dieses zu bearbeiten und zu lösen, unterfüttert (Himmelstrand 1981: 229). So gilt ein zentraler Kritikpunkt der Professionalisierung auch für Innovationen. Es handelt sich um „das Problem der demokratisch-partizipatorischen Rückbeziehung professionellen Wissens auf das Handlungswissen der Klienten" (Dewe/Otto 2001: 1417). Oder anders ausgedrückt, wäre zu fragen: Wo bleiben in Innovationen die Klientinnen und Klienten und wo die von sozialen Bewegungen artikulierten Vorschläge? Um trotz umfassender Expertise nicht zur Profession ‚über Klienten hinweg' zu verkommen, muss in der Sozialen Arbeit sichergestellt werden, dass Sichtweisen und Initiativen von Betroffenen einen angemessenen Stellenwert erhalten, ihrer Autonomie nicht professionelle Angebote übergestülpt werden und die strukturelle Förderung von Partizipationsmöglichkeiten stets mitbedacht wird. Obwohl sich das Prinzip der Co-Produktion hauptsächlich auf die Ebene handlungspraktischer Vollzüge bezieht, ist den oben genannten Gesichtspunkten auf allen Ebenen Sozialer Arbeit Rechnung zu tragen.

7. *Die offensive Verwendung des Innovationsbegriffs hat ihre Berechtigung*, um die Zuständigkeiten und Innovationspotentiale Sozialer Arbeit im Zuge sozialstaatlicher Umstrukturierung klar zu stellen (Lorenz 2006: 162). Wichtig ist dabei zweierlei: Die Einbettung in eine theoretisch fundierte Soziale Arbeit, die zugleich die Analyse gesellschaftlicher Rahmenbedingungen beinhaltet, und die Differenzierung von Innovationsrhetorik und Innovation. Die Zusammenschau der empirischen Befunde und theoretischen Aspekte zu Innovation verdeutlicht in der vorliegenden Arbeit, dass Veränderungen nicht in jedem Fall einer Innovation entsprechen. Die Rede von Innovation in einer Institution der Sozialen Arbeit kann also unterschiedliche Funktionen besitzen: Je nach Absicht und Ziel geht es nicht immer um das Vorbringen inhaltlich abschliessend geklärter Konzepte, sondern zuweilen ebenso um Signale fachlicher

Kompetenz und Zuständigkeit. Dazu eignet sich Innovation als Leitbegriff hervorragend.

7.6 Ausblick

Die vorliegende Arbeit hat die Komplexität von Innovationen aufgezeigt und versucht, im Hinblick auf die Soziale Arbeit vorliegende Erkenntnisse zu bündeln bzw. weiterführende Einsichten zu generieren. Diese Auslegeordnung vermag daher ebenfalls zu bestimmen, wo Lücken sind und künftige Arbeiten ansetzen könnten.

Sowohl die theoretischen Überlegungen wie auch die empirische Untersuchung verdeutlichen, dass Innovation in der Sozialen Arbeit nicht nur von den Professionellen einer Einrichtung gesteuert wird, sondern dass überdies institutionelle Rahmenbedingungen für die Wahrnehmung und Ausgestaltung von Veränderungsmöglichkeiten bedeutsam sind. Eine wesentliche Herausforderung besteht deshalb aktuell darin, ein theoretisches Konzept zu schaffen, das Innovation einerseits als sozialen Prozess umfassend zu erklären vermag, andererseits die Kontextbedingungen dieses Prozesses auf eine Weise einbezieht, die ihren Einfluss verdeutlichen (Kehrbaum 2009: 53f; Osborne/Brown 2005: 141). Kehrbaum plädiert dafür, eine fachspezifische Betrachtungsweise von Innovation um eine systematische und qualitative Analyse derjenigen sozialen Prozesse zu ergänzen, die letztlich Innovation hervorbringen. Er sieht darin die Möglichkeit, zum einen einen handlungsorientierten Forschungsansatz zu entwickeln und zum anderen die wissenschaftstheoretische Weiterentwicklung der Innovationsforschung zu ermöglichen: „Theoriebildung in der Innovationsforschung wird nicht um ihrer selbst Willen betrieben, sondern mit dem Ziel einer verbesserten Handlungsfähigkeit der Akteure im entsprechenden Untersuchungsbereich. (...) Das heisst, dass die Theorie den handelnden Akteuren in einem bestimmten Bereich Erklärungen liefert, bzw. Wissen zu erzeugen hilft, welche Sicherheit bei Entscheidungen geben und zur Bewältigung praktischer Handlungsprobleme in umgrenzten Bereichen des gesellschaftlichen

Lebens beitragen." (Kehrbaum 2009: 84) Die Soziale Arbeit lässt sich als Beispiel dafür verstehen, dass Innovation einerseits sektorspezifisch verstanden und erforscht werden sollte, und andererseits die gewählten Zugänge den Ausgangspunkt zur Formulierung übergreifender Modelle bilden können. Noch fehlt es an Ansätzen, anhand derer die Innovationstätigkeit in unterschiedlichen Fachgebieten verglichen werden kann. Die Soziale Arbeit eignet sich nicht zuletzt deshalb für Überlegungen in diese Richtung, weil sie als Handlungswissenschaft aufgefordert ist, den Zugewinn von Wissen zur Verbesserung ihrer Praxis einzusetzen. Sie sieht sich immer mit der Situation konfrontiert, die ein Grundmerkmal von Innovation darstellt, nämlich mit dem zur Verfügung stehenden Wissen ‚etwas zu tun'.

Für die Forschung zeigt die vorliegende Studie, dass Erkenntnisse aus der Innovationsforschung im Non-Profit- und Dienstleistungsbereich und teilweise auch aus dem ökonomischen Bereich zum Verständnis von Innovation in der Sozialen Arbeit herangezogen werden können. Sie veranschaulicht gleichzeitig, welche spezifischen Bedingungen für Innovation in der Sozialen Arbeit wirksam sind, die die Übertragbarkeit von andernorts gewonnen Erkenntnissen zu Innovation begrenzen. Was Hartley für öffentliche Dienste in Abgrenzung zu privaten Firmen einfordert, lässt sich ebenfalls auf die Soziale Arbeit übertragen: „Overall, these features suggest that the transfer of theory and empirical findings from private firms to public services is far from straightforward. Accordingly, there is a need for robust theory and evidence derived directly from the public sector. Increasingly, there is recognition that context has an impact, both directly on innovation determinants, processes and outcomes and indirectly through organizational features such as the amount of organizational resources and organizational strategy." (Hartley 2005: 33) Noch fehlen überzeugende Theorien und umfassende empirische Aussagen für Innovation in der Sozialen Arbeit. Die vorliegende Arbeit leistet einen ersten Beitrag, um die klaffende Lücke in der Innovationsforschung für diesen Bereich zu schliessen. Sie klärt den Innovationsbegriff auf theoretischer Ebene und arbeitet die Merkmale von Innovation heraus, welche die Grundlage für die weitere Operationalisierung des

Konzepts für die Soziale Arbeit bilden. Zudem werden in einem qualitativen Vorgehen das Innovationsverständnis bei Professionellen der Sozialen Arbeit und die in ihren Augen relevanten Aspekte und Einflussgrössen in Innovationsprozessen exploriert. Eine vergleichende Analyse der verbalen Daten ermöglicht erste Aussagen, welche individuellen oder institutionellen Merkmale mit einer bestimmten Sichtweise auf Innovation in Verbindung zu bringen sind. Für weiterführende Arbeiten stehen folgende Anliegen im Vordergrund:

- Die bisherigen Überlegungen zeigen, dass ein Aspekt, der die Komplexität von Innovation und ihrer Analyse für soziale und öffentliche Dienste erhöht, ihre (sozial)politische Einbettung ist, die dazu führt, dass für Einzelne oder Gruppen erbrachte Dienstleistungen auch ein öffentliches Gut darstellen, das kollektive Bestimmungen und Regeln mitgestalten. Die rechtlichen Grundlagen für öffentliche Dienste werden in politischen Prozessen entworfen, so dass Steuerungsformen auch für das Innovationsgeschehen bedeutsam sind. „(...) the scope and quality of interaction with relevant publics are crucial indicators of the prevailing norms and values of the public service and vital to understanding how the public service operationalizes change" (Osborne/Brown 2005: 60). Die Betrachtung von Innovation in der Sozialen Arbeit kann folglich nicht auf selbstreferentielle Aspekte beschränkt bleiben, sondern muss – wie auch Hartley moniert – den politischen Kontext und darauf bezogene Wirkungen von Entwicklungen in der Sozialen Arbeit miteinbeziehen: „So analysis of innovation needs to consider not just the immediate improvements in service quality and fitness for purpose, but wider issues of public value" (Hartley 2005: 34). Dazu bieten die in der empirischen Studie herausgearbeiteten Erfolgsaspekte von Innovationen in der Sozialen Arbeit (Kapitel 6.8) Anknüpfungspunkte und Orientierung.
- Dass die Entwicklung von Neuem stets auch beträchtliche Unsicherheiten beinhaltet, wurde in den vorangehenden Kapiteln offensichtlich: Das Überschreiten des geplanten Kostenrahmens, wachsende Ansprüche an Kompetenzen und Wissen der angestellten Personen, daraus erwachsende Widerstände, nicht absehbare Negativfolgen o-

der der Druck überhöhter Erwartungen können Entwicklungsvorhaben behindern oder ganz zum Scheitern bringen. Die Logik der Rechenschaftspflicht (*accountability*) und die nicht selbst erwirtschafteten Mittel mindern in der Sozialen Arbeit die Inkaufnahme von Risiken. Da die Arbeit mit Angehörigen gesellschaftlich benachteiligter Gruppen bereits in erhöhtem Mass risikobehaftet ist, sinkt die Bereitschaft zur Erprobung neuer Herangehensweisen weiter (Brown 2010). Innovation in der Sozialen Arbeit zu untersuchen, bedeutet, verstärkt Faktoren des institutionellen Umfeldes zu beleuchten, und zu eruieren, unter welchen sozial- sowie regionalpolitischen Voraussetzungen und in welchem praxisfeldspezifischen Gefüge eine Einrichtung der Sozialen Arbeit die Möglichkeit erhält bzw. beansprucht, Neues zu entwickeln und umzusetzen. Weiter interessiert, wie Risikoeinschätzungen für die Phase der Entwicklung und die Phase der Umsetzung einer Innovation in der Sozialen Arbeit vorgenommen werden und wie mit deren Ergebnissen verfahren wird.

- Eine umfassende Beschreibung und Erklärung von Innovation in einer bestimmten theoretischen Ausrichtung steht für die Soziale Arbeit noch aus. Der Blick auf die bis dato bestehenden konzeptuellen und empirischen Arbeiten zu Innovation hat gezeigt, dass einerseits systemtheoretischen Ansätze kohärente Vorschläge für theoretische Rahmenmodelle vorlegen, und andererseits auch handlungstheoretisch ausgerichtete Ansätze geeignet scheinen, für die Analyse von Innovation in der Sozialen Arbeit beigezogen zu werden. An dieser Stelle ist mit den weiterführenden Fragen nach einem heuristischen Modell zur Beschreibung von Innovationsprozessen in der Sozialen Arbeit anzuknüpfen und zu prüfen, ob deren Eigenheiten eine spezifische Modellierung notwendig machen. Die hierbei bedeutsamen Aspekte hat die vorliegende Arbeit identifiziert.
- Das Erarbeitete erlaubt festzuhalten, dass die weitverbreitete Innovationsrhetorik mit Vorteil von der inhaltlichen Arbeit am Innovationskonzept zu trennen ist. Um die in der Diskussion dennoch vorhandene, der inhärenten Verbesserungsabsicht von Innovation geschuldeten unkritischen Haltung wirksam zu begegnen, ist mit Brown dafür zu

plädieren, den Zusammenhang von Innovationen und ihrer Wirkung näher zu untersuchen: „Innovation is almost entirely presented in a positive light, as a good thing, despite there often not being evidence to support this." (Brown 2010: 5) Um hierzu empirische Aussagen machen zu können, müsste nicht nur der Wirkungsgrad und die Wirkungsweise von Innovationen näher erforscht werden, sondern auch in ihrer Umsetzung gescheiterte Neuerungen. Um diesen und ähnlich gelagerten Fragen nachzugehen, bieten Längsschnittstudien oder rekonstruktive Einzelfallstudien ein geeignetes Design.

Eine Schwierigkeit bei der Realisierung all dieser Unterfangen liegt darin, zu bestimmen, was als Innovation untersucht wird. Sofern die Feststellung, dass in einem konkreten Fall eine Innovation vorliegt, Resultat von Wahrnehmungs- und Aushandlungsprozessen ist, braucht es einen gewissen zeitlichen Abstand, um auf eindeutig als Innovation identifizierte Sachverhalte zurückgreifen zu können. Für die Forschung ergeben sich daraus methodologische Herausforderungen bezüglich einer qualitativ hinreichenden Datengrundlage. So erfordert die zeitliche Nähe der empirischen Untersuchung zu einer vermeintlichen Innovation eindeutigere Kriterien, um sie möglichst schlüssig als solche zu bestimmen. Dazu bieten die in dieser Arbeit vorgelegte Definition von Innovation in der Sozialen Arbeit sowie die Überlegungen zu spezifischen Merkmalen eine wertvolle Grundlage.

Wie jede andere empirische Studie unterliegt auch die vorliegende gewissen Limitationen: Eine Einschränkung liegt darin, dass sich die Aussagen der Befragten auf unterschiedlichste Entwicklungsprozesse beziehen, die in ihren Institutionen stattgefunden haben oder stattfinden, was dazu führt, dass das Zusammenspiel der auf unterschiedlichen Ebenen identifizierten Faktoren nicht systematisch rekonstruiert werden kann (z.B. in detaillierten Fallanalysen). Um hinsichtlich der Erhebung ihres Innovationsverständnisses nicht vorzugreifen, wurde den interviewten Expertinnen und Experten die Entscheidung überlassen, was ihnen als neuartige Entwicklung in ihrer Einrichtung oder ihrem Praxisfeld gilt. Aufgrund dieser Offenheit halten möglicherweise einige der in die Untersuchung eingegangenen Entwicklungen einem theoretisch fundierten Begriff von Innovation nicht stand. Weil sich jedoch die Aussagen in den Gesprächen nicht auf eine einzelne Entwicklung in der jeweiligen Institution beziehen, kann keine Überprüfung im Nachhinein stattfinden. Wie oben dargelegt, müssten künftige Arbeiten hier Wege finden, um im Voraus und kriteriengeleitet Konzepte, Verfahren und Organisationsformen zu bestimmen, bei denen es sich um Innovationen handelt.

Da die empirische Untersuchung nicht als Analyse von Fallstudien konzipiert wurde, können zu einzelnen Aspekten keine Aussagen gemacht werden. Zu welchem Zeitpunkt die identifizierten Einflussfaktoren in Entwicklungsprozessen ihre Wirkung entfalten, in welcher Art und Weise sie wirken und in welcher Interdependenz sie stehen (Maier et al. 2007: 835), muss angesichts der weitgehend explorativen Herangehensweise offen bleiben. Ebenso ist es nicht möglich, die Einflussfaktoren in ihrer Bedeutung zu gewichten, wie beispielsweise Rothman et al. (1979: 59f) es tun. Diesen Begrenzungen angemessen zu begegnen, würde bedeuten, entweder primär das soziale System, in dem die Innovation stattfindet, zu untersuchen, wie dies Bormann (2010) mittels Diskusanalyse tut, oder aber die Chronologie des Prozesses zu betrachten, wie es Butzin/Widmaier (2007) mit dem methodischen Ansatz der Innovationsbiographien vorschlagen. Dabei könnte der Frage, welche Art von Wissen wann relevant wird, mehr Beachtung geschenkt werden. Der Logik der Sache entsprechend, müsste dies in einem rekonstruktiven Verfahren bzw. im Rahmen einer Langzeitstudie geschehen. Dabei auf die Grounded Theory zu rekurrieren, eröffnet die Möglichkeit, ein theoretisches Rahmenmodell zu erarbeiten, das die Zusammenhänge zwischen Einflussfaktoren auf verschiedenen Ebenen erfassen und die Beziehungen zwischen vermittelnden Mechanismen bzw. Kontextvariablen verdeutlichen kann (Bormann 2010; Kehrbaum 2009: 54f und 80–86; Maier et al. 2007: 844).

Die Annahme, dass Strukturmerkmale des institutionellen Kontextes die Wahrnehmung und Gestaltung von Entwicklungsprozessen und von Innovation entscheidend beeinflussen, hat sich in der vergleichenden Analyse erhärtet. Aufgrund der Resultate von Damanpour zu privatwirtschaftlichen Unternehmen (Damanpour 1991: 578) und der Zusammenschau von Maier et al. (2007: 844) ist darüber hinaus anzunehmen, dass sich auch die Wirkung der Einflussfaktoren je nach Art der Innovation und nach Organisationstypus unterscheidet. Ein künftiger systematischer Vergleich auf dieser Ebene würde bedingen, neben der gesetzlichen und der freiwilligen Sozialen Arbeit weitere Finanzierungs- und Organisationsformen als Idealtypen klarer herauszuarbeiten und mit Innovations- bzw. Entwicklungsprozessen in Verbindung zu bringen.

7.7 Schlussbemerkungen

Während den Arbeiten an der vorliegenden Dissertation hat die intensive Auseinandersetzung mit Innovation dazu geführt, dass gewisse Selbstverständlichkeiten einer zunehmend kritischen Haltung gewichen sind. Noch augenfälliger als zuvor ist beispielsweise die unreflektierte, aber wohl (werbe)wirksame Verwendung des Begriffs in vielerlei Kontexten. Innovation erwies sich ausserdem als ‚scheuer' Begriff, da der Eingrenzung des abstrakten Konzepts immer wieder das Abgleiten in besagten rhetorischen Raum drohte, in welchem Innovation vor allem als Bild wirkt. Innovation vermittelt in der Tat ein starkes Bild. Einem Bild zu folgen, kann freilich weder für die Soziale Arbeit noch für andere wissenschaftliche Disziplinen legitim sein. Die gesellschaftliche Semantik, in der Innovation eingebettet ist, erfordert vielmehr, dass Soziale Arbeit das Konzept inhaltlich präzise bestimmt und theoretisch verankert, wenn sie sich seiner bedienen will, ohne inhaltsleere und damit wertlose Vorschusslorbeeren an Entwicklungen zu vergeben und ohne ihre Fachlichkeit preiszugeben.

Literaturverzeichnis

Acham, Karl (2003). Zu den Bedingungen der Entstehung von Neuem in der Wissenschaft. In: Berka, Walter/Brix, Emil/Smekal, Christian (Hg.). Woher kommt das Neue? Wien/Köln/Weimar: Böhlau. S. 1–28.

Aderhold, Jens (2005). Gesellschaftsentwicklung am Tropf technischer Neuerungen? In: Aderhold, Jens/John, René (Hg.). Innovation – Sozialwissenschaftliche Perspektiven. Konstanz: UVK Verlagsgesellschaft. S. 13–32.

Aderhold, Jens (2009). Rationalities of Innovation. In: Roth, Steffen (Hg.). Non-technological and non-economic innovations. Bern: Peter Lang. S. 161–194.

Aderhold, Jens/John, René (2005). Ausgangspunkt – Innovation zwischen Technikdominanz und ökonomischem Reduktionismus. In: Aderhold, Jens/John, René (Hg.). Innovation – Sozialwissenschaftliche Perspektiven. Konstanz: UVK Verlagsgesellschaft. S. 7–10.

Aderhold, Jens/John, René (2006a). Neuheit als Problem der Gesellschaft. Zur Bedeutung eines problematisierenden Selbstverständnisses einer Wissenschaft. In: Trans. Internet-Zeitschrift für Kulturwissenschaften. 16. Jg. (7). URL: www.inst.at/trans/16Nr/07_2/aderhold_john.htm [Zugriffsdatum: 26.2.2011].

Aderhold, Jens/John, René (2006b). Bericht: Dominierende Innovationsdiskurse zwischen gesellschaftlicher Relevanz und Ignoranz. In: Trans. Internet-Zeitschrift für Kulturwissenschaften. 16. Jg. (7). URL: www.inst.at/trans/16Nr/07_2/aderhold_bericht_16.htm [Zugriffsdatum: 26.2.2011].

Albury, David (2005). Fostering Innovation in Public Services. In: Public Money & Management. 25. Jg. (1). S. 51–56.

Anderson, Neil/de Dreu, Carsten K.W./Nijstad, Bernard A. (2004). The routinization of innovation research: a constructively critical review of the state-of-the-science. In: Journal of Organizational Behaviour. 25. Jg. S. 147–173.

Appel, Wolfgang/Schwaab, Carsten (1999). Change-Management: Instrumente und Gestaltungsempfehlungen aus der Praxis. In: Staminski, Helmut/Bronner, Rolf (Hg.). Evolution steuern – Revolution planen: Über die Beherrschbarkeit von Veränderungsprozessen. Bonn: InnoVatio Verlag. S. 165–189.

Aregger, Kurt (1976). Innovation in sozialen Systemen. Bern/Stuttgart: Haupt.

Arendt, Hannah (1994). Über die Revolution. 4. Aufl. München/Zürich: Piper.

Arendt, Hannah (1996). Vita activa oder Vom tätigen Leben. 8. Aufl. München/Zürich: Piper.

Armbruster, Heidi/Bikfalvi, Andrea/Kinkel, Steffen/Lay, Gunter (2008). Organizational innovation: The challenge of measuring non-technical innovation in large-scale surveys. In: Technovation. 28. Jg. S. 644–657.

Assmann, Aleida (1994). Das Problem des Neuen und seine kulturgeschichtlichen Rahmenbedingungen. In: Nowotny, Helga (Hg.). Innovation: Kreativität in Kunst und Wissenschaft. Wien: Internationales Forschungszentrum Kulturwissenschaften. S. 43–53.

Axtell, Carolyn M./Holman, David J./Unsworth, Kerrie L./Wall, Toby D./Waterson, P.E./Harrington, E. (2000). Shopfloor innovation: Facilitationg the suggestion and implementation of ideas. In: Journal of Occupational and Organizational Psychology. 73. Jg. S. 265–285.

Baitsch, Christoph/Aderhold, Jens/Schulz, Klaus-Peter/Beelitz, Nicola (2000). Innovationsmanagement – ein praktisches Studium. Bericht von einer Innovation in Sachsen. In: Berendt, Brigitte (Hg.). Handbuch Hochschullehre 26. Berlin: Joseph Raabe. S. 1–14.

Bauer, Reinhold (2006). Gescheiterte Innovationen. Fehlschläge und technologischer Wandel. Frankfurt/New York: Campus.

Bauer, Rudolph (2001). Personenbezogene Soziale Dienstleistungen. Wiesbaden: Westdeutscher Verlag.

Baumann, Zygmunt (1995). Moderne und Ambivalenz. Das Ende der Eindeutigkeit. Frankfurt: Fischer.

Bechmann, Gotthard/Grunwald, Armin (1998). "Was ist das Neue am Neuen, oder: wie innovativ ist Innovation?". In: TA-Datenbank-Nachrichten. 7. Jg. (1). S. 4–11.

Beck, Ulrich (2001). Risikogesellschaft. Auf dem Weg in eine andere Moderne. Frankfurt: Suhrkamp.

Beck, Ulrich/Giddens, Anthony/Lash, Scott (2003). Reflexive Moderne. Eine Kontroverse. 4 Aufl. Frankfurt: Suhrkamp.

Becker-Lenz, Roland (2007). Soziale Innovation: Begriffsbestimmung und konzeptionelle Überlegungen im Hinblick auf Professionen. In: Hochschule für Soziale Arbeit FHNW (Hg.). Soziale Innovation. Olten. S. 75–84.

Beelitz, Nicola/Schulz, Klaus-Peter (2000). Merkmale erfolgreicher Innovationsprozesse. Befragungsergebnisse aus fünf Jahren. Arbeitspapier Nr. 17. Chemnitz: TU Chemnitz, Lehrstuhl für Management des technischen Wandels und Personalentwicklung.

Bender, Gerd (2001). Einleitung. In: Bender, Gerd (Hg.). Neue Formen der Wissenserzeugung. Frankfurt a.M.: Campus. S. 9–21.

Bitzan, Maria (2008). Praxisforschung, wissenschaftliche Begleitung, Evaluation: Erkenntnis als Koproduktion. In: Becker, Ruth/Kortendieck, Beate (Hg.). Handbuch Frauen- und Geschlechterforschung. 2. Aufl. Wiesbaden: VS Verlag. S. 336–342.

Blättel-Mink, Birgit (2006). Kompendium der Innovationsforschung. Wiesbaden: VS-Verlag.

Bode, Ingo (2005). Soziale Innovationen als Etikettenschwindel? Re-Organisationsstrategien von Krankenkassen zwischen Wunsch und Wirklichkeit. In: Aderhold, Jens/John,

René (Hg.). Innovation – Sozialwissenschaftliche Perspektiven. Konstanz: UVK Verlagsgesellschaft. S. 173–190.

Boden, Margaret (1994) (Hg.). Dimensions of Creativity. Cambridge/London: MIT Press.

Boden, Mark/Miles, Ian (2000) (Hg.). Services and the Knowledge-Based Economy. London/New York: Continuum.

Bogner, Alexander/Menz, Wolfgang (2005). Das theoriegeleitete Experteninterview. In: Bogner, Alexander/Littig, Beate/Menz, Wolfgang (Hg.). Das Experteninterview. Theorie, Methode, Anwendung. Wiesbaden: VS Verlag. S. 33–70.

Bormann, Inka (2011). Zwischenräume der Veränderung. Innovationen und ihr Transfer im Feld von Bildung und Erziehung. Wiesbaden: VS Verlag.

Braun-Thürmann, Holger (2004). Zum sozialwissenschaftlichen Verständnis von Innovationen. In: Planungsrundschau. 9. Jg. S. 9–17.

Braun-Thürmann, Holger (2005). Innovation. Bielefeld: transcript Verlag.

Briken, Kendra (2006). Denkweisen von Innovation. In: Trans. Internet-Zeitschrift für Kulturwissenschaften (16). URL: http://www.inst.at/trans/16Nr/07_2/briken16.htm [Zugriffsdatum: 26.2.2011].

Brown, Louise (2010). Balancing Risk and Innovation to Improve Social Work Practice. In: British Journal of Social Work. 40. Jg. (1). S. 1–18.

Butzin, Anna/Widmaier, Brigitta (2008). Innovationsbiographien. In: Institut Arbeit und Technik (Hg.). Jahrbuch 2007. Gelsenkirchen. S. 44–51.

Cames, Martin/Schumacher, Katja (2003). Innovation in der ökonomischen Theorie. In: Innovation. An integrated concept for the study of transformation in electricity systems. S. 8–16. URL: http://www.tips-project.org/ [Zugriffsdatum: 26.2.2011].

Camison-Zornoza, César/Lapiedra-Alcami, Rafael/Segarra-Cipres, Mercedes/Boronat-Navarro, Montserrat (2004). A meta-analysis of innovation and organization size. In: Organization Studies. 25. Jg. (3). S. 331–361.

Castoriadis, Conélius (1991). Der Zustand des Subjekts heute. In: Pechriggl, Alice/Reitter, Karl (Hg.). Die Institution des Imaginären. Wien/Berlin: Turia+Kant. S. 7–53.

Cloutier, Julie (2003). Qu'est-ce que l'innovation sociale? Montréal: Bibliothèque nationale du Canada.

Cohen, Burton J. (1999). Fostering Innovation in a Large Human Service Bureaucracy. In: Administration in Social Work. 23. Jg. (2). S. 47–58.

Comeau, Yvan/Duperré, Martine//Caillouette, Jacques (2007). Axe 2 – Conditions de vie. In: Klein, Jean-Louis/Harrisson, Denis (Hg.). L'innovation sociale. Québec: Presses de l'Université. S. 361–376.

Commission of the European Communities (2007). Towards a European strategy in support of innovation in services: Challenges and key issues for future actions. URL: www.ec.europa.eu/enterprise/newsroom/cf/document.cfm?action=display&doc_id=537 [Zugriffsdatum: 26.2.2011].

Conger, Stuart D. (2002). Social Inventions. In: Innovation Journal Online. URL: www.innovation.cc/books/social-inventions-isbn.pdf [Zugriffsdatum: 26.2.2011].

Coulon, Fabrice (2005). The use of social network analysis in innovation research: A literature review. In: DRUID Academy. URL: http://www2.druid.dk/conferences/viewabstract.php?id=2530&cf=17 [Zugriffsdatum: 26.2.2011].

Damanpour, Fariborz (1991). Organizational innovation: A meta-analysis of effects of determinants and moderators. In: Academy of Management Journal. 34. Jg. (3). S. 555–590.

de Brentani, Ulrike (1989). Success and failure in new industrial services. In: Journal of Product Innovation Management. 6. Jg. (6). S. 239–258.

Denison, Daniel R. (1990). Corporate Culture and Organizational Effectiveness. New York: Wiley.

Detert, James R./Schroeder, Roger G./Mauriel, John J. (2000). A Framework for linking culture and improvement initiatives in organizations. In: Academy of Management Review. 25. Jg. (4). S. 850–863.

Deutsch, Karl W. (1985). On Theory and Research in Innovation. In: Merritt, Richard L./Merritt, Anna J. (Hg.). Innovation in the Public Sector. Beverly Hills: Sage. S. 17–35.

Dewe, Bernd/Otto, Hans-Uwe (2001). Profession. In: Otto, Hans-Uwe/Thiersch, Hans (Hg.). Handbuch Sozialarbeit Sozialpädagogik. Neuwied/Kriftel: Luchterhand. S. 1399–1423.

Dewey, John (2002). Wie wir denken. Zürich: Pestalozzianum.

Drucker, Peter F. (1998). The Discipline of Innovation. In: Harvard Business Review. 77. Jg. (6). S. 149–157.

Düx, Wiebken (2002). Innovationen in der Kinder- und Jugendarbeit. In: Düx, Wiebken/Rauschenbach, Thomas/Züchner, Ivo (Hg.). Innovation in der Kinder- und Jugendarbeit. Bd. 1. München: Votum. S. 13–21.

Düx, Wiebken/Rauschenbach, Thomas/Züchner, Ivo (2002). Praxisinnovationen – Vorstellung ausgewählter innovativer Projekte in NWR. In: Düx, Wiebken/Rauschenbach, Thomas/Züchner, Ivo (Hg.). Innovation in der Kinder- und Jugendarbeit. Bd. 1. München: Votum. S. 39–120.

Edquist, Charles (1997). Systems of Innovation. Technologies, Institutions and Organizations. London: Pinter Publishers.

Edvardsson, Bo/Olsson, Jan (1996). Key Concepts for New Service Development. In: The Service Industries Journal. 16. Jg. (2). S. 140–164.

Edvardsson, Bo/Haglund, Lars/Mattsson, Jan (1995). Analysis, planning, improvisation and control in the development of new services. In: International Journal of Service Industry Management. 6. Jg. (2). S. 24–35.

Fagerberg, Jan/Mowery, David C./Nelson, Richard R. (2005) (Hg.). The Oxford Handbook of Innovation. Oxford: University Press.

Fischer, Corinna (2003). Soziale Innovation. In: Innovation. An integrated concept for the study of transformation in electricity systems. S. 22–25. URL: http://www.tips-project.org/ [Zugriffsdatum: 26.2.2011].

Flick, Uwe (1995). Qualitative Forschung. Theorie, Methoden, Anwendung in Psychologie und Sozialwissenschaften. Reinbek: Rowohlt.

Flipo, Jean-Paul (2001). L'innovation dans les activités de service. Une démarche à rationaliser. Paris: Editions d'Organisation.

Freeman, Chris (1996). The greening of technology and models of innovation. In: Technological Forecasting and Social Change. 53. Jg. (1). S. 27–39.

Fuchs-Heinritz, Werner/Lautmann, Rüdiger/Rammstedt, Otthein/Wienold, Hanns (2007). Lexikon zur Soziologie. 4., grundlegend neu überarbeitete Aufl. Wiesbaden: VS Verlag.

Füssenhäuser, Cornelia/Thiersch, Hans (2001). Theorien der Sozialen Arbeit. In: Otto, Hans-Uwe/Thiersch, Hans (Hg.). Handbuch Sozialarbeit Sozialpädagogik. Neuwied/Kriftel: Luchterhand. S. 1876–1900.

Gadrey, Jean/Gallouj, Faiz/Weinstein, Olivier (1995). New modes of innovation: How services benefit industry. In: International Journal of Service Industry Management. 6. Jg. (3). S. 4–16.

Gallouj, Camal/Gallouj, Faiz (2000). Neo-Schumpeterian Perspectives on Innovation in Services. In: Miles, Ian/Boden, Mark (Hg.). Services and the Knowledge-Based Economy. London/New York: Continuum. S. 21–37.

Gallouj, Faiz (2002). Innovation in the Service Economy: The new Wealth of Nations. Cheltenham: Edward Elgar

Gallouj, Faiz (2000). Beyond Technological Innovation: Trajectories and Varieties of Service Innovation. In: Miles, Ian/Mark, Boden (Hg.). Services and the Knowledge-Based Economy. London/New York: Continuum. S. 129–145.

Gemperle, Michael/Streckeisen, Peter (2007). Einleitung zur Diskussion über die Wissensgesellschaft. In: Gemperle, Michael/Streckeisen, Peter (Hg.). Ein neues Zeitalter des Wissens? Kritische Beiträge zur Diskussion über die Wissensgesellschaft. Zürich: Seismo. S. 9–60.

Gibbons, Jane C. (1990). Family Support and Prevention: Studies in Local Areas. London: Her Majesty's Stationery Office (HMSO).

Gibbons, Michael/Limoges, Camille/Nowotny, Helga/Schwartzman, Simon/Scott, Peter/Trow, Martin (1994). The new production of knowledge. The dynamics of science and research in contemporary societies. London: Sage.

Gillwald, Karin (2000). Konzepte sozialer Innovation Wissenschaftszentrum Berlin.

Glaser, Barney G./Strauss, Anselm L. (1979). The Discovery of Grounded Theory: Strategies for Qualitative Research. 10. Aufl. Chicago: Aldine.

Glaser, Barney G./Strauss, Anselm L. (2005). Grounded Theory. Strategien qualitativer Sozialforschung. 2. Aufl. Bern: Hans Huber.

Goes, James B./Park, Seung H. (1997). Interorganizational Links and Innovation: The Case of Hospital Services. In: Academy of Management Review. 40. Jg. (3). S. 673–696.

Gogolin, Ingrid/Tippelt, Rudolf (2003) (Hg.). Innovation durch Bildung. Beiträge zum 18. Kongress der Deutschen Gesellschaft für Erziehungswissenschaft. Opladen: Leske+Budrich.

Gopalakrishnan, Shanthi/Damanpour, Fariborz (1997). A Review of Innovation Research in Economics, Sociology and Technology Management. In: International Journal of Management Science. 25. Jg. (1). S. 15–28.

Grasshoff, Gerd (2008). Innovation – Begriffe und Thesen. In: Grasshoff, Gerd/Schwinges, Rainer C. (Hg.). Innovationskultur. Von der Wissenschaft zum Produkt. Zürich: vdf Hochschulverlag. S. 13–31.

Gredig, Daniel (2004). IPE-Programm "Evidence-based Intervention Development" EBID. In: Fachhochschule Aargau Nordwestschweiz (Hg.). F&E Review 2003. S. 11.

Gredig, Daniel (2005). The co-evolution of knowledge production and transfer. Evidence-based intervention development as an approach to improve the impact of evidence on social work practice. In: Sommerfeld, Peter (Hg.). Evidence-based social work - Towards a new professionalism? Bern/Berlin: Lang. S. 175–200.

Grossmann, Karin (2005). Richtungswechsel in der Stadtentwicklung – Stadtumbau als soziale Innovation. In: Aderhold, Jens/John, René (Hg.). Innovation. – sozialwissenschaftliche Perspektiven. Konstanz: UVK Verlagsgesellschaft. S. 243–256.

Grunwald, Armin (2001). Organisationsentwicklung/-beratung. In: Otto, Hans-Uwe/ Thiersch, Hans (Hg.). Handbuch Sozialarbeit Sozialpädagogik. Neuwied/Kriftel: Luchterhand. S. 1312–1316.

Gutmann, Mathias/Weingarten, Michael (1998). Überlegungen zu Innovation und Entwicklung. In: TA-Datenbank-Nachrichten. 7. Jg. (1). S. 10–20.

Hamburger, Franz (2003). Einführung in die Sozialpädagogik. Stuttgart: Verlag W. Kohlhammer.

Hardy, Brian/Turrell, Adrian/Wistow, Gerald (1989). Innovations in management arrangements. Loughborough Centre for Research on Social Policy CRSP.

Hartley, Jean (2005). Innovation in Governance and Public Services: Past and Present. In: Public Money & Management. 25. Jg. (1). S. 27–34.

Hauschildt, Jürgen (2004). Innovationsmanagement. 3. Aufl. München: Vahlen.

Hauser, Markus (1998). Organizational culture and innovativeness of firms: an integrative view. In: International Journal of Technology Management. 16. Jg. (1). S. 239–255.

Heidenreich, Martin (1997). Zwischen Innovation und Institutionalisierung. In: Blättel-Mink, Birgit/Renn, Ortwin (Hg.). Zwischen Akteur und System. Die Organisierung von Innovation. Opladen: Westdeutscher Verlag. S. 177–206.

Heidenreich, Martin (2003). Die Debatte um die Wissensgesellschaft. In: Böschen, Stefan/Schulz-Schaeffer, Ingo (Hg.). Wissenschaft in der Wissensgesellschaft. Opladen: Westdeutscher Verlag. S. 25–51.

Helfferich, Claudia (2004). Die Qualität qualitativer Daten. Wiesbaden: VS Verlag.

Helmig, Bernd/Bärlocher, Christoph/von Schnurbein, Georg (2009). Defining the Nonprofit Sector: Switzerland. URL: http://www.ccss.jhu.edu/pdfs/CNP_Working_Papers/CNP_WP46_Switzerland_2009.pdf. [Zugriffsdatum: 26.2.2011].

Henderson, Hazel (1993). Social Innovation and Citizen Movements. In: Futures. 25. Jg. (3). S. 322–338.

Hildenbrand, Bruno (2000). Anselm Strauss. In: Flick, Uwe/von Kardoff, Ernst/Steinke, Ines (Hg.). Qualitative Forschung. Ein Handbuch. Reinbek: Rowohlt Taschenbuch. S. 32–41.

Hillmann, Karl-Heinz (2007). Wörterbuch der Soziologie. 5., vollständig überarbeitete und erweiterte Aufl. Stuttgart: Alfred Kröner.

Himmelstrand, Ulf (1981). Innovative processes in social change: theory, method and social practice. In: International Social Science Journal. 23. Jg. (2). S. 227–247.

Hipp, Christiane/Grupp, Hariolf (2005). Innovation in the service sector: The demand for service-specific innovation measurement concepts and typologies. In: Research Policy. 34. Jg. (4). S. 517–535.

Hoffmann-Riem, Christa (1980). Die Sozialforschung einer interpretativen Soziologie. In: Kölner Zeitschrift für Soziologie und Sozialpsychologie. 32. Jg. S. 339–372.

Homfeldt, Hans Günther/Schulze-Krüdener, Jörgen (2000). Wissensgesellschaft als Herausforderung für die Soziale Arbeit? Eine einführende Problemskizze. In: Homfeldt, Hans Günther/Schulze-Krüdener, Jörgen (Hg.). Wissen und Nichtwissen. Herausforderungen für die Soziale Arbeit in der Wissensgesellschaft. Weinheim/München: Juventa. S. 9–20.

Hopf, Christel (1979). Soziologie und qualitative Sozialforschung. In: Hopf, Christel/Weingarten, Elmar (Hg.). Qualitative Sozialforschung. Stuttgart: Klett-Cotta. S. 11–37.

Howells, Jeremy (2000). Innovation Collaboration and Networking: A European Perspective. London: Science Policy Support Group.

Hüttemann, Matthias/Sommerfeld, Peter (2007). Forschungsbasierte Praxis. Professionalisierung durch kooperative Wissensbildung. In: Sommerfeld, Peter/Hüttemann, Matthias (Hg.). Evidenzbasierte Soziale Arbeit. Nutzung von Forschung in der Praxis. Baltmannsweiler: Schneider Verlag Hohengehren. S. 40–57.

Ibert, Oliver (2004a). Zu Arbeitsweise und Reichweite innovationsgenerierender Planungsverfahren. In: Planungsrundschau. 9. Jg. S. 18–43.

Ibert, Oliver (2004b). Soziale Innovationen als 'bösartige Probleme'. Lehren aus einem Modellprojekt zur Integration von Migrantinnen und Migranten. In: Wiechmann, Thorsten/Fuchs, Oliver (Hg.). Planung und Migration. Determinanten, Folgen und raumplanerische Implikationen von sozialräumlicher Mobilität. Hannover: ARL-Arbeitsmaterial. S. 100–109.

Jaeckel, Monika (2003). Soziale Innovation durch Forschung – das Beispiel "Mütterzentrum". In: Diskurs. 13. Jg. (1). S. 51–52.

Jallat, Frédéric (1994). Innovation dans les services: les facteurs de succès. In: Décisions Marketing. (2). S. 23–30.

Jaskyte, Kristina (2004). Transformational Leadership, Organizational Culture, and Innovativeness in Nonprofit Organizations. In: Nonprofit Management & Leadership. 15. Jg. (2). S. 153–168.

Jaskyte, Kristina/de Riobo, Maria Susana (2004). Characteristics of Innovative Nonprofit Organizations in Argentina. In: Voluntas: International Journal of Voluntary and Nonprofit Organizations. 15. Jg. (1). S. 71–79.

Jaskyte, Kristina/Kisieliene, Audrone (2006). Organizational innovation. A comparison of nonprofit human-service organizations in Lithuania and the United States. In: International Social Work. 49. Jg. (2). S. 165–176.

Jaskyte, Kristina/Lee, Minhong (2006). Interorganizational Relationships: A Source of Innovation in Nonprofit Organizations? In: Administration in Social Work. 30. Jg. (3). S. 43–54.

Joas, Hans (1991). Institutionalisierung als kreativer Prozess. Zur politischen Philosophie von Cornelius Castoriadis. In: Müller-Doohm, Stefan (Hg.). Jenseits der Utopie. Theoriekritik der Gegenwart. Frankfurt: Suhrkamp. S. 339–363.

Joas, Hans (1992). Die Kreativität des Handelns. Frankfurt: Suhrkamp.

John, René (2002). Innovation im evolutionären Wandel. Zur Beobachtung des Neuen in Organisationen. URL: http://www.isinova.org/downloads/Bzs-02.pdf [Zugriffsdatum: 14.4.2010].

Kanter Moss, Rosabeth (1988). When a thousand flowers bloom: structural, collective, and social conditions für innovation in organization. In: Research in Organizational Behaviour. 10. Jg. S. 169–211.

Kaudela-Baum, Stephanie/Scheiber, Lukas/Holzer, Jacqueline/Nagel, Erik/Wolf, Patricia/Kocher, Pierre-Yves (2008). Innovation. Zwischen Steuerung und Zufall. In: Arbeitsbericht IBR. URL: www.hslu.ch/ibr_neuerscheinung_innovation_001_2008.pdf [Zugriffsdatum: 16.7.2009].

Kehrbaum, Tom (2009). Innovation als sozialer Prozess. Wiesbaden: VS Verlag.

Kelle, Udo (2007). Die Integration qualitativer und quantitativer Methoden in der empirischen Sozialforschung. Theoretische Grundlagen und methodologische Konzepte. Wiesbaden: VS Verlag.

Kimberly, John R./Evanisko, Michael J. (1981). Organizational Innovation: The Influence of Individual, Organizational, and Contextual Factors on Hospital Adoption of Technological and Administrative Innovations. In: Academy of Management Journal. 24. Jg. (4). S. 689–713.

Kissling, Ingrid (2008). Referat anlässlich der Innovationswerkstatt von KTI und SAGW vom 28.5.2008. Bern. URL: http://www.sagw.ch/de/sagw/veranstaltungen/follow-up-2008/fu_kti_sagw.html.

Kraan, Robert J./Baldock, John/Davies, Bleddyn/Evers, Adalbert/Johansson, Lennarth/Knapen, Martin/Thorslund, Mats/Tunissen, Catherine (1991). Care for the Elderly. Significant Innovations in three European Countries. Frankfurt/Boulder: Campus/Westview.

Krause, Diana E. (2005). Innovationsförderliche Führung – Eine empirische Analyse. In: Zeitschrift für Psychologie. 116. Jg. (2). S. 61–76.

Kriegesmann, Bernd/Kerka, Friedrich/Schwering, Markus/Striewe, Frank (2005). Bedingungen betrieblicher Innovationsprozesse. In: Arbeit. 14. Jg. (2). S. 118–130.

Länsisalmi, Hannakaisa/Kivimäki, Mika/Aalto, Pirjo/Ruoranen, Raija (2006). Innovation in Healthcare. A Systematic Review of Recent Research. In: Nursing Science Quarterly. 19. Jg. (1). S. 66–72.

Lorenz, Walter (2006). Wie innovativ ist die Soziale Arbeit in Europa? In: Badawia, Tarek/Luckas, Helga/Müller, Heinz (Hg.). Das Soziale gestalten. Wiesbaden: VS Verlag. S. 149–165.

Luhmann, Niklas (1987). Paradigmenwechsel in der Systemtheorie. Ein Paradigma für den Fortschritt. In: Herzig, Reinhart/Koselleck, Reinhart (Hg.). Epochenschwelle und Epochenbewusstsein. München: Fink. S. 305–322.

Luhmann, Niklas (1997). Die Kunst der Gesellschaft. Frankfurt: Suhrkamp.

Luhmann, Niklas (1998). Die Gesellschaft der Gesellschaft. Bd. 2. Frankfurt: Suhrkamp.

Maelicke, Bernd (2005). Innovation und Management in der Sozialwirtschaft – Den Wandel gestalten. In: Maelicke, Bernd (Hg.). Innovation und Management in der Sozialwirtschaft. Neuwied/München: Luchterhand. S. 9–18.

Maelicke, Bernd (1987) (Hg.). Soziale Arbeit als soziale Innovation. Veränderungsbedarf und Innovationsstrategien. Weinheim/München: Juventa.

Maier, Günter W./Streicher, Bernhard/Jonas, Eva/Frey, Dieter (2007). Innovation und Kreativität. In: Frey, Dieter/von Rosenstiel, Lutz (Hg.). Enzyklopädie der Psychologie. Bd. 6 Wirtschaft-, Organisations- und Arbeitspsychologie. Göttingen: Hogrefe. S. 809–855.

Marks, Isaac M./Scott, Robert A. (1990) (Hg.). Mental health care delivery: innovations, impediments and implementation. Cambridge: Cambridge University Press.

Martin, Claude R./Horne, David A. (1994). Service Innovation: Successful vs. Unsuccessful Firms. In: International Journal of Service Industry Management. 4. Jg. (1). S. 49–65.

Mast, Claudia/Zerfass, Ansgar (2005) (Hg.). Neue Ideen erfolgreich durchsetzen. Das Handbuch der Innovationskommunikation. Frankfurt: Frankfurter Allgemeine Buch.

Mayring, Philipp (1999). Einführung in die qualitative Sozialforschung. 4. Aufl. Weinheim: Psychologie Verlags Union.

Mayring, Philipp (2008). Qualitative Inhaltsanalyse. Grundlagen und Techniken. 10. Aufl. Weinheim/Basel: Beltz.

McDonald, Robert (2007). An Investigation of Innovation in Nonprofit Organizations: The Role of Organizational Mission. In: Nonprofit and Voluntary Sector Quarterly. 36. Jg. (2). S. 256–281.

McGrath, Joseph E. (1985). Groups and the Innovation Process. In: Merritt, Richard/Merritt, Anna (Hg.). Innovation in the Public Sector. Beverly Hills: Sage. S. 63–84.

Merkens, Hans (2000). Auswahlverfahren, Sampling, Fallkonstruktion. In: Flick, Uwe/von Kardoff, Ernst/Steinke, Ines (Hg.). Qualitative Forschung. Ein Handbuch. Reinbek: Rowohlt Taschenbuch. S. 286–299.

Merlin-Brogniart, Céline/Moursli-Provost, Anne-Catherine (2007). Dynamics of innovation in the nursing-home industry. XVII International RESER Conference, European Research Network on Services and Space. Tampere.

Meuser, Michael/Nagel, Ulrike (2005). Experteninterviews – vielfach erprobt, wenig bedacht. Ein Beitrag zur qualitativen Methodendiskussion. In: Bogner, Alexander/Menz, Wolfgang (Hg.). Das Experteninterview. Theorie, Methode, Anwendung. Wiesbaden: VS Verlag. S. 71–93.

Miles, Ian (2005). Innovation in Services. In: Fagerberg, Jan/Mowery, David C./Nelson, Richard R. (Hg.). The Oxford Handbook of Innovation. New York: Oxford University Press. S. 433–458.

Miles, Ian/Boden, Mark (2000). Introduction: Are Services Special? In: Boden, Mark/Miles, Ian (Hg.). Services and the Knowlwdge-Based Economy. London/New York: Continuum. S. 1–20.

Mumford, Michael D./Moertl, Peter (2003). Cases of Social Innovation: Lessons From Two Innovations in the 20th Century. In: Creativity Research Journal. 15. Jg. (2+3). S. 261–266.

Neuloh, Otto (1977) (Hg.). Soziale Innovation und sozialer Konflikt. Göttingen: Vandenhoeck und Ruprecht.

Nittel, Dieter (2004). Der Innovation auf der Spur? Ergebnisse eines Seminars über Erneuerungen in der Erwachsenenbildung. In: Der pädagogische Blick. 12. Jg. (2). S. 68–80.

Nohl, Arndt-Michael (2007). Komparative Analyse: Forschungspraxis und Methodologie dokumentarischer Interpretation. In: Bohnsack, Ralf/Nentwig-Gesemann, Iris/Nohl, Arndt-Michael (Hg.). Die dokumentarische Methode und ihre Forschungspraxis. Wiesbaden: VS Verlag. S. 255–276.

Nowotny, Helga (1997). Die Dynamik der Innovation. Über die Multiplizität des Neuen. In: Remmert, Werner/Bechmann, Gotthard (Hg.). Technik und Gesellschaft. Frankfurt/New York: Campus. S. 33–54.

Nowotny, Helga (2000). Re-thinking science: from reliable to socially robust knowledge. In: Nowotny, Helga/Weiss, Martina (Hg.). Jahrbuch 2000 des Collegium Helveticum. Zürich: vdf. S. 221–244.

Nowotny, Helga (2005). Unersättliche Neugier. Innovation in einer fragilen Zukunft. Berlin: Kadmos.

Oechler, Melanie (2009). Dienstleistungsqualität in der Sozialen Arbeit. Eine rhetorische Modernisierung. Wiesbaden: VS Verlag.

Ogburn, William F. (1923). Social Change. London: Allen & Unwin.

Olk, Thomas/Otto, Hans-Uwe/Backhaus-Maul, Holger (2003). Soziale Arbeit als Dienstleistung – Zur analytischen und empirischen Leistungsfähigkeit eines theoretischen Konzeptes. In: Olk, Thomas/Otto, Hans-Uwe (Hg.). Soziale Arbeit als Dienstleistung. Grundlegungen, Entwürfe und Modelle. München/Unterschleissheim: Luchterhand. S. IX–LXXII.

Olk, Thomas/Otto, Hans-Uwe (2003) (Hg.). Soziale Arbeit als Dienstleistung. Grundlegungen, Entwürfe und Modelle. München/Unterschleissheim: Luchterhand.

Organisation for economic co-operation and development OECD/Eurostat (2005). Oslo Manual. Guidelines for collecting and interpreting innovation data. 3. Aufl. Paris. URL: www.oecd-ilibrary.org/science-and-technology/oslo-manual_9789264013100-en

Ortmann, Günther (1999). Innovation als Paradoxieentfaltung – Eine Schlussbemerkung. In: Sauer, Dieter/Lang, Christa (Hg.). Paradoxien der Innovation: Perspektiven sozialwissenschaftlicher Innovationsforschung. Frankfurt/New York: Campus. S. 249–262.

Osborne, Stephen P. (1998). Naming the Beast: Defining and Classifiying Service Innovations in Social Policy. In: Human Relations. 51. Jg. (9). S. 1133–1154.

Osborne, Stephen P./Brown, Kerry (2005). Managing Change and Innovation in Public Service Organizations. London/New York: Routledge.

Ostrower, Francie (2003). Cultural collaborations: Building partnerships for arts participation. URL: www.urban.org/UploadedPDF/310616_CulturalCollaborations.pdf [Zugriffsdatum: 26.2.2011].

Pape, Helmut (1994). Zur Einführung: Logische und metaphysische Aspekte einer Philosophie der Kreativität. C. S. Peirce als Beispiel. In: Pape, Helmut (Hg.). Kreativität und Logik. Charles S. Peirce und das philosophische Problem des Neuen. Frankfurt: Suhrkamp. S. 9–59.

Patton, Michael Q. (2002). Qualitative Research & Evaluation Methods. 3. Aufl. Thousand Oaks/London/New Delhi: Sage.

Peirce, Charles Sanders (1934). The Collected Papers of Charles Sanders Peirce. Bd. 5–6: Pragmatics and Pragmaticism Scientific metaphysics. Cambridge: Harvard University Press.

Perri, 6 (1993). Innovation by Nonprofit Organizations: Policy and Research Issues. In: Nonprofit Management & Leadership. 3. Jg. (4). S. 397–414.

Perrin, Burt (2002). How to – and How Not to – Evaluate Innovation. In: Evaluation. 8. Jg. (1). S. 13–28.

Poole, Dennis L./Ferguson, Miguel/DiNitto, Diana/Schwab, James A. (2002). The Capacity of Community-Based Organizations to Lead Local Innovations in Welfare Reform: Early Findings from Texas. In: Nonprofit Management & Leadership. 12. Jg. (3). S. 261–276.

Popitz, Heinrich (1995). Der Aufbruch zur Artifiziellen Gesellschaft. Zur Antropologie der Technik. Tübingen: Mohr.

Prechtl, Peter/Burkard, Franz-Peter (2008). Metzler Lexikon Philosophie. 3. erweiterte und aktualisierte Aufl. Stuttgart/Weimar: Verlag J. B. Metzler.

Projektgruppe INKOR (2002). Das Modell 'Innovationsforum". In: Düx, Wiebken/Rauschenbach, Thomas/Züchner, Ivo (Hg.). Innovation in der Kinder- und Jugendarbeit. Münster: Votum. S. 121–130.

Prus, Robert C./Puddephatt, Antony J. (2009). American Pragmatism. Examining Everyday Life 'in the Making'. In: Jacobsen, Michael H. (Hg.). Encountering the Everyday. Hampshire/New York: Palgrave Macmillan. S. 69–92.

Przyborski, Aglaja/Wohlrab-Sahr, Monika (2008). Qualitative Sozialforschung. Ein Arbeitsbuch. München: Oldenbourg.

Purtschert, Robert/Schwarz, Peter/Helmig, Bernd/Schauer, Reinbert/Haid, Andrea (2005). Das NPO Glossar. Bern/Stuttgart/Wien: Haupt.

Richie, Nicolas/Alperin, Diane (2002) (Hg.). Innovation and Change in the Humen Services. Springfield: Charles C. Thomas Publications.

Rickards, Tudor (2003). The Future of Innovation Research. In: Shavinina, Larisa V. (Hg.). The International Handbook on Innovation. Oxford: Pergamon. S. 1094–1100.

Rogers, Everett M. (2003). Diffusion of Innovations. 5th Aufl. New York: The Free Press.

Rogers, Everett M./Kim, Jouong-Im (1985). Diffusion of Innovation in Public Organizations. In: Merritt, Richard/Merritt, Anna (Hg.). Innovation in the Public Sector. Beverly Hills: Sage. S. 85–107.

Röpke, Jochen (1977). Die Strategie der Innovation. Tübingen: Mohr.

Rosenbrock, Rolf (1995). Public Health als soziale Innovation. In: Das Gesundheitswesen. 57. Jg. (3). S. 140–144.

Rosenmayr, Leopold (2000). Über das Neue in Gesellschaft und Kultur. In: Huber, Ludwig (Hg.). Wie das Neue in die Welt kommt. Phasenübergänge in Natur und Kultur. Wien: Universitätsverlag. S. 269–282.

Roth, Steffen (2009). Introduction: Towards a Theory of Robust Innovation. In: Roth, Steffen (Hg.). Non-technological and non-economic innovations. Bern: Peter Lang. S. 9–27.

Rothman, Jack/Erlich, John L./Teresa, Joseph G. (1979). Innovation und Veränderung in Organisationen und Gemeinwesen. Ein Handbuch für Planungsprozesse. Freiburg i.Br.: Lambertus.

Salamon, Lester M./Hems, Leslie C./Chinnock, Kathryn (2000). The Nonprofit Sector: For What and for Whom? URL: www.ccss.jhu.edu/pdfs/CNP_Working_Papers/CNP_WP37_ForWhat_2000.pdf [Zugriffsdatum: 26.2.2011].

Sauer, Dieter (1999). Perspektiven sozialwissenschaftlicher Innovationsforschung – Eine Einleitung. In: Sauer, Dieter/Lang, Christa (Hg.). Paradoxien der Innovation. Frankfurt/New York: Campus. S. 9–22.

Sauer, Dieter/Lang, Christa (1999) (Hg.). Paradoxien der Innovation. Frankfurt/New York: Campus.

Schaarschuch, Andreas (2006). Der Nutzer Sozialer Dienstleistungen als Produzent des "Sozialen". In: Badawia, Tarek/Luckas, Helga/Müller, Heinz (Hg.). Das Soziale gestalten. Wiesbaden: VS Verlag. S. 81–93.

Schaarschuch, Andreas/Oehlerich, Gertrud (2005). Theoretische Grundlagen und Perspektiven sozialpädagogischer Nutzerforschung. In: Oehlerich, Gertrud/Schaarschuch, Andreas (Hg.). Soziale Dienstleistungen aus Nutzersicht. München/Basel: Ernst Reinhardt. S. 9–25.

Schaffer, Simon (1994). Making up Discovery. In: Boden, Margaret (Hg.). Dimensions of Creativity. Cambridge/London: MIT Press. S. 13–51.

Schmidt-Grunert, Marianne (1999). Sozialarbeitsforschung konkret. Problemzentrierte Interviews als qualitative Erhebungsmethode. Freiburg: Lambertus.

Schulz, Klaus-Peter (2005). Lerntätigkeit als Quelle von Innovation. In: Aderhold, Jens/John, René (Hg.). Innovation – sozialwissenschaftliche Perspektive. Konstanz: UVK Verlagsgesellschaft.

Schumpeter, Joseph A. (1912). Theorie der wirtschaftlichen Entwicklung. Eine Untersuchung über Unternehmergewinn, Kapital, Kredit, Zins und den Konjunkturzyklus. Berlin: Duncker & Humblot.

Schumpeter, Joseph A. (1928). Der Unternehmer. In: Elster, Ludwig/Weber, Adolf/Wieser, Friedrich (Hg.). Handwörterbuch der Staatswissenschaften. Bd. 8. Jena: Fischer. S. 476–486.

Schwarz, Peter/Purtschert, Robert/Giroud, Charles/Schauer, Reinbert (2005). Das Freiburger Management-Modell für Nonprofit-Organisationen (NPO). 5., ergänzte und aktualisierte Aufl. Bern/Stuttgart/Wien: Haupt.

Sedmak, Clemens (2008). Innovation. In: Schmidiger, Heinrich/Sedmak, Clemens (Hg.). Der Mensch – ein kreatives Wesen? Kunst – Technik – Innovation. Darmstadt: Wissenschaftliche Buchgesellschaft. S. 101–107.

Sennett, Richard (1998). Der flexible Mensch: die Kultur des neuen Kapitalismus. Berlin: Berlin Verlag.

Shin, Junseob/McClomb, George E. (1998). Top Executive Leadership and Organizational Innovation: An Empirical Investigation of Nonprofit Human Service Organizations (HSOs). In: Administration in Social Work. 22. Jg. (3). S. 1–21.

Siebenhüner, Bernd (2007). Methoden und Methodenprobleme der Innovationsforschung. In: Hof, Hagen/Wengenroth, Ulrich (Hg.). Innovationsforschung. Ansätze, Methoden, Grenzen und Perspektiven. Hamburg: LIT. S. 103–115.

Smith, Keith (2000). Innovation indicators and the knowledge economy: Concepts, results and policy challenges. Oslo: o.V.

Sommerfeld, Peter (2005). Intruduction. In: Sommerfeld, Peter (Hg.). Evidence-Based Social Work – Towards a New Professionalism? Bern/Berlin: Peter Lang. S. 7–29.

Sommerfeld, Peter/Kundert, Sonja (2000). Wissensgesellschaft als Herausforderung an die Fachhochschulen. Zum Verhältnis von Wissensproduktion, Wissensverwendung und Wissensverwertung in der Sozialen Arbeit. Bericht zuhanden des Schweizerischen Wissenschaftsrates. Bern.

Sommerfeld, Peter/Hüttemann, Matthias (2007). Zur Einführung. In: Sommerfeld, Peter/Hüttemann, Matthias (Hg.). Evidenzbasierte Soziale Arbeit. Nutzung von Forschung für die Praxis. Baltmannsweiler: Schneider Verlag Hohengehren. S. 1–7.

Sonnenburg, Stephan (2007). Kooperative Kreativität. Wiesbaden: Deutscher Universitäts-Verlag.

Spiel, Christiane (2003). Über das Erkennen von Kreativität. In: Berka, Walter/Brix, Emil/Smekal, Christian (Hg.). Woher kommt das Neue? Wien/Köln/Weimar: Böhlau. S. 117–147.

Starbuck, William H. (1983). Organizations as action generators. In: American Sociological Review. 48. Jg. S. 91–102.

Stehr, Nico (1994). Arbeit, Eigentum und Wissen: Zur Theorie von Wissensgesellschaften. Frankfurt: Suhrkamp.

Störing, Hans Joachim (1995). Kleine Weltgeschichte der Philosophie. Frankfurt: Fischer Taschenbuch.

Strauss, Anselm L./Corbin, Juliet, M. (1996). Grounded Theory: Grundlagen Qualitativer Sozialforschung. Weinheim: Beltz.

Streicher, Bernhard/Frey, Dieter/Jonas, Eva/Maier, Günter W. (2009). Der Einfluss organisationaler Gerechtigkeit auf innovatives Verhalten. In: Witte, Erich H./Kahl, Cara H. (Hg.). Sozialpsychologie der Kreativität und Innovation. Lengrich/Berlin: Pabst Science Publishers. S. 101–119.

Suchman, Lucy/Bishop, Libby (2000). Problematizing 'innovation' as a critical project. In: Technology Analysis & Strategic Management. 12. Jg. S. 327–333.

Sukale, Michael (2008). Nichts Neues über Neues? In: Seele, Peter (Hg.). Philosophie des Neuen. Darmstadt: Wissenschaftliche Buchgesellschaft. S. 9–37.

Sundbo, Jon (2000). Organization and Innovation Strategy in Services. In: Boden, Mark/Miles, Ian (Hg.). Services and the Knowledge-based Economy. London/New York: Continuum. S. 109–128.

Svetlova, Ekaterina (2008). Innovation als soziale Sinnstiftung. In: Seele, Peter (Hg.). Philosophie des Neuen. Darmstadt: Wissenschaftliche Buchgesellschaft. S. 166–179.

Tremblay, Hélène P. (2007). Innovation sociale et société innovante. In: Klein, Jean-Louis/Harrisson, Denis (Hg.). L'innovation sociale. Emergence et effets sur la transformation des sociétés. Québec: Presses de l'Université. S. 329–341.

Treptow, Rainer (2003). Wie entstehen Innovationen in der Sozialen Arbeit? – Notizen zum Symposium. In: Gogolin, Ingrid/Tippelt, Rudolf (Hg.). Innovation durch Bildung. Beiträge zum 18. Kongress der Deutschen Gesellschaft für Erziehungswissenschaft. Opladen: Leske+Budrich. S. 389–392.

Van de Ven, Andrew H. (1986). Central Problems in the Management of Innovation. In: Management Science. 32. Jg. (5). S. 590–607.

Van de Ven, Andrew H. (1988). Approaches to Innovation and Organizing. In: Tushman, Michael /Moore, William (Hg.). Readings in the Management of Innovations. Cambridge: Ballenger. o. S

Vordank, Tino (2005). Zur organisationalen Reziprozität von Diffusion. In: Aderhold, Jens/John, René (Hg.). Innovation – Sozialwissenschaftliche Perspektiven. Konstanz: UVK. S. 33–48.

Voss, Jan-Peter (2003). Nationale Innovationssysteme. In: Voss, Jan-Peter/Fischer, Corinna/ Schumacher, Katja/Cames, Martin/Pehnt, Martin/Praetorius, Barbara/Schneider, Lambert (Hg.). Innovation. An integrated concept for the study of transformation in electricity systems: TIPS. S. 16–18.

Waldenfels, Bernhard (1991a). Der Primat der Einbildungskraft. Zur Rolle des gesellschaftlich Imaginären bei Cornélius Castoriadis. In: Pechriggl, Alice/Reitter, Karl (Hg.). Die Institution des Imaginären. Wien/Berlin: Turia+Kant. S. 55–80.

Waldenfels, Bernhard (1991b). Der Stachel des Fremden. Frankfurt: Suhrkamp.

Waldman, David A./Bass, Bernard M. (1991). Transformational Leadership at Different Phases of the Innovation Process. In: Journal of High Technology Management Research. 2. Jg. (2). S. 169–180.

Warren, Carol A. (2001). Qualitative Interviewing. In: Gubrium, Jaber F./Holstein, James A. (Hg.). Handbook of Interview Research. Thousand Oaks/London/New Delhi: Sage. S. 83–101.

Wendt, Wolf Rainer (2005). Dimensionen sozialer Innovation. In: Wendt, Wolf Rainer (Hg.). Innovationen in der sozialen Praxis. Baden-Baden: Nomos. S. 13–48.

Wendt, Wolf Rainer (2006). Innovation tut not. In: Sozialwirtschaft. 16. Jg. (1). S. 19–25.

Westmeyer, Hans (2009). Kreativität als relationales Konstrukt. In: Witte, Erich H./Kahl, Cara H (Hg.). Sozialpsychologie der Kreativität und Innovation. Lengerich/Berlin: Pabst Science Publisher. S. 11–26.

Wetzel, Ralf (2005). Gesichter einer Innovation. Disparate Deskriptionen eines sozialpolitischen Instruments. In: Aderhold, Jens/John, René (Hg.). Innovation – Sozialwissenschaftliche Perspektiven. Konstanz: UVK Verlagsgesellschaft. S. 99–116.

Willke, Helmut (2002). Dystopia. Studie zur Krisis des Wissens. Frankfurt: Suhrkamp.

Wistow, Gerald/Knapp, Martin/Hardy, Brian/Forder, Julien/Kendall, Jeremy/Manning, Rob (1996). Social care markets. Progress and prospects. Buckingham: Open University Press.

Witzel, Andreas (1985). Das problemzentrierte Interview. In: Jüttemann, Gerd (Hg.). Qualitative Forschung in der Psychologie. Grundfragen, Verfahrensweisen, Anwendungsfelder. Weinheim/Basel: Beltz. S. 227–255.

Zapf, Wolfgang (1989). Über soziale Innovationen. In: Soziale Welt. 40. Jg. (1/2). S. 170–183.

Zerfass, Ansgar (2005). Innovationsmanagement und Innovationskommunikation: Erfolgsfaktoren für Unternehmen und Region. In: Mast, Claudia/Zerfass, Ansgar (Hg.). Neue Ideen erfolgreich durchsetzen. Das Handbuch der Innovationskommunikation. Frankfurt: Frankfurter Allgemeine Buch. S. 16–42.

Zimmermann, Horst (1999). Innovation in nonprofit organizations. In: Annals of Public and Cooperative Economics. 70. Jg. (4). S. 589–619.

Zimmermann, Horst/Otter, Nils/Stahl, Dieter/Wohltmann, Matthias (1998) (Hg.). Innovation jenseits des Marktes. Neuerungsverhalten von Staat, privaten Haushalten und Nonprofit-Organisationen und der Einfluss umweltpolitischer Instrumente. Berlin: Analytica.

Anhang: Interviewleitfaden[14]

Einleitung

Zuerst möchte ich Ihnen nochmals dafür danken, dass Sie sich für dieses Interview Zeit nehmen.
Wir möchten in dieser Untersuchung herausfinden, welchen Stellenwert Neuerungen und Entwicklungen in der Sozialen Arbeit allgemein und in Ihrem Praxisbereich im Besonderen haben. Ihre Ansichten zum Thema sind deshalb ausserordentlich wichtig.
Damit ich mich gut auf das Gespräch konzentrieren kann, werde ich nicht mitschreiben, sondern ein Tonband laufen lassen. Selbstverständlich behandle ich alles, was Sie mir erzählen vertraulich.
Und weil es darum geht, gut zu verstehen, was Ihre Sicht ist, ist es für uns wertvoll, wenn Sie in ihrer Erzählung möglichst konkret sind und anschauliche Beispiele erwähnen. Sie haben deshalb auch die entsprechende Zeit zur Verfügung.

Einstiegsfrage

Um das Thema Entwicklung in der Sozialen Arbeit aufzugreifen, möchte ich zuerst ein wenig mit Ihnen Rückschau halten:
Können Sie mir erzählen, welche Entwicklungen Ihre Institution in letzter Zeit erfahren hat?

Gibt es dabei etwas Neuartiges, das eingeführt oder entwickelt wurde – das kann ein Angebot, ein Verfahren, eine Herangehens- oder Sichtweise sein?

---

14 Ergänzungen für die Interviews 13-18 sind mit kursiver Schrift kenntlich gemacht.

➔ Nachfragen, Explorieren, Rückspiegeln

- Merkmale für Neuartigkeit
- Auslöser
- Verlauf und Schlüsselmomente
- Akteure
- Entscheidungskompetenz
- Kontext
- Finanzierung
- Nutzen und Gewinn (materiell, immateriell)
- Akzeptanz (bei Professionellen, bei Nutzerinnen und Nutzern)
- Besonderheiten
- Schwierigkeiten

Verläufe und Ergebnisse (generalisierend)

Wie verlaufen solche **Neuerungs- und Entwicklungsprozesse generell** in Ihrer Institution?

- Auslöser
- *Auslöser eher Druck von aussen oder Motivation von innen?*
- Verläufe
- Produkte, Resultate
- Akteure
- Förderliches, Hinderliches
- Nutzen, Gewinn (materiell, immateriell) Für wen?
- Grenzen, Gefahren, Risiken
- Bedeutung von Routinen und Traditionen
- Bedeutung von Unvorhersehbarem

Wenn kein Beispiel genannt wurde:
Was müsste in Ihren Augen geschehen, damit es in Ihrer Institution zu grundlegenden Neuerungen kommt?

- mögliche Verläufe
- Produkte, Resultate
- potentielle Akteure
- potentiell Förderliches, Hinderliches
- möglicher Nutzen, Gewinn (materiell, immateriell) Für wen?
- anzunehmende Grenzen

Und wie sieht es für den Bereich X aus: Wie verlaufen solche Neuerungs- und Entwicklungsprozesse dort?

Sehen Sie Zusammenhänge zwischen dem Verlauf von Entwicklungsprozessen und institutionellen Gegebenheiten?

Stellenwert und Bedarf

Welche **künftigen Herausforderungen** sehen Sie für den Bereich X und für Ihre Institution?

Welchen **Bedarf** an Neuerungen und Entwicklungen sehen Sie in diesem Zusammenhang? Um welche **Themen und Problemstellungen** geht es dabei?

alternativ:
Was könnte konkret zur **Erleichterung und/oder Verbesserung** Ihrer praktischen Arbeit beitragen? Welche **Themen und Problemstellungen** stehen dabei im Vordergrund?

- **Wie** Entwicklungsbedarf angehen?
- **Erwartungen und Bedürfnisse** hinsichtlich Prozessen
- **Möglichkeiten und Grenzen**
- **Absichten und Pläne** zur Auseinandersetzung mit Entwicklung

Verfahren und Forschungsbasierung

Auf welcher **Grundlage** sollte Ihrer Ansicht nach ein Neuerungs- oder Entwicklungsprozess **eingeleitet und gestaltet werden**?

Welche Rolle spielt Forschung bei Entwicklungen und Neuerungen?

- **im Praxisfeld**
- **in der Institution**
- **Formen und Verfahren** der Zusammenarbeit mit Forschung
- **institutionelles Interesse** an entwicklungsorientierter Forschung
- **persönliches Interesse** an entwicklungsorientierter Forschung
- **Erwartungen** an forschungsbasierte Entwicklungen

Mit welchen konkreten Fragen könnten Sie sich vorstellen, an die Forschung heranzutreten?

Umgang mit Wissen/Nichtwissen in der Institution?

Innovation

Gerne würde ich an dieser Stelle noch einen weiteren Begriff ins Spiel bringen: Was verstehen Sie im Zusammenhang mit Entwicklungen unter **Innovation in der Sozialen Arbeit**?

Welche **Formen von Innovation** können Sie sich für die Soziale Arbeit vorstellen? Worauf können/könnten sich Innovationen in der Sozialen Arbeit beziehen?

Wie hängen die unterschiedlichen Formen zusammen? (Verfahren und nachfolgende Umsetzungsformen)

Kommunikation

Gehen wir einmal davon aus, dass Gelder z.B. beim Bund oder bei den Kantonen vorhanden wären, um Innovationen und Entwicklungen in der Sozialen Arbeit finanziell zu unterstützen: Was sind die **Voraussetzungen**, damit diese Gelder von Ihnen beansprucht würden?

- **Ansprache Professioneller**
- **Vorgehen**
- **Worauf achten**?
- **Stolpersteine** (was vermeiden?)
- **Initiative** für den Prozess

Erhebung soziodemographischer Daten

Geschlecht:
Alter:
Funktion in Institution:
Anstellungsdauer in der Institution:

Ihre zuletzt abgeschlossene Ausbildung (mit Diplom oder Fähigkeitsausweis):

Höhere Fach- und Berufsausbildung (z.B. eidg. Fachausweis, eidg. Fach- oder Meisterdiplom, Höhere Kaufmännische Gesamtschule (HKG), Technikerschule TS	☐
Höhere Fachschule (z.B. HTL, HWV, HFG, HFS) bei Vollzeitausbildung mit Mindestdauer von 3 Jahren	☐
Fachhochschule (inklusive Nachdiplom)	☐
Universität, Hochschule (inklusive Nachdiplom)	☐
Andere Ausbildung	☐
Keine Angabe/verweigert	

Ihre zuletzt abgeschlossenen Weiterbildungen:

In welchen Praxisbereichen der Sozialen Arbeit haben Sie bisher gearbeitet?

Abschluss

Gibt es ein Thema, das Sie im Zusammenhang mit Neuerung, Entwicklung und Forschung in der Sozialen Arbeit wichtig finden, und das wir in diesem Gespräch nicht angeschnitten haben?

Dank, Übergabe Präsent und Verabschiedung

Printed by Printforce, the Netherlands